新股民
选股选时快速入门

新股民最全面、最实用、最易学的选股技巧大全

—— 史册 编著 ——

精选**牛股**，选股策略全面解析

锁定**利润**，买卖时机实战解读

中国劳动社会保障出版社

图书在版编目(CIP)数据

新股民选股选时快速入门/史册著. —北京：中国劳动社会保障出版社，2013
（富家益新股民新基民入门必读系列）
ISBN 978-7-5167-0107-2

Ⅰ.①新… Ⅱ.①史… Ⅲ.①股票投资-基本知识 Ⅳ.①F830.91

中国版本图书馆 CIP 数据核字（2013）第 059492 号

中国劳动社会保障出版社出版发行

（北京市惠新东街1号　邮政编码：100029）
出　版　人：张梦欣

*

北京北苑印刷有限责任公司印刷装订　新华书店经销
787 毫米×1092 毫米　16 开本　14.75 印张　249 千字
2013 年 5 月第 1 版　2013 年 5 月第 1 次印刷
定价：33.00 元

读者服务部电话：(010) 64929211/64921644/84643933
发行部电话：(010) 64961894
出版社网址：http://www.class.com.cn

版权专有　　侵权必究

如有印装差错，请与本社联系调换：(010) 80497374
我社将与版权执法机关配合，大力打击盗印、销售和使用盗版
图书活动，敬请广大读者协助举报，经查实将给予举报者重奖。
举报电话：(010) 64954652

序

一对新婚夫妇生活贫困，要靠亲友的接济才能活下去。

一天，丈夫对妻子说："亲爱的，我要离开家了。我要去很远的地方找一份工作，直到我有条件给你一种舒适体面的生活才会回来。我不知道会不会太久，我只求你一件事，等着我，我不在的时候要对我忠诚，我也会对你忠诚的。"

很多天之后，他来到了一个正在招工的庄园，他被录用了。他要老板答应他一个请求："请允许我在这里想干多久就干多久，当我觉得应该离开的时候，您就要放我走。我平时不想支取报酬，请您将我的工资存在一个账户里，在我离开的那天，您再把我赚的钱给我。"双方达成了协议。年轻人在那里整整工作了20年，中间没有休假，也很少休息。

一天，他对老板说："我想拿回我的钱，我要回家了。"老板说："好吧，我们有协议，我会照协议办事的。不过我有个建议，要么我给你钱，你走人；要么我给你3条忠告，不给你钱，然后你走人。你回房间里好好想想再给我答复。"

他想了两天，然后找到老板，说："我想要那3条忠告。"老板提醒他说："如果给了你忠告，我就不会给你钱了。"他还是说："我想要忠告。"

老板对他说："第一，永远不要走捷径。便捷而陌生的道路可能要了你的命。

第二，永远不要对可能是坏事的事情好奇，否则也可能要了你的命。

第三，永远不要在仇恨和痛苦的时候做决定，否则你以后一定会后悔。"

老板接着说："这里有3个面包，两个给你路上吃，另一个等你回家后和妻子一起吃吧。"

在远离自己深爱的妻子和家乡20年之后，男人踏上了回家的路。

一天后，他遇到了一个人，那人问他："你去哪儿？"他回答："我要去一个沿这条路要走20多天的地方。"那人说："这条路太远了，我认识一条捷径，几天就能到。"他高兴极了，正准备走捷径的时候，想起了老板的第一条忠告，于是他回到了原来的路上。

后来，他得知那人让他走所谓的捷径完全是一个圈套。

几天之后，他走累了，发现路边有家旅馆，他打算住一夜，付过房钱之后，他躺下睡了。睡梦中，他被一声惨叫惊醒，他跳了起来，走到门口，想看看发生了什么事，刚刚打开门，他想起了第二条忠告，于是回到床上继续睡觉。

起床后，喝完咖啡，店主问他是否听到了叫声，他说听到了，店主说："您不好奇吗？"他回答说不好奇。店主说："您是唯一一个活着从这里出去的客人。我的独子有疯病，他昨晚大叫着引客人出来，然后将他们杀死埋了。"

年轻人接着赶路，终于在一天的黄昏时分，他远远望见了自己的小屋，屋子的烟囱正冒着炊烟，还依稀可见妻子的身影。虽然天色昏暗，但他仍然看清了妻子不是一个人，还有一个男子伏在她的膝头，她抚摸着他的头发。看到这一幕，他的内心充满了仇恨和痛苦，他想跑过去杀了他们。

他深吸一口气，快步走了过去，这时他想起了第三条忠告，于是停了下来，想了想，决定在原地露宿一晚，第二天再做决定。天亮后，已恢复冷静的他对自己说："我不能杀死我的妻子，我要回到老板那里，求他收留我，在这之前，我想告诉我的妻子我始终忠于她。"

他走到家门口敲了敲门，妻子打开门，认出了他，扑到他怀里，紧紧地抱住了他。他想把妻子推开，但没有做到。他眼含泪水，对妻子说："我对你是忠诚的，可你背叛了我……"妻子吃惊地说："什么？我从未背叛过你，我等了你20年。"他说："那么昨天下午你爱抚的那个男人是谁？"妻子说："那是我们的儿子。你走的时候我刚刚怀孕，今年他已经20岁了。"丈夫走进家门，拥抱了自己的儿子。

在妻子忙做晚饭的时候，他给儿子讲述了自己的经历。接着，一家人坐下来一起吃面包，他把老板送的面包掰开，发现里面有一笔钱——那是他20年辛苦劳动赚来的薪水！

当新股民带着自己辛苦积攒的钱进入股市时，就像是这个男人踏上回家的道路。炒股的道路上满是陷阱和危险。在踏上这条道路之前，每个新股民都应该谨记庄园老板的三条忠告。

第一，永远不要想走捷径。在股市中，所有能够快速赚钱的道路上都布满了陷阱。新股民炒股一定要自己努力学习，独立研究，不要相信各种名头的专家荐股、专家讲座、专家咨询。

第二，永远不要参与不熟悉的股票。股票市场上每天都有涨停的股票，每个月都有翻倍的牛股，新股民如果对这些股票不了解，绝对不能盲目追涨。

第三，永远不要让情绪支配自己的行为。新股民进入股市后，面对涨跌不定的股价，难免会产生疯狂或者恐惧的情绪。这时一定不能让这种情绪支配自己的交易，而是要客观地确定交易计划，严格按照自己的计划交易。

前　言

学习炒股的道路是漫长的，可能会持续几年、十几年甚至是一生的时间。在这条道路上我们可以获得大量财富，同样也要面对各种各样的风险。为了让每个新股民在炒股道路上都能尽快积累财富，我们特意推出了"富家益散户炒股快速入门"系列图书。

本系列图书在写作过程中坚持了最全面、最实用、最易学的原则。

第一，最全面。本系列的四本书分别解决了新股民炒股最关心的短线操作、跟庄炒股、选股选时和技术分析四个问题。此外，对于每个问题，本系列图书都从多个角度进行综合论述。散户阅读本系列图书后，可以建立一个完整的知识体系。

第二，最实用。本系列图书在写作过程中，坚持选择新股民操作最实用的技巧，抛弃了对新股民没有意义的理论论述。新股民通过阅读，可以解决自己在实战中遇到的实际问题，并且可以直接将所学知识用于实战操作。

第三，最易学。本系列图书特别注意用最简单的方式论述复杂的炒股问题。并且在论述过程中，还穿插了大量实战操作案例。新股民通过阅读，不仅能够很容易地学会各种操作方法，还能很容易地将这些方法应用到实战操作的过程中。

《散户选股选时快速入门》是"富家益散户炒股快速入门"系列图书中的一本。

目前沪深两市上的 A 股有 2 000 多只。刚刚入市的新股民在面对这么多的股票时，难免会感到无从下手。

本书写作的目的就是为了帮助新股民建立一套简单、有效的选股方法。本书在写作过程中，一方面从宏观经济动向、板块的选择两方面入手，为新股民确定选股的大方向；另一方面从 K 线形态、股价形态、技术指标等方面入手，教会新股民选择具体股票和确定买卖时机的方法。

本书涵盖了几乎所有投资者在选股过程中会用到的基础知识和实战技巧，适合刚刚入市的新股民阅读，也适合已经入市一段时间，但没有找到稳定盈利方式的投资者阅读。

在本书编写过程中，刘伟、李金山、程富建、袁艳烈、毕汪峰、刘井学负责股票K 线图的查找和选取，廖应涵、王建霞、王玉凤、任玉珍、李苏洋负责 K 线图的截取和制作，孙立宏、董连香、董晓辉、李海江负责文字、图表的制作和编排，在此对大家的辛勤工作表示感谢。

目 录

第1章 选股选时的基本策略 ……………………………………（1）

1.1 选股步骤 ……………………………………………………（3）
1.1.1 创建自选股票池 ……………………………………（3）
1.1.2 从自选股中优选股票 ………………………………（3）

1.2 选板块和选个股 ……………………………………………（7）
1.2.1 选择目标板块 ………………………………………（7）
1.2.2 选择目标板块中的股票 ……………………………（8）

1.3 优质股票的特点 ……………………………………………（11）
1.3.1 短线优质股票的特点 ………………………………（11）
1.3.2 长线优质股票的特点 ………………………………（13）

1.4 不同行情中的选股方法 ……………………………………（17）
1.4.1 牛市的选股方法 ……………………………………（17）
1.4.2 熊市的选股方法 ……………………………………（17）

1.5 根据市场心理选股选时 ……………………………………（21）
1.5.1 在市场充满恐慌心理时选股 ………………………（21）
1.5.2 在成交清淡时选股 …………………………………（22）

1.6 通过软件选股 ………………………………………………（24）
1.6.1 条件选股 ……………………………………………（24）
1.6.2 过滤器选股 …………………………………………（25）

第2章 看新闻消息选股 …………………………………………（29）

2.1 宏观经济新闻 ………………………………………………（31）
2.1.1 国内经济新闻 ………………………………………（31）
2.1.2 国际经济新闻 ………………………………………（33）

2.2 行业板块新闻 ··· (35)
  2.2.1 加速发展的行业 ··· (35)
  2.2.2 处于上升周期中的行业 ··· (36)
2.3 上市公司新闻 ··· (38)
  2.3.1 上市公司获得国家支持 ··· (38)
  2.3.2 上市公司经营业绩快速提升 ·································· (39)

第3章 看盘面信息选股

3.1 通过排名信息选股 ··· (45)
  3.1.1 通过涨幅排名榜选股 ·· (45)
  3.1.2 通过量比排名榜选股 ·· (48)
  3.1.3 通过换手率排名榜选股 ··· (51)
3.2 通过分时图走势特征选股 ·· (53)
  3.2.1 分时线筑底形态 ·· (53)
  3.2.2 分时线整理形态 ·· (54)
3.3 通过分时图走势对比选股 ·· (58)
  3.3.1 通过与大盘走势对比选股 ······································ (58)
  3.3.2 通过与均价线的位置对比选股 ······························· (60)

第4章 看K线形态选股

4.1 看K线形态组合选股 ·· (65)
  4.1.1 锤头线形态 ·· (65)
  4.1.2 早晨之星形态 ·· (67)
  4.1.3 上涨强调形态 ·· (70)
  4.1.4 曙光初现形态 ·· (71)
  4.1.5 好友反攻形态 ·· (74)
  4.1.6 红三兵形态 ·· (75)
  4.1.7 三空阴线形态 ·· (78)
  4.1.8 上升三法形态 ·· (81)
  4.1.9 上涨抵抗线形态 ·· (83)
4.2 看K线缺口形态选股 ·· (85)
  4.2.1 形成向上跳空缺口 ·· (85)

4.2.2　回补缺口后企稳 ……………………………………………（85）
　　4.2.3　回补向下跳空缺口 …………………………………………（87）

第5章　看趋势走向选股 …………………………………………（89）

5.1　底部形态选股 ……………………………………………………（91）
　　5.1.1　V形底形态 …………………………………………………（91）
　　5.1.2　头肩底形态 …………………………………………………（92）
　　5.1.3　三重底形态 …………………………………………………（94）
　　5.1.4　W形底形态 …………………………………………………（95）
　　5.1.5　圆弧底形态 …………………………………………………（97）
　　5.1.6　底部岛型反转形态 …………………………………………（100）

5.2　整理形态选股 ……………………………………………………（102）
　　5.2.1　矩形整理形态 ………………………………………………（102）
　　5.2.2　下降楔形整理形态 …………………………………………（104）
　　5.2.3　上升旗形整理形态 …………………………………………（105）
　　5.2.4　三角形整理形态 ……………………………………………（108）
　　5.2.5　菱形整理形态 ………………………………………………（113）

第6章　看技术指标选股 …………………………………………（115）

6.1　均线指标选股 ……………………………………………………（117）
　　6.1.1　均线构成支撑 ………………………………………………（117）
　　6.1.2　均线的突破 …………………………………………………（119）
　　6.1.3　均线黄金交叉 ………………………………………………（121）
　　6.1.4　均线多头排列 ………………………………………………（123）

6.2　MACD指标选股 …………………………………………………（125）
　　6.2.1　MACD指标黄金交叉 ………………………………………（125）
　　6.2.2　DIFF线底背离 ………………………………………………（130）
　　6.2.3　柱线底背离 …………………………………………………（130）
　　6.2.4　DEA线对DIFF线的支撑 …………………………………（132）

6.3　KDJ指标选股 ……………………………………………………（134）
　　6.3.1　KDJ指标黄金交叉 …………………………………………（134）
　　6.3.2　KDJ指标超卖 ………………………………………………（136）

  6.3.3 KDJ 指标底背离 ·· (136)
6.4 BOLL 指标选股 ··· (139)
  6.4.1 BOLL 指标下轨支撑 ··· (139)
  6.4.2 BOLL 指标中轨突破 ··· (141)
  6.4.3 BOLL 指标开口放大 ··· (141)
6.5 CCI 指标选股 ··· (144)
  6.5.1 CCI 指标突破 100 ··· (144)
  6.5.2 CCI 指标突破－100 ·· (146)
  6.5.3 CCI 指标与股价背离 ··· (146)
6.6 W&R 指标选股 ··· (149)
  6.6.1 W&R 指标高位死亡交叉 ····································· (149)
  6.6.2 W&R 指标的顶部形态 ·· (151)
6.7 RSI 指标选股 ·· (153)
  6.7.1 RSI 指标超卖 ·· (153)
  6.7.2 RSI 指标黄金交叉 ·· (155)
  6.7.3 RSI 指标底背离 ··· (155)
  6.7.4 RSI 指标的底部形态 ··· (157)
6.8 OBV 指标选股 ·· (159)
  6.8.1 OBV 指标快速上升 ·· (159)
  6.8.2 OBV 指标的底部形态 ··· (160)
6.9 BIAS 指标选股 ·· (163)
  6.9.1 BIAS 指标超卖 ·· (163)
  6.9.2 BIAS 指标底背离 ··· (165)
  6.9.3 BIAS 指标的底部形态 ··· (167)

第7章 看庄家动向选股 ·· (171)

7.1 庄家建仓 ··· (173)
  7.1.1 横盘建仓 ·· (173)
  7.1.2 推高建仓 ·· (175)
  7.1.3 打压建仓 ·· (176)
  7.1.4 拉高建仓 ·· (179)
7.2 庄家洗盘 ··· (181)

目录

    7.2.1 打压洗盘 ··· (181)

    7.2.2 震荡洗盘 ··· (183)

    7.2.3 拉高洗盘 ··· (184)

    7.2.4 边拉升边洗盘 ····································· (186)

  7.3 庄家拉升 ··· (188)

    7.3.1 急速拉升 ··· (188)

    7.3.2 缓慢拉升 ··· (192)

    7.3.3 波浪式拉升 ······································· (194)

  7.4 庄家出货 ··· (197)

    7.4.1 横盘出货 ··· (197)

    7.4.2 拉高出货 ··· (198)

    7.4.3 震荡出货 ··· (201)

    7.4.4 打压出货 ··· (204)

第8章 选股实战案例 ··· (207)

  8.1 海泰发展（600082）——在庄家拉升时买入 ················· (209)

  8.2 神开股份（002278）——底部超卖后买入 ··················· (214)

  8.3 探路者（300005）——加速上涨时买入 ····················· (219)

  8.4 东江环保（002672）——回调结束时买入 ··················· (223)

第 1 章

选股选时的基本策略

1.1 选股步骤

1.1.1 创建自选股票池

我国上海和深圳证券交易所自20世纪90年代成立以来,规模快速扩大,上市的股票数量从最初的数只快速增长。目前,我国沪市和深市上市的A股已有2 000多只。投资者在炒股软件中同时观察这些股票的行情,难免会感到苦恼。

因此,投资者在看盘时,最好关注少数几十只自己感兴趣的股票,作为重点观察对象。具体操作时,则可以在这几十只股票中精选出几只买入。

在选股时,投资者可以充分发挥自己的优势。无论是在工作中还是在日常生活中,每个投资者都有自己熟悉、了解的事物,在这些领域,即使是基金公司的行业分析师也未必有投资者对行业或产品的理解深刻。投资者可以选择这些熟悉的行业内的股票,并将这些股票加入到自选股目录中,以备日后买入。

目前,大部分的炒股软件均有创建自选股的功能。投资者将关注的股票放入自选股的股票池中,每次看盘即可仅关注自己的目标股。

如图1—1所示,以大智慧软件为例,投资者可以将自己关注的股票存入自选股报价板。添加方法是在个股的分时图或K线图中,输入"Alt+Z"的快捷键,或单击鼠标右键,在出现的菜单中选择"加入自选股"选项,即会出现图1—2所示的对话框。投资者可以将目标股分类放入排号为1~8的自选股目录中。

1.1.2 从自选股中优选股票

建立了自己的股票池之后,投资者就可以方便地关注目标股的动向。投资者在股票池中选择一只股票买入需要关注以下两个问题。

1. 在自选股中怎样选出股票

即在自选股股票池内的多只股票中选择其中一只的理由是什么。此问没有标准的正确答案,如上市公司经营出现好转、技术指标出现买点、具有庄家即将拉升的预期

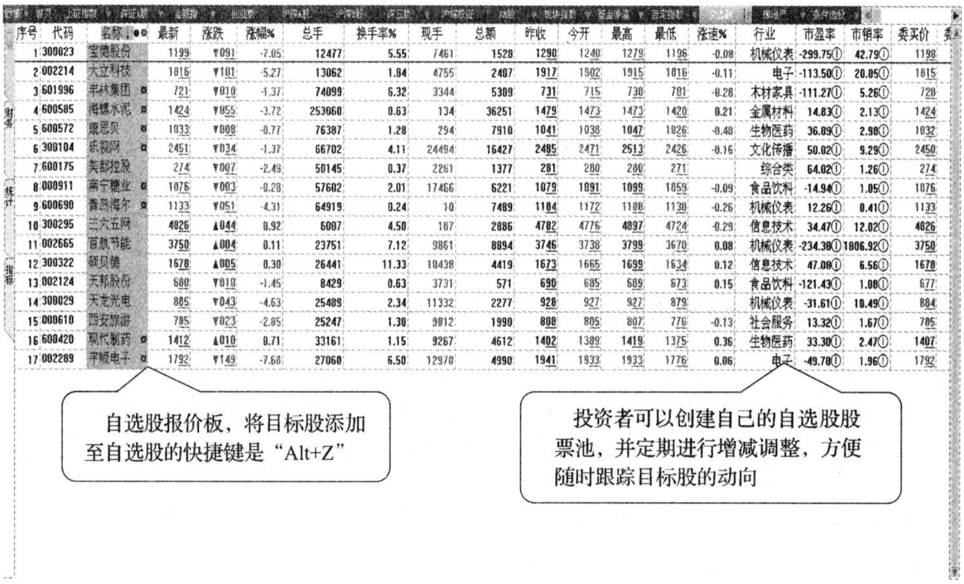

序号	代码	名称	最新	涨跌	涨幅%	总手	换手率%	现手	总额	昨收	今开	最高	最低	涨速%	行业	市盈率	市销率	委买价
1	300023	宝德股份	1199	▼091	-7.05	12477	5.55	7461	1528	1290	1240	1279	1196	-0.08	机械仪表	-299.75①	42.79①	1198
2	002214	大立科技	1816	▼101	-5.27	13062	1.84	4755	2407	1917	1902	1915	1816	-0.11	电子	-113.50①	20.05①	1815
3	601996	丰林集团	721	▼010	-1.37	74099	6.32	3344	5309	731	715	730	701	-0.28	木材家具	-111.27①	5.26①	720
4	600585	海螺水泥	1424	▼055	-3.72	253060	0.63	134	36251	1479	1473	1473	1420	0.21	金属材料	14.83①	2.13①	1424
5	600572	康恩贝	1033	▼008	-0.77	76387	1.28	294	7910	1041	1038	1047	1026	-0.40	生物医药	36.89①	2.98①	1032
6	300104	乐视网	2451	▼034	-1.37	66702	4.11	24494	16427	2485	2471	2513	2426	-0.16	文化传播	50.02①	9.29①	2450
7	600175	美都控股	274	▼007	-2.49	50145	0.37	2261	1377	281	280	280	271		综合类	64.02①	1.26①	274
8	000911	南宁糖业	1076	▼003	-0.28	57602	2.01	17466	6221	1079	1091	1099	1059	-0.09	食品饮料	-14.94①	1.05①	1076
9	600690	青岛海尔	1133	▼051	-4.31	64919	0.24	10	7489	1184	1172	1188	1130	-0.26	机械仪表	12.26①	0.41①	1133
10	300295	三六五网	4826	▲044	0.92	6007	4.50	187	2886	4782	4776	4897	4724	-0.29	信息技术	34.47①	12.02①	4826
11	002665	首航节能	3750	▲004	0.11	23751	7.12	9861	8894	3746	3738	3799	3670	0.08	机械仪表	-234.38①	1806.92①	3750
12	300322	硕贝德	1678	▲005	0.30	26441	11.33	10438	4419	1673	1665	1699	1634	0.12	信息技术	47.08①	6.56①	1678
13	002124	天邦股份	680	▼010	-1.45	8429	0.63	3731	571	690	685	689	673	0.15	食品饮料	-121.43①	1.08①	677
14	300029	天龙光电	885	▼043	-4.63	25489	2.34	11332	2277	928	927	927	879		机械仪表	-31.61①	10.49①	884
15	000610	西安旅游	785	▼023	-2.85	25247	1.30	9812	1990	808	805	807	776	-0.13	社会服务	13.32①	1.67①	785
16	600420	现代制药	1412	▲010	0.71	33161	1.15	9267	4612	1402	1389	1419	1375	0.36	生物医药	33.30①	2.47①	1407
17	002289	宇顺电子	1792	▼149	-7.68	27060	6.50	12978	4990	1941	1933	1933	1776	0.06	电子	-49.78①	1.96①	1792

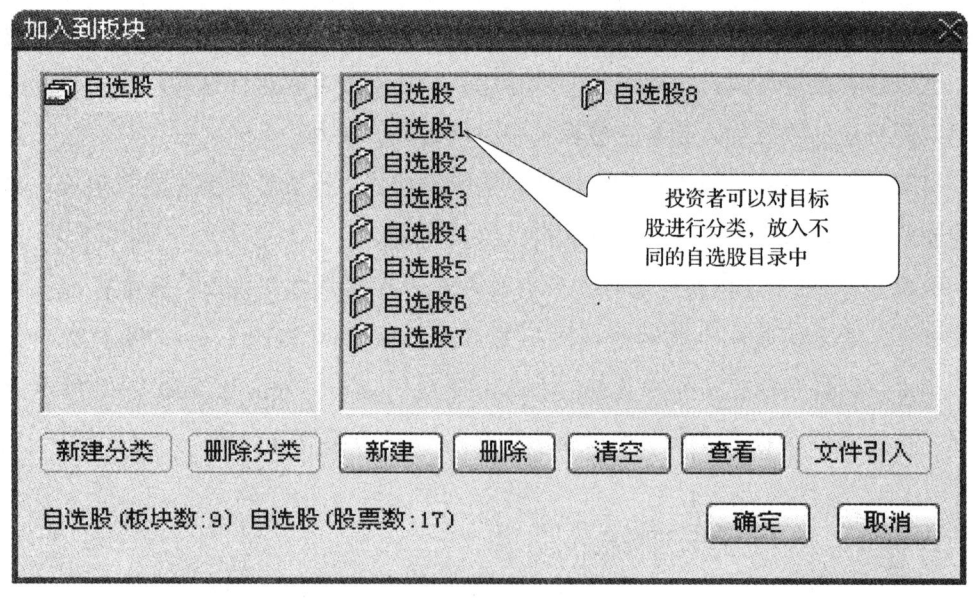

图 1—1　自选股报价

图 1—2　自选股管理

等，都可以成为买入一只股票的理由。然而若仅凭一时头脑发热，心血来潮而要买入股票，则投资者需要自我反省一番。

2. 选择好一只股票准备买入前还应明确什么

即买入理由是什么。投资者持有股票时难免受到心理因素的影响，而媒体也总对股价走势进行并不总是准确的预测。要避免这些问题,投资者应有自己的买入、卖出准则,简而言之,确定目标股后,投资者还应制定出以下两个目标。

第一,卖出时机。即买入后做短线还是长线。有时短线和长线也可以相互转化。若长线股短期内上涨过快,过度透支了未来的业绩,则应短线卖出;若短线股成交量温和放大,上涨走势稳健,则投资者可考虑做中长线投资。投资者对何时卖出股票的问题应在心中有大致的预计。

第二,目标价位。即卖出时股价是多少。贪婪和恐惧是投资者买卖股票的大敌。买入一只股票时即设想它的目标价,可以帮助投资者认清股价走势,避免在上涨过程中踏空或在阶段性顶部惜售。

如图1—3所示,2011年12月22日,在自选股股票池中的青岛海尔(600690)股价放量上涨,MA指标、MACD指标金叉,成交量持续缩量后放大,形成了短线买入条件。2012年3月6日,股价在高位放巨量上涨后开始缩量横盘,为卖出信号。

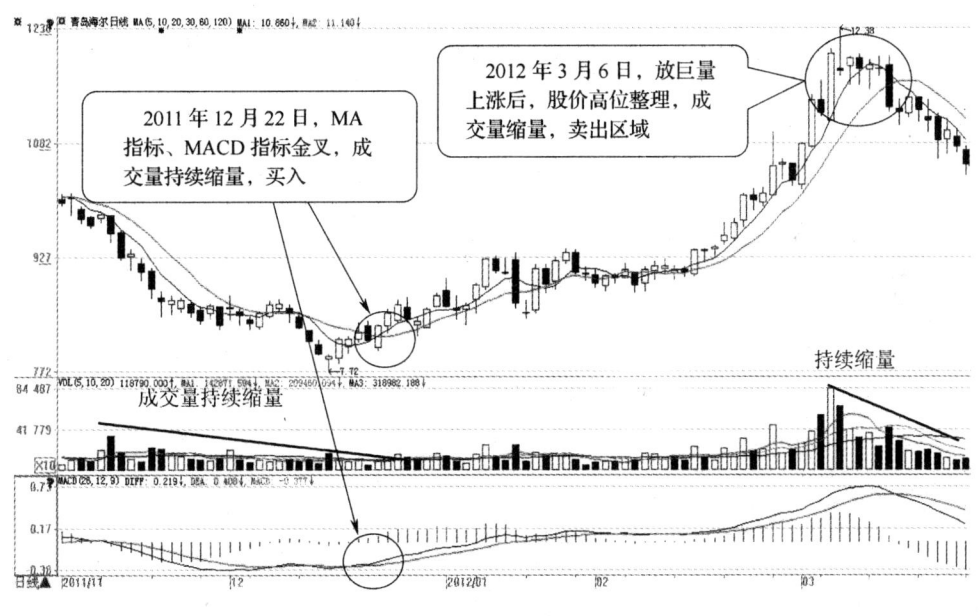

图1—3 青岛海尔日K线

如图1—4所示,2012年6月14日,在自选股股票池中的宝德股份(300023)股价放量上涨,成交量均线向上发散。而该股前期持续整理,成交量连续走出地量,此处的放量拉升很可能是庄家所为,形成了短线买点,投资者可尝试性地买入该股。

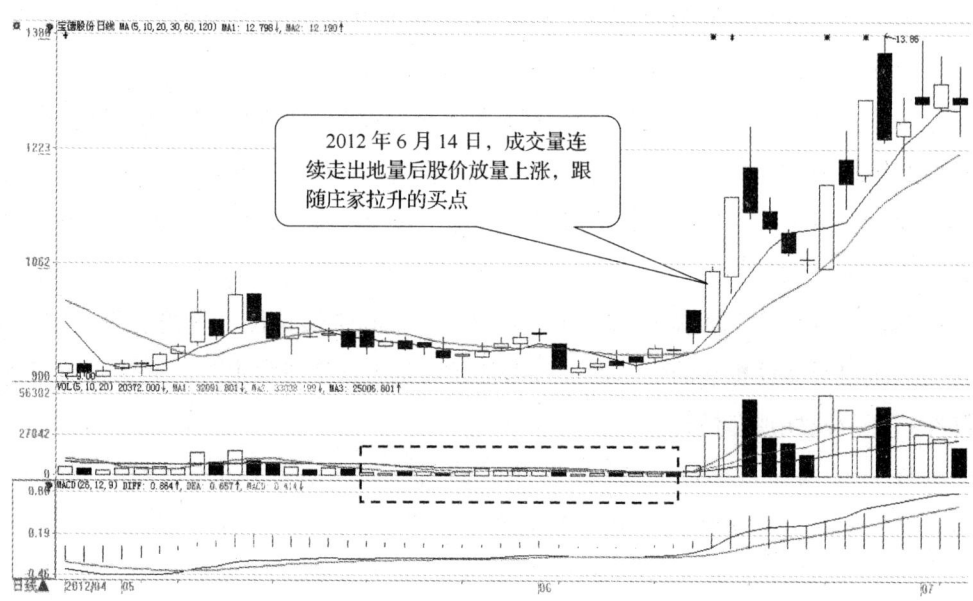

图1—4 宝德股份日K线

1.2 选板块和选个股

1.2.1 选择目标板块

在炒股软件中，将上市公司按照其所属的行业分类，就产生了许多板块。不同时期的热点板块不同。投资者选择热点板块中的个股进行投资，往往会取得较佳的收益。投资者可以通过关注两个方面的信息，选择目标板块。

关注点一：板块基本面是否向好

基本面优秀的板块内往往能够产生众多牛股。投资者可重点关注国家扶持的行业、处于上升期的行业以及具有国际竞争力的行业所处的板块。

关注点二：板块指数是否持续上涨

一个板块的板块指数持续上涨，代表板块内的个股普遍处于上涨状态。投资者买入此类板块中的个股，则获利的机会较大。

如图1—5所示，2012年7月6日，中国人民银行年内第二次下调存贷款利率。在股市低迷的情况下，利率的连续下调是重要的利好消息，直接影响银行和房地产板块的走势。

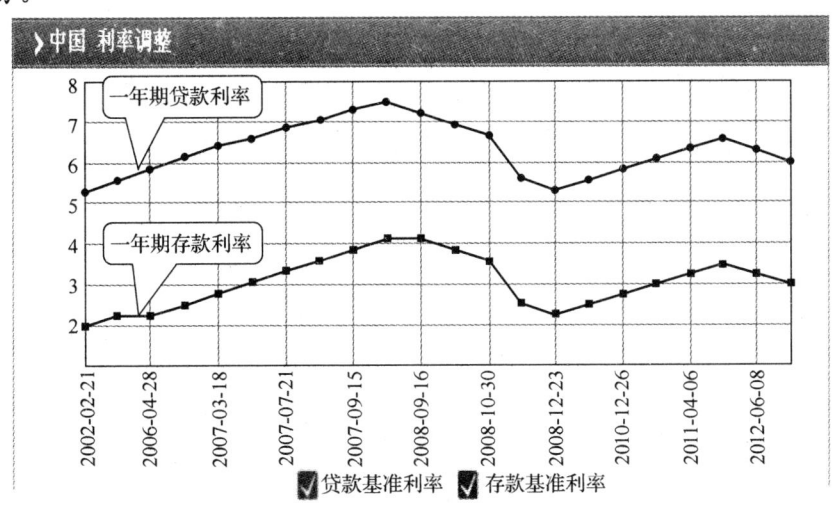

图1—5 利率调整

如图 1—6 所示，2012 年 7 月 6 日，受中国人民银行年内第二次宣布减息的影响，多个板块指数上扬。房地产板块上涨 2.39%，明显强于其他板块。投资者可以重点关注这类持续上涨的强势板块。

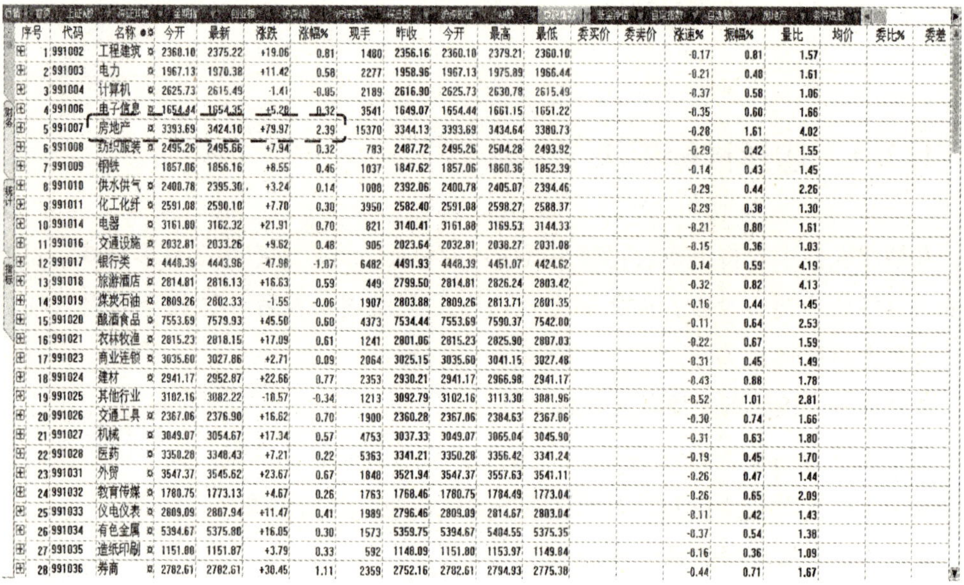

序号	代码	名称	今开	最新	涨跌	涨幅%	现手	昨收	今开	最高	最低	委买价	委卖价	涨速%	振幅%	量比	均价	委比%	委差
1	991002	工程建筑	2360.10	2375.22	+19.06	0.81	1480	2356.16	2360.10	2379.21	2360.10			-0.17	0.81	1.57			
2	991003	电力	1967.13	1970.38	+11.42	0.58	2277	1958.96	1967.13	1975.89	1966.44			-0.21	0.48	1.61			
3	991004	计算机	2625.73	2615.49	-1.41	-0.05	2189	2616.90	2625.73	2630.78	2615.49			-0.37	0.58	1.06			
4	991006	电子信息	1654.44	1654.35	+5.28	0.32	3541	1649.07	1654.44	1661.15	1651.22			-0.35	0.60	1.66			
5	991007	房地产	3393.69	3424.10	+79.97	2.39	15370	3344.13	3393.69	3434.64	3380.73			-0.28	1.61	4.02			
6	991008	纺织服装	2495.26	2495.66	+7.94	0.32	783	2487.72	2495.26	2504.28	2493.92			-0.29	0.42	1.55			
7	991009	钢铁	1857.06	1856.16	+8.55	0.46	1037	1847.62	1857.06	1860.36	1852.39			-0.14	0.43	1.45			
8	991010	供水供气	2400.78	2395.30	+3.24	0.14	1008	2392.06	2400.78	2405.07	2394.46			-0.29	0.44	2.26			
9	991011	化工化纤	2591.08	2590.10	+7.70	0.30	3950	2582.40	2591.08	2598.27	2588.37			-0.29	0.38	1.30			
10	991014	电器	3161.88	3162.32	+21.91	0.70	821	3140.41	3161.88	3169.53	3144.33			-0.21	0.80	1.61			
11	991016	交通设施	2032.81	2033.26	+9.62	0.48	905	2023.64	2032.81	2038.27	2031.08			-0.15	0.36	1.03			
12	991017	银行类	4448.39	4443.96	-47.98	-1.07	6482	4491.93	4448.39	4451.07	4424.62			0.14	0.59	4.19			
13	991018	旅游酒店	2814.81	2816.13	+16.63	0.59	449	2799.50	2814.81	2826.24	2803.42			-0.32	0.82	4.13			
14	991019	煤炭石油	2809.26	2802.33	-1.55	-0.06	1907	2803.88	2809.26	2813.71	2801.35			-0.16	0.44	1.45			
15	991020	酿酒食品	7553.69	7579.93	+45.50	0.60	4373	7534.44	7553.69	7590.37	7542.00			-0.11	0.64	2.53			
16	991021	农林牧渔	2815.23	2818.15	+17.09	0.61	1241	2801.06	2815.23	2825.90	2807.03			-0.22	0.67	1.59			
17	991023	商业连锁	3035.60	3027.86	+2.71	0.09	2064	3025.15	3035.60	3041.15	3027.48			-0.31	0.45	1.49			
18	991024	建材	2941.17	2952.87	+22.66	0.77	2353	2930.21	2941.17	2966.98	2941.17			-0.43	0.88	1.78			
19	991025	其他行业	3102.16	3082.22	-10.57	-0.34	1213	3092.79	3102.16	3113.30	3081.96			-0.52	1.01	2.81			
20	991026	交通工具	2367.06	2376.90	+16.62	0.70	1900	2360.28	2367.06	2384.63	2367.06			-0.30	0.74	1.66			
21	991027	机械	3049.07	3054.67	+17.34	0.57	4753	3037.33	3049.07	3065.04	3045.90			-0.31	0.63	1.80			
22	991028	医药	3350.28	3348.43	+7.21	0.22	5363	3341.21	3350.28	3356.42	3341.24			-0.19	0.45	1.70			
23	991031	外贸	3547.37	3545.62	+23.67	0.67	1848	3521.94	3547.37	3557.63	3541.11			-0.26	0.47	1.44			
24	991032	教育传媒	1780.75	1773.13	+4.67	0.26	1763	1768.46	1780.75	1784.49	1773.04			-0.26	0.65	2.09			
25	991033	仪电仪表	2809.09	2807.94	+11.47	0.41	1989	2796.46	2809.09	2814.67	2803.04			-0.11	0.42	1.43			
26	991034	有色金属	5394.67	5375.80	+16.05	0.30	1573	5359.75	5394.67	5404.55	5375.35			-0.37	0.54	1.38			
27	991035	造纸印刷	1151.80	1151.87	+3.79	0.33	592	1148.09	1151.80	1153.97	1149.84			-0.16	0.36	1.09			
28	991036	券商	2782.61	2782.61	+30.45	1.11	2359	2752.16	2782.61	2794.93	2775.38			-0.44	0.71	1.67			

图 1—6　板块涨幅排名榜

1.2.2　选择目标板块中的股票

投资者选择了目标板块后，就要在目标板块中选择目标股票。通常，投资者应从板块中的龙头股看起。一个板块中的龙头股是板块中最具影响力的个股。在弱市行情下，此类个股往往提前见底；而在上涨过程中，龙头股走势稳健，起到了带动板块走势的作用。简单来说，龙头股具有如下两个特点。

1. 行业地位高

龙头股在板块内具有较高的影响力，其股价的涨跌往往领导了板块的走势。然而龙头股的地位并不是一成不变的，因此投资者若持有某只龙头股，也需定期查看该股基本面情况。

2. 资金参与度高

一般来说，券商、基金等机构看好某板块后会选择其中的龙头股进行投资。板块内的龙头股因其具有榜样作用，更容易受到资金青睐。

如图1—7所示，在2012年7月6日的板块涨幅排名榜中，投资者点击房地产板块前面的"+"符号，即可看到房地产板块中个股的走势。可以看到，涨幅超过3%的个股有深物业A、沙河股份、渝开发。

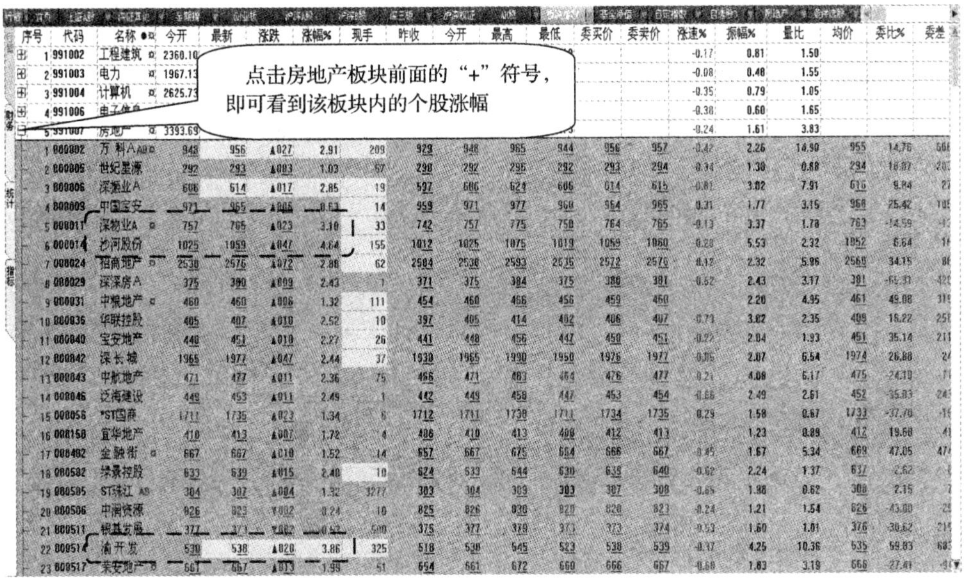

图1—7 房地产板块涨幅排名榜

如图1—8所示，2012年1月至5月，在大盘指数低位震荡的条件下，万科A（000002）的股价在底部企稳后走出了一波上涨走势。万科A是房地产板块中的龙头

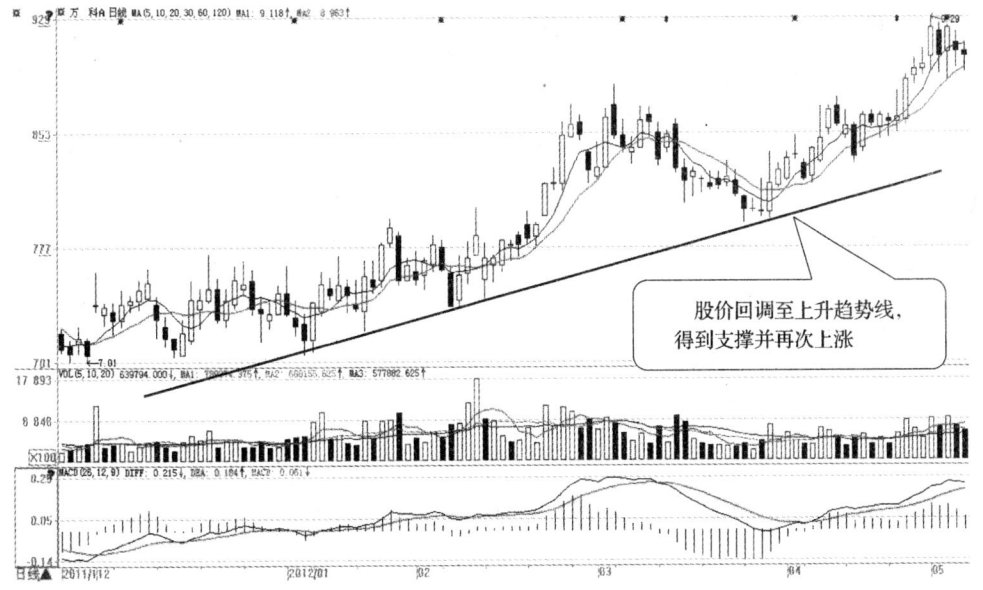

图1—8 万科A日K线

股之一。可以看到，该股在大盘下跌时具有一定的抗跌性，且先于大盘上涨。此类个股是投资者可以优先选择的目标股。

如图1—9所示，2011年1月至7月，上证指数震荡下行，而作为中药行业的龙头股，同仁堂（600085）的股价在震荡的过程中底部逐渐升高，逆市走强。投资者可以优先选择此类个股。

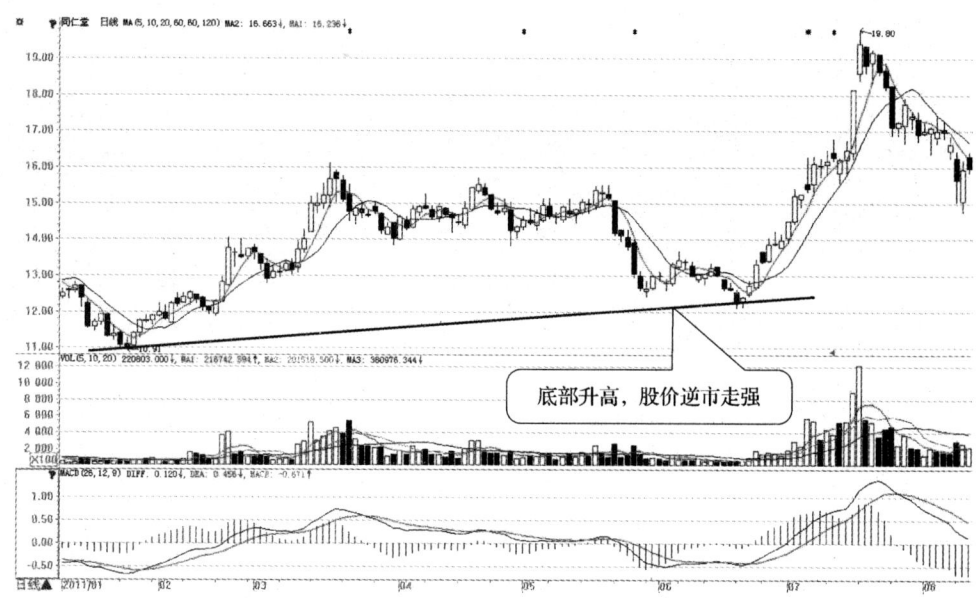

图1—9　同仁堂日K线

1.3 优质股票的特点

1.3.1 短线优质股票的特点

短线投资操作周期短,通常持股时间在 10 个交易日以内。因此,短线操作主要依赖于对图形的分析,主要是通过对个股 K 线图和分时图的分析,来进行选股决策。实战中,短线优质股票具有如下特征。

1. 流通股本较小

流通股本在 2 000 万股至 1 亿股的股票,盘子轻,在有庄家介入时往往走势轻灵,上涨迅速。而如银行股之类的大盘股则在上涨或下跌的过程中均走势缓慢,不能达到短线投资的收益目标。

2. 短期技术指标出现买入条件

短线操作中选择一只股票,其个股 K 线图或分时图中的技术指标应出现买入信号。常用的短线技术指标有 MA 指标、MACD 指标、RSI 指标、KDJ 指标等。

3. 上涨时成交活跃,回调时缩量

个股短线持续上涨时,换手率在 3%～7%,表明成交活跃,涨势较强。太小的换手率表明短线动力不足,太大的换手率则有股票高位大量抛售导致股价下跌的风险。若上涨过程中出现回调,则成交量亦应缩量。

如图 1—10 所示,2012 年 5 月 23 日,广田股份(002482)在成交量持续缩量后企稳,股价上涨并突破了 10 日均线,而该股 MACD 指标中的 DIFF 线亦得到 DEA 线的支撑后走高,形成了买入信号。投资者可以依据此信号买入股票进行短线操作。

如图 1—11 所示,2012 年 6 月 25 日,海默科技(300084)高开开盘,成交量出现放大,股价站上了 10 日均线,而该股 OBV 指标由横盘开始快速上升,形成了买入信号。投资者可以依据此信号买入股票进行短线操作。

如图 1—12 所示,2012 年 2 月 8 日,经过一段时间的横盘后,浙江广厦(600052)股价开始小幅走高,成交量也出现放大,股价站上了 10 日均线,而该股 ARBR 指标由横盘开始上升,形成了买入信号。投资者可以依据此信号买入股票进行短线操作。

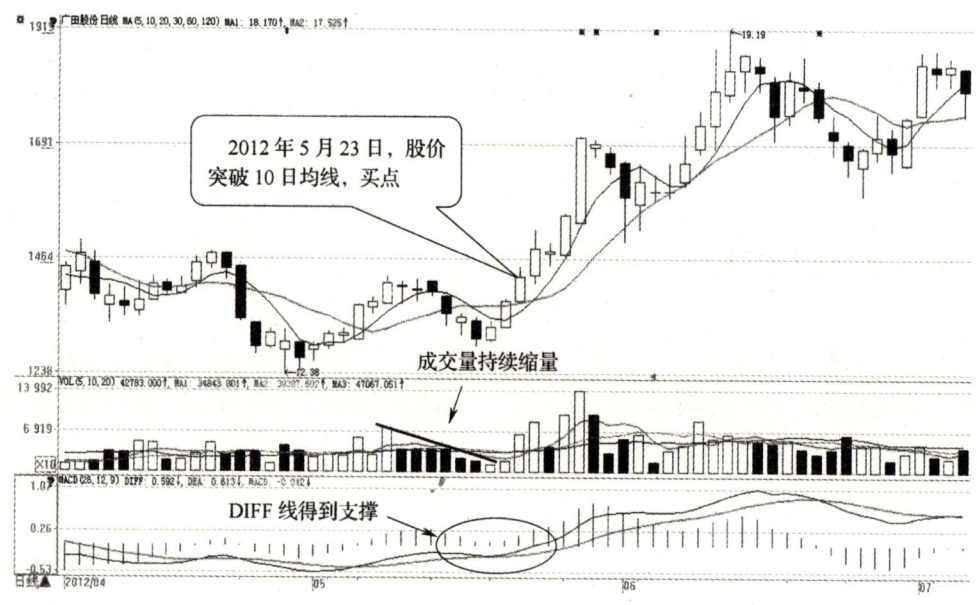

图1—10　广田股份日K线

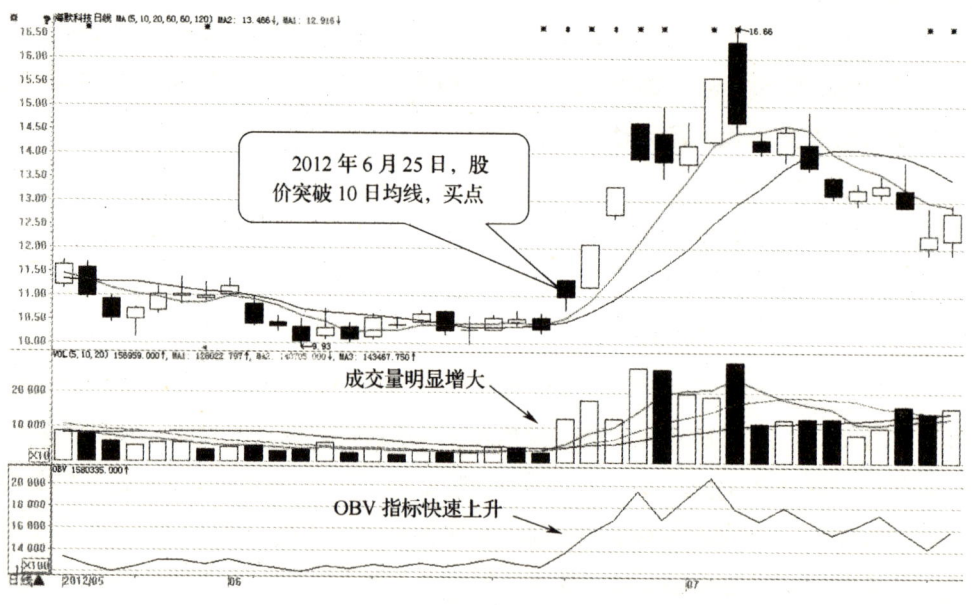

图1—11　海默科技日K线

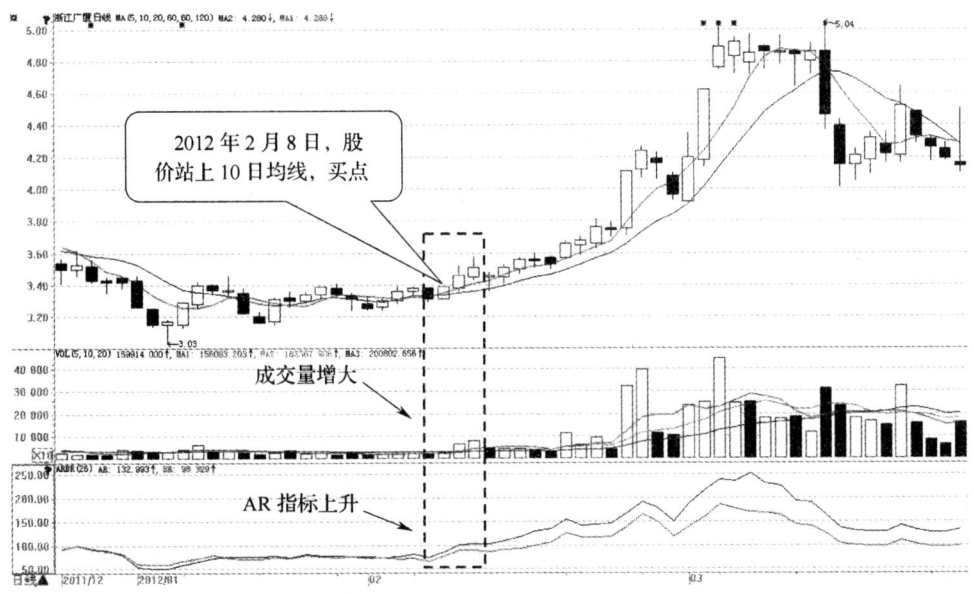

图 1—12　浙江广厦日 K 线

1.3.2　长线优质股票的特点

长线投资指持股时间在数月甚至数年的投资操作。因持股时间长，长线投资者对股价的短期走势、短期的技术指标并不是特别在意，长线投资者更加关注的是上市公司的基本面情况和个股是否有庄家操作。

1. 基本面优秀的股票

基本面优秀的股票，其上市公司经营情况良好，公司收益稳定、快速增长，因而投资者一致看好公司未来发展，其股价在长期来看也会持续上涨。

如图 1—13 所示，2009 年 3 月至 2012 年 6 月，贵州茅台（600519）的股价持续上涨。在该股股价上涨的背后，基本面支撑良好，茅台酒的销量连续几年持续增长，且高端白酒价格持续走高，使得公司业绩快速增长。可以看到，该股在上涨过程中出现了回调，而每次回调均得到上升趋势线的支撑，总体上股价呈上涨趋势。投资者可以买入此类业绩快速增长的股票进行长线投资。

如图 1—14 所示，2011 年 9 月至 2012 年 7 月，聚龙股份（300202）的股价持续上涨。该股上市公司制造经营点钞机、纸币清分机等银行专用设备。目前国内此类上市公司较为稀有，且银行业发展较快。可以看到，该股在上涨过程中底部逐渐上升，上涨趋势较强。

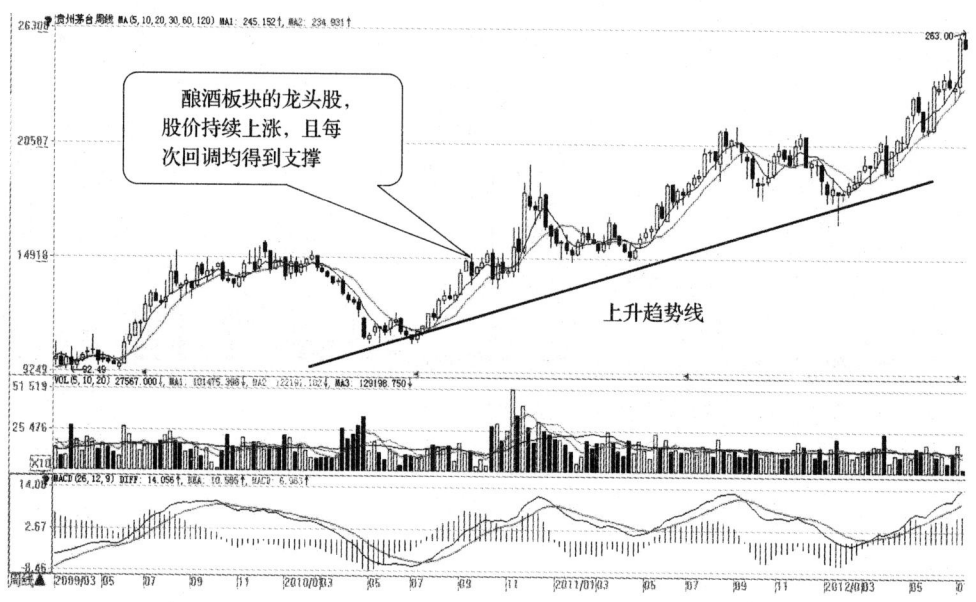

图1—13 贵州茅台周K线

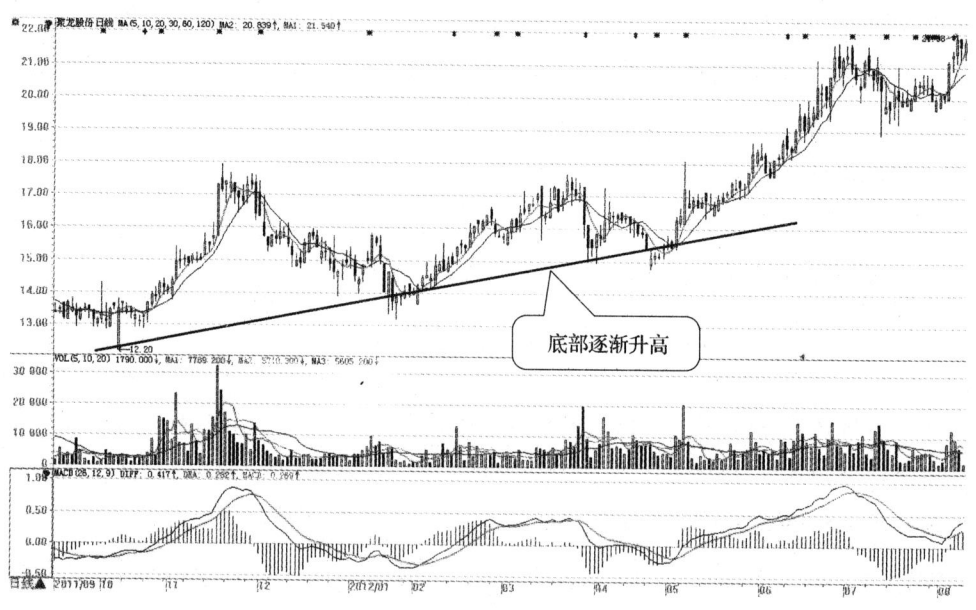

图1—14 聚龙股份日K线

如图1—15所示，2009年12月至2012年7月，探路者（300005）的股价持续上涨。作为我国首家生产户外运动装备的上市公司，其品牌的知名度不断提升，且国内专卖店数量不断增多。可以看到，该股在上涨过程中底部逐渐上升，上涨趋势较强。

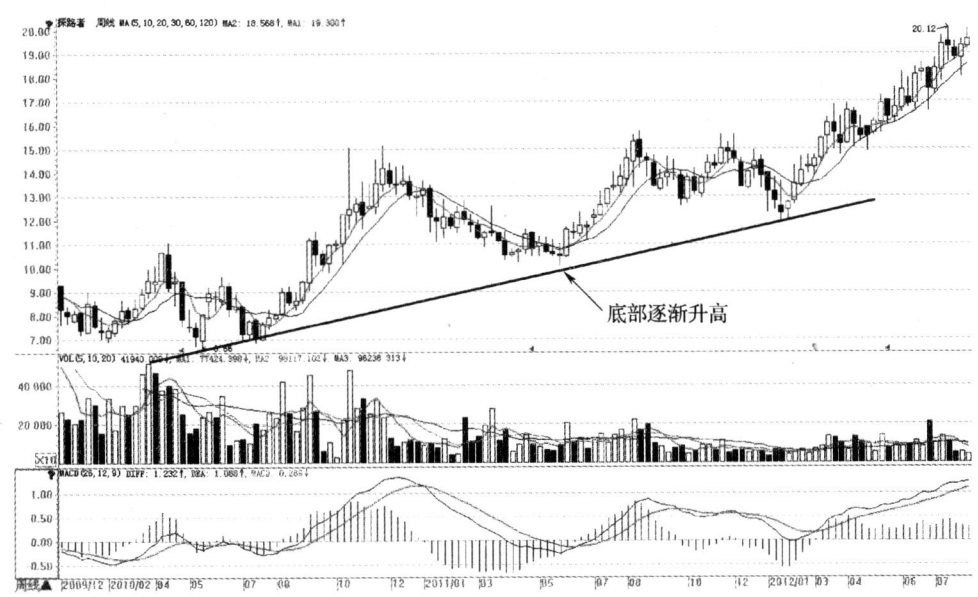

图1—15 探路者周K线

2. 有庄家持续拉升的股票

有一类较冷门的股票，成交并不活跃，投资者对其关注较少，而股价长期不断上涨。这类股票往往是有庄家操作的强庄股。庄家持有流通股的比例较高，因而可以轻易地持续拉升股价，至较高的价位再行出货。

如图1—16所示，2011年5月至2012年7月，汤臣倍健（300146）的股价持续上涨。可以看到，该股在上涨过程中进行了小幅回调，回调后股价即加速上涨，至2012年7月，股价已上涨至300%。此类个股并未发布重大利好消息，其涨势往往是庄家控制了大部分筹码后操作所为。

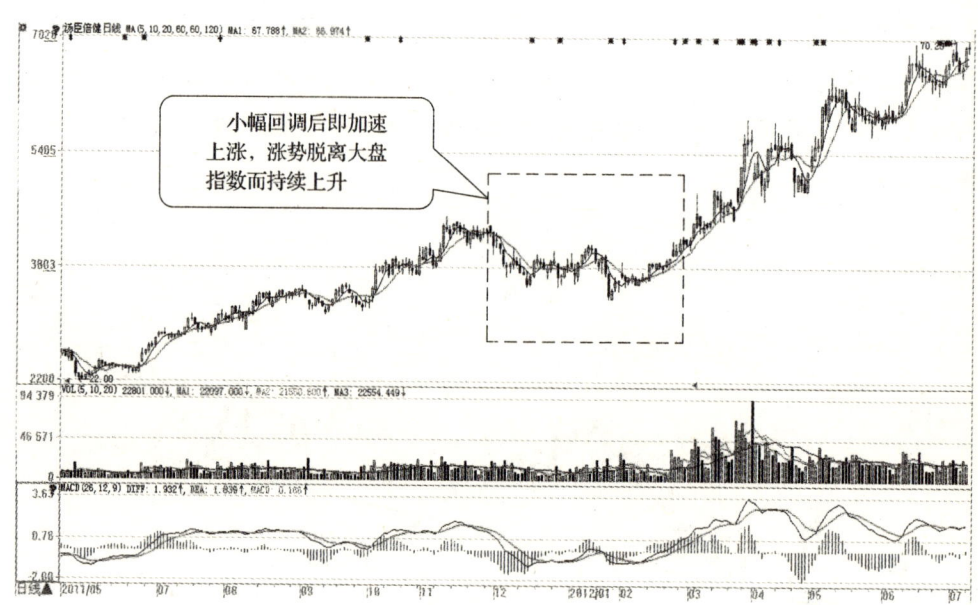

图1—16 汤臣倍健日K线

1.4 不同行情中的选股方法

1.4.1 牛市的选股方法

牛市是指大盘指数持续上涨的行情。在牛市行情下，个股走势也普遍向上，在上涨过程中可能会出现回调，而回调结束后股价往往会大幅回升，创出新高。因而牛市行情下投资者获利的可能性较大，应尽可能多地选股投资。牛市行情中选股，投资者可以重点关注两类个股。

1. 主流热点股票

主流热点股票，其上市公司的经营往往具有亮点，该类股票受投资者关注高，往往涨幅较大。如近两年市场上不断出现高端白酒，且白酒价格总体上持续上涨，白酒类个股表现优异。

2. 底部扎实的股票

在K线形态上，经过前期的下跌，股价在一个区间内反复震荡整理，而不创造新低，这种形态表明上涨动能正在不断聚集。整理时间越长，则股价底部构筑得越牢靠。当此类个股突破整理区间时，往往会走出一波强势上涨行情。

如图1—17所示，2008年11月至2010年1月，上汽集团（600104）的股价持续上涨。我国家庭汽车普及逐渐加速，而上汽集团的轿车在汽车市场上拥有良好的口碑。至2010年1月，该股涨幅有600%之多。投资者可在上涨初期买入持股。

如图1—18所示，2010年4月至10月，中船股份（600072）的股价在低位持续整理筑底，股价在10～12元的小范围内波动。2010年10月15日，伴随着上证指数的上扬，该股放量上涨，股价突破了前期的整理区间，表明筑底完成，该股将要展开一波上涨涨势，买点出现。

1.4.2 熊市的选股方法

熊市中，大部分股票持续下跌，股价不断创出新低，个股成交量普遍萎缩。持股

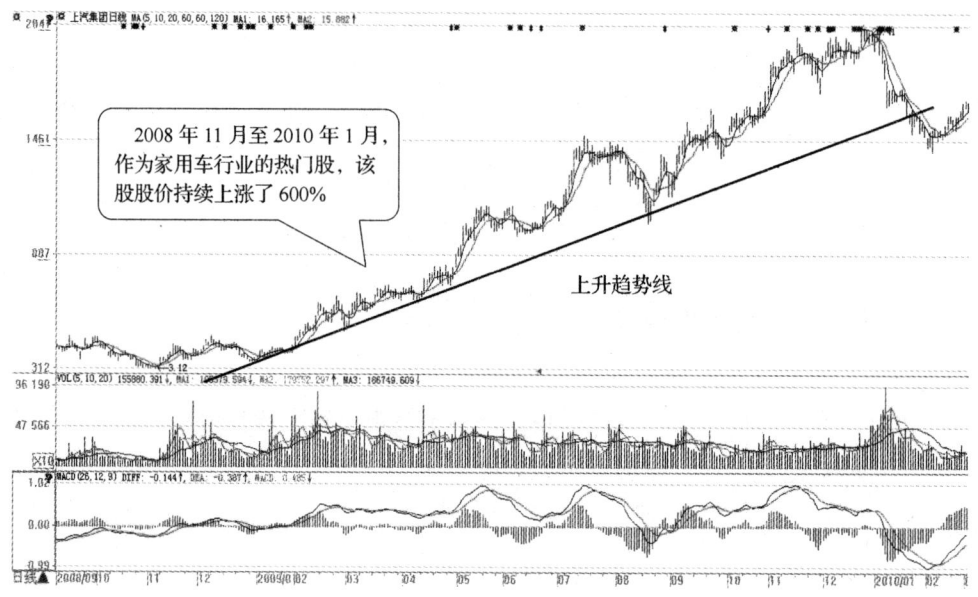

图 1—17 上汽集团日 K 线

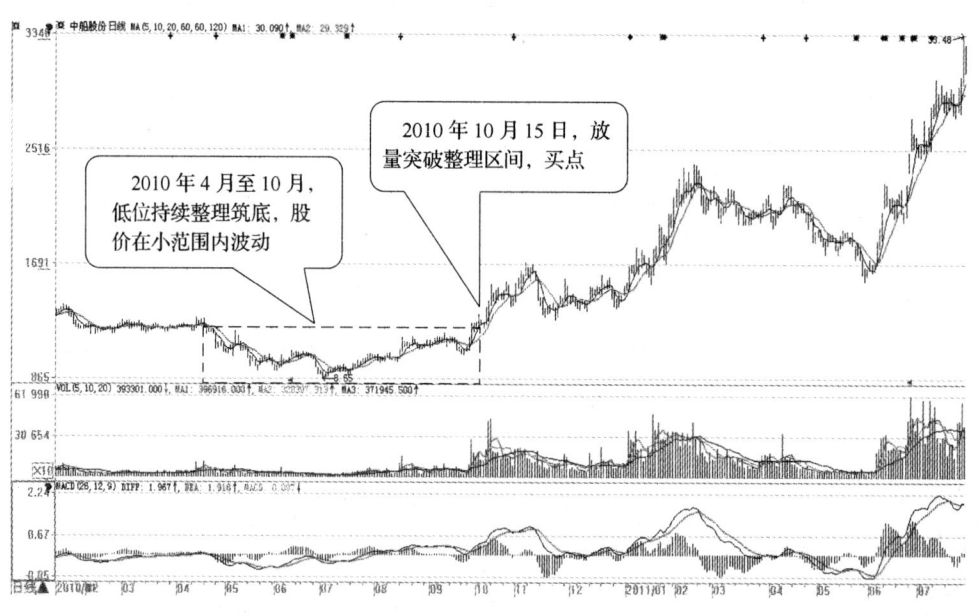

图 1—18 中船股份日 K 线

的投资者面临割肉离场或忍耐账面亏损的选择，叫苦不迭。股价在悲观的气氛中进一步下跌。

在熊市中，投资者应在大部分时间捂住口袋，保留资金，以待行情好转。而熊市中若个股具有以下两类性质，则可考虑适当投资。

1. 短期超跌的股票

短期超跌的股票,股价跌幅远远大于大盘的跌幅,K线图中往往出现加速下跌的趋势。一旦大盘出现反弹,此类个股会在短期内快速上涨。投资者可以结合BOLL、KDJ等超买超卖类技术指标关注此类个股。

2. 价值被严重低估的个股

在熊市中,一些有业绩支撑的股票也随大盘下跌。虽然股价持续下跌,但此类个股所属的上市公司经营业绩却稳步提升。当大盘出现反弹时,此类个股往往会大幅上涨。

如图1—19所示,2008年2月至4月,伴随着上证指数的下行,ST香梨(600506)的股价持续下跌。而该股KDJ指标逐渐进入20以下的超卖区间,该股开始处于超卖状态。2008年4月24日,该股放量上涨,而KDJ指标向上走出超卖区间,买点出现。

图1—19 ST香梨日K线

如图1—20所示,2008年7月至11月,伴随着上证指数的下行,中国软件(600536)的股价持续下跌。该股上市公司主营系统软件,基本面良好。而伴随着上证指数持续下跌,股价跌至最低5元,价值被严重低估。此后,该股在底部企稳后加速上涨,涨幅超过500%。投资者可于股价底部企稳时买入持股。

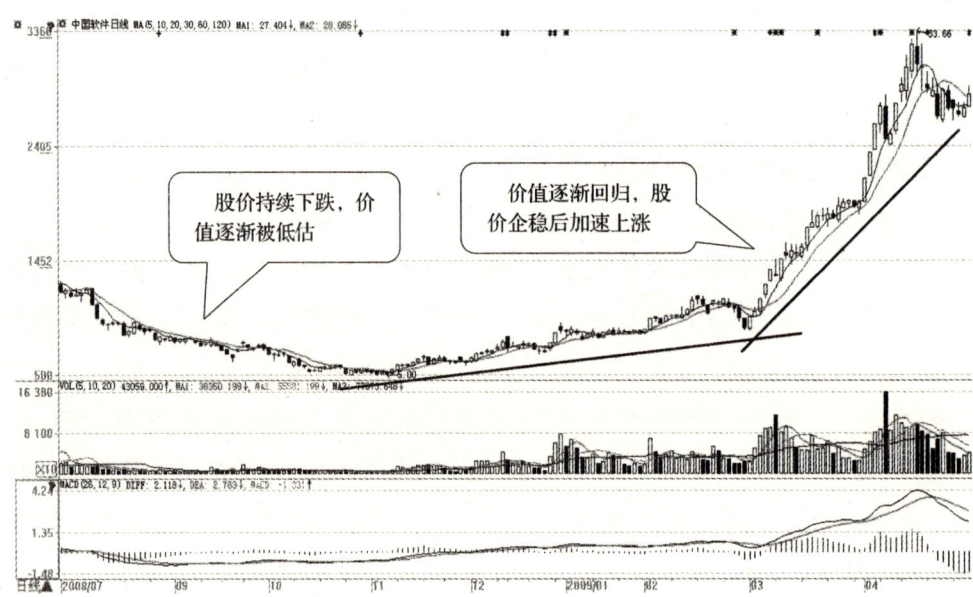

图1—20 中国软件日K线

1.5 根据市场心理选股选时

1.5.1 在市场充满恐慌心理时选股

在个股由高位持续下跌过程中，多空双方的博弈由空方胜出，股价持续下跌，投资者开始普遍看空。当下跌过程中股价出现加速下跌时，投资者的恐慌心理变得更加强烈，之前坚持持股的投资者也纷纷抛售股票出场。

根据对历史数据的分析，本节需要指出的是，恰恰是在投资者的恐慌心理达到极限的时候，股价将很有可能会走出阶段性的企稳回升。投资者可以在市场充满恐慌心理时开始关注目标股，一旦技术指标上出现企稳的指示，则可考虑建仓。

如图1—21所示，2011年12月至2012年1月，因为对公司业绩巨减的担心，欧菲光（002456）的股价持续下跌。至下跌末期，该股更是走出了向下跳空的大阴线，投资者对该股充满了恐慌心理。此后，该股在低位整理。2012年2月3日，该股放量上涨，均量线向上发散形成多头排列，买点出现。

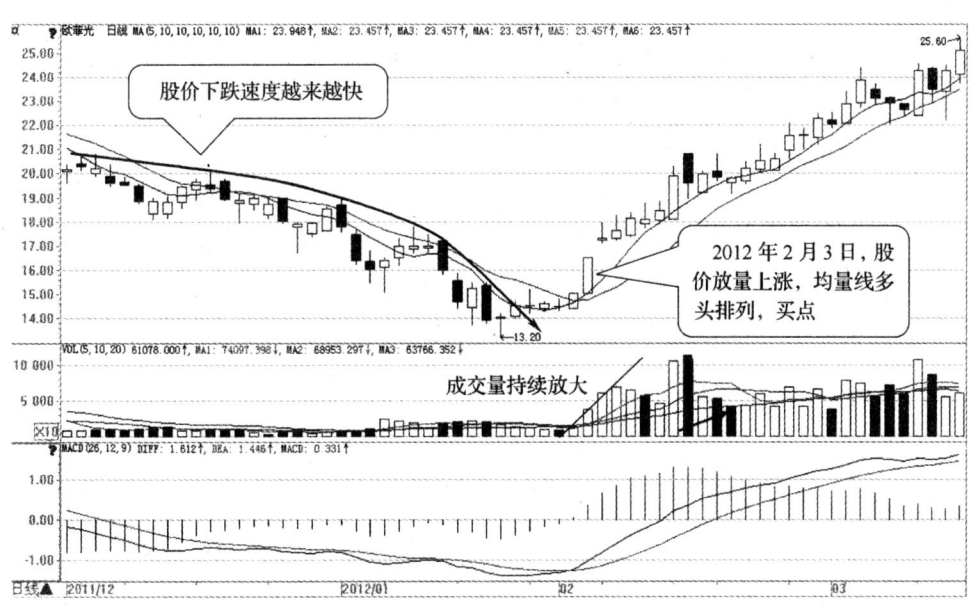

图1—21 欧菲光日K线

如图 1—22 所示，2011 年 11 月至 2012 年 1 月，伴随着上证指数的下行，上海三毛（600689）的股价持续下跌。在下跌过程中，阴线数量远多于阳线，且没有可操作的反弹，市场充满了恐慌情绪。2012 年 1 月 10 日，该股连续第二个交易日放量上涨，且 MACD 指标出现黄金交叉，买点出现。

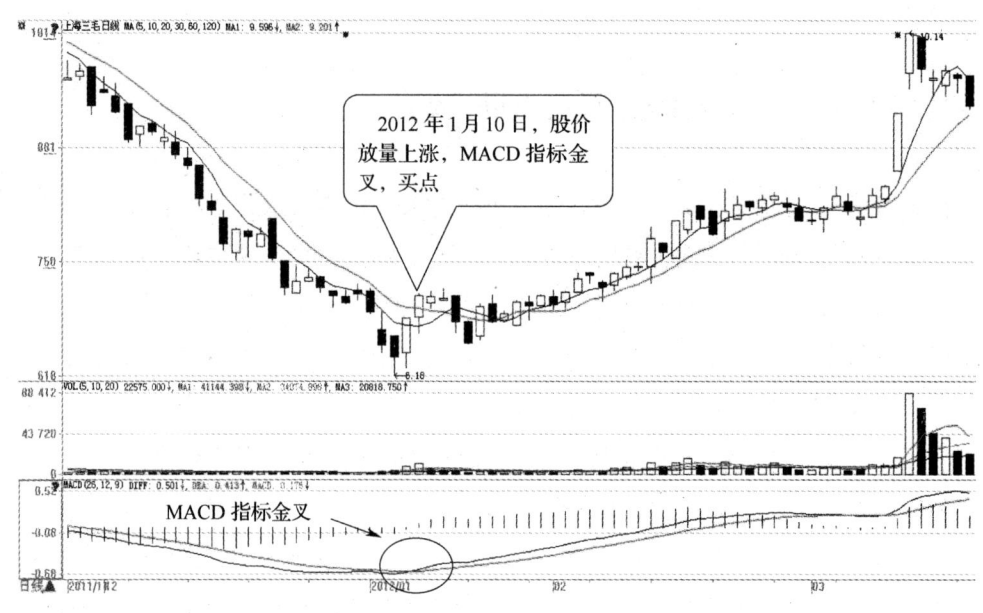

图 1—22　上海三毛日 K 线

1.5.2　在成交清淡时选股

个股上涨的过程可以细分为上涨、回调、再上涨这三步。股价上涨时，投资者逐渐看好该股，成交量逐渐增加；回调时个股受到的关注逐渐减小，成交量出现萎缩。

若投资者在大家一致看好、成交活跃时买入股票，则很容易买在阶段性高点，虽然未来股价整体走势仍然向上，但是股价很快将面临回调。这种回调会在短期内对投资者的心理造成打击。

因此，投资者可以在个股上升阶段中成交相对清淡的区域买入股票，此时买入的价位往往具有优势。

如图 1—23 所示，2010 年 8 月至 11 月，安徽合力（600761）的股价持续上涨。2010 年 9 月 2 日，该股放量上涨，此后开始缩量回调。2010 年 9 月 29 日，该股缩量至阶段性最小量后成交量再次开始放大，表明回调将结束，股价继续上涨的概率大，构成短线买点。

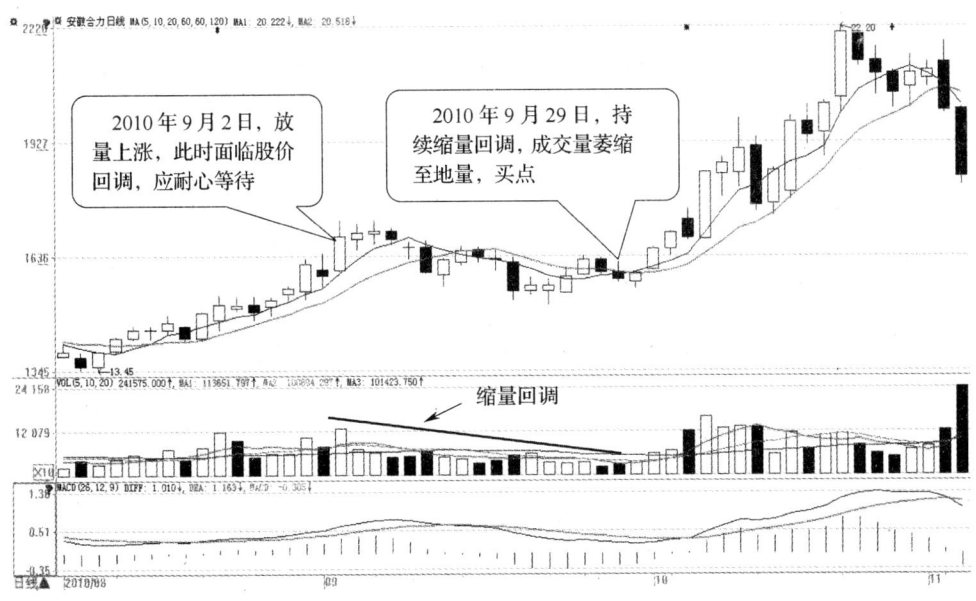

图1—23 安徽合力日K线

如图1—24所示，2010年8月至11月，宏达新材（002211）的股价震荡上涨。且该股在上涨时成交量放大，回调时缩量。2010年9月21日，该股缩量逐渐走出地量区间，构成了成交清淡的区域，表明回调将要结束，买点出现。

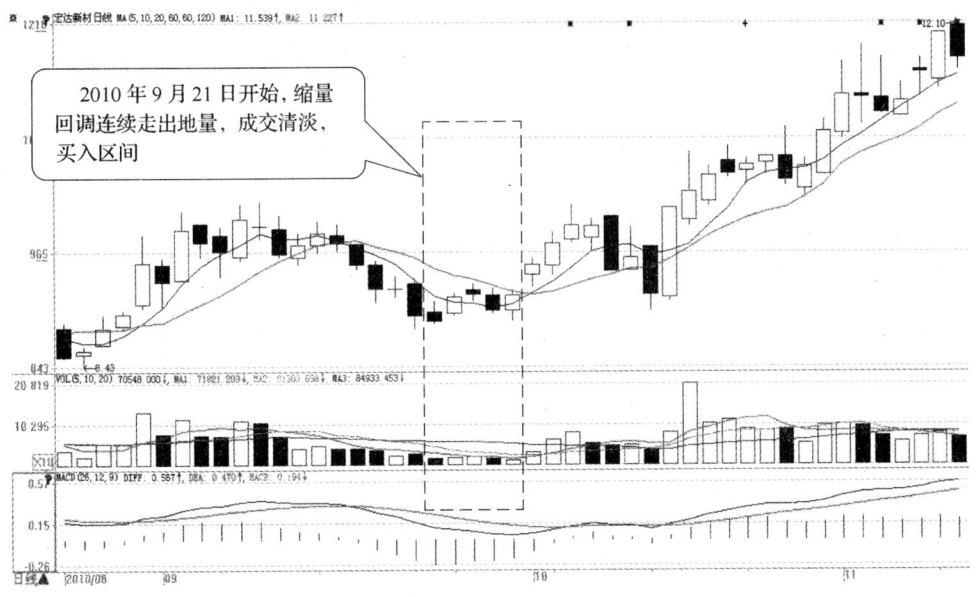

图1—24 宏达新材日K线

1.6 通过软件选股

1.6.1 条件选股

大多数炒股软件中都有条件选股功能。投资者在日常选股过程中，逐一对个股进行筛选，是工程量比较大的工作。通过条件选股功能，投资者只要输入对基本面、走势特征、技术指标等所要求的条件，即可找到满足条件的所有股票。

以大智慧软件为例，投资者在软件界面按"F7"键，即可进入条件选股功能。投资者也可以在"工具"菜单中选择"条件选股"打开该功能，其界面如图1—25、图1—26所示。

如图1—25所示，投资者在条件选股界面可分5个类别进行选股，即指标条件选股、基本面选股、即时盘中选股、走势特征选股和形态特征选股。每一类里面又分多种选股方法。投资者可以根据自己的需要使用不同的选股条件。

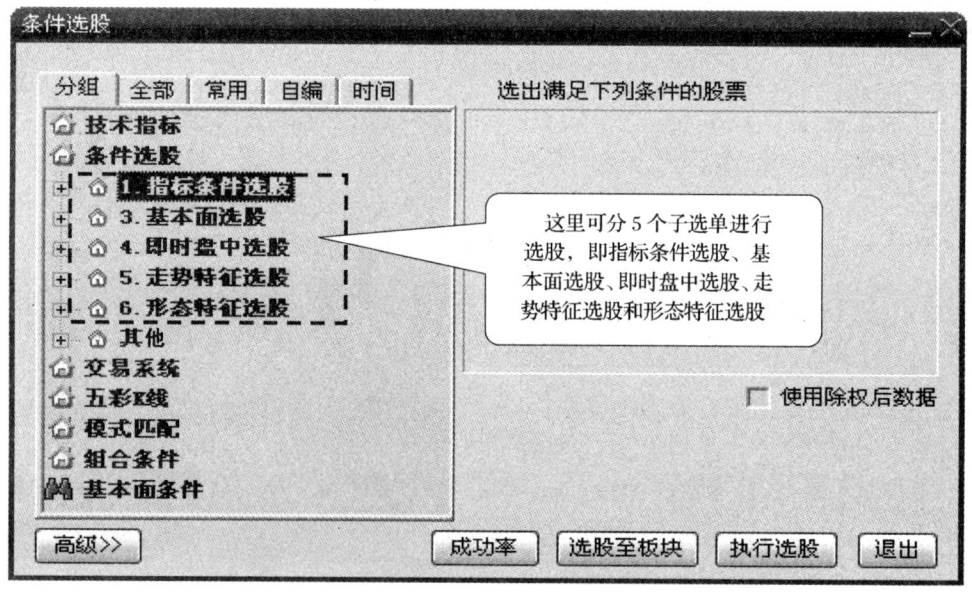

图1—25 条件选股界面—1

如图1—26所示,投资者打开走势特征选股,选择连续N天收阳线,设置条件为连续5个交易日收阳线,再点击执行选股,即可看到筛选结果。

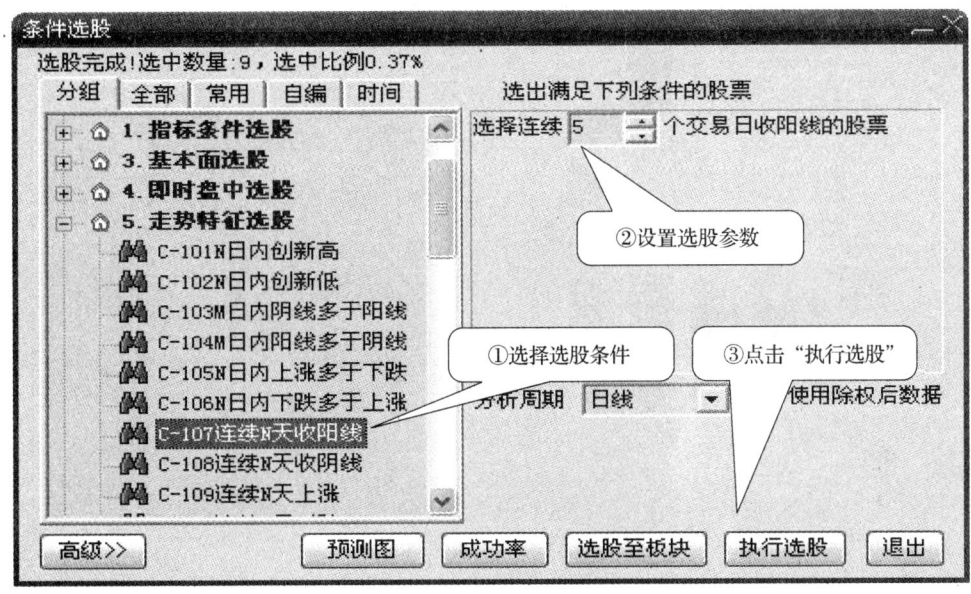

图1—26　条件选股界面—2

以连续5日收阳线为条件进行选股后,有9只满足条件的个股,祥龙电业(600769)是满足条件的股票之一,如图1—27所示。可以看到,该股连续多日走出小阳线上涨。至于是否可以买入,投资者还需进一步分析。

1.6.2　过滤器选股

投资者使用条件选股功能,需要打开条件选股界面,在条件选股界面选择并设置选股条件,花费的时间相对较长。通过过滤器功能则可以直接在排名榜界面筛选股票,留下满足条件的个股。以大智慧软件为例,下面介绍过滤器的使用方法。

如图1—28所示,投资者在沪深A股涨幅排名榜内,若要筛选出10元以下的股票,则可以进行如下操作:首先,在最新股价一栏点击鼠标右键,选择"过滤";然后就会出现图1—29所示的过滤器界面。投资者输入过滤条件为"＜10",即表示筛选出股价小于10元的股票。点击"确定"后,在沪深A股涨幅排名榜就会仅显示10元以下的股票。

图1—27 祥龙电业日K线

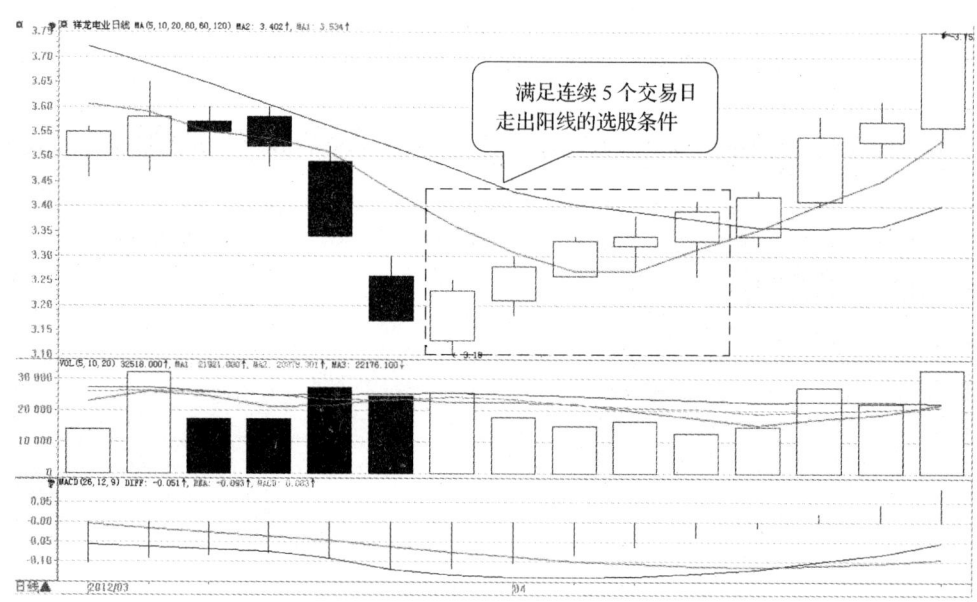

图1—28 过滤器选股

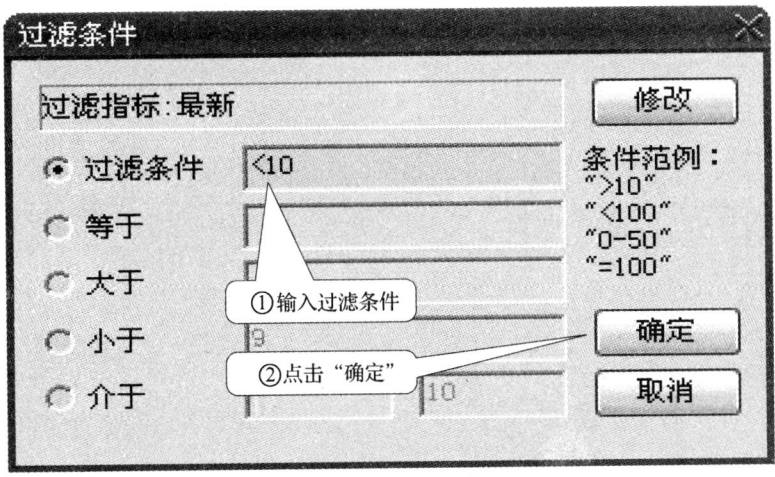

图 1—29 过滤器界面

第 2 章

看新闻消息选股

2.1 宏观经济新闻

2.1.1 国内经济新闻

经济的整体走势总是处于繁荣和低谷之间不断波动的状态中。当国家为了提振国内经济或抑制经济过热时，会出台相应的货币或财政政策，这些政策对股市有重要影响。

2012年7月6日，中国人民银行年内第二次下调存贷款利率。在股市低迷的情况下，利率的连续下调对需要贷款的行业属于利好消息，但对于银行业却属于利空。

如图2—1所示，2012年4月至7月，房地产板块内的银基发展（000511）股价持续上涨。中国人民银行在6月和7月宣布的两次减息，减少了房地产贷款的应付利息，对该板块的上扬起到了助涨作用。

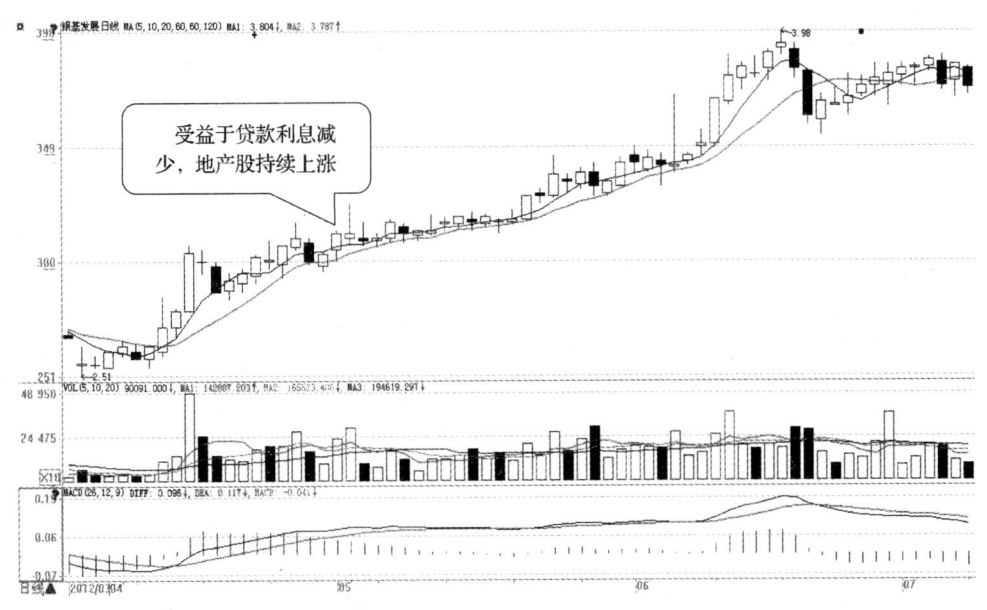

图2—1 银基发展日K线

如图2—2所示，2012年3月至7月，银行板块内的招商银行（600036）股价持续下跌。6月和7月的两次减息为非对称减息，即贷款减息，存款利率不变。非对称减息减小了银行的息差收益，加速了银行股的下跌。

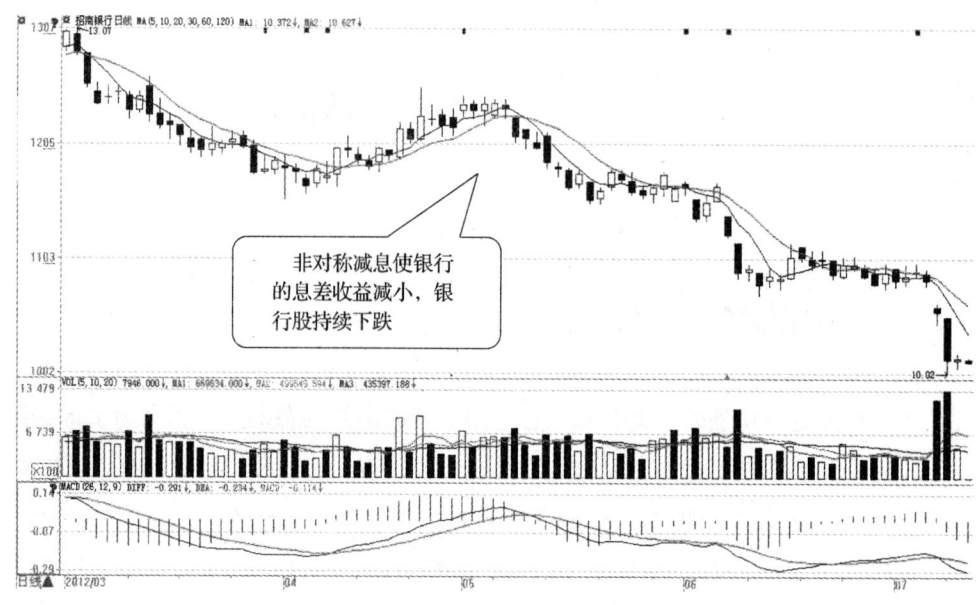

图 2—2　招商银行日 K 线

地区性的新闻发布后，一些区域内直接受益的个股会有明显的反应。

如图 2—3 所示，随着我国海南省三沙市的设立，三沙概念顿时兴起。2012 年 6 月 25 日，属于海南省内的建材股海南瑞泽（002596）股价开始强势上涨，短期内股价涨幅已达 200% 以上。

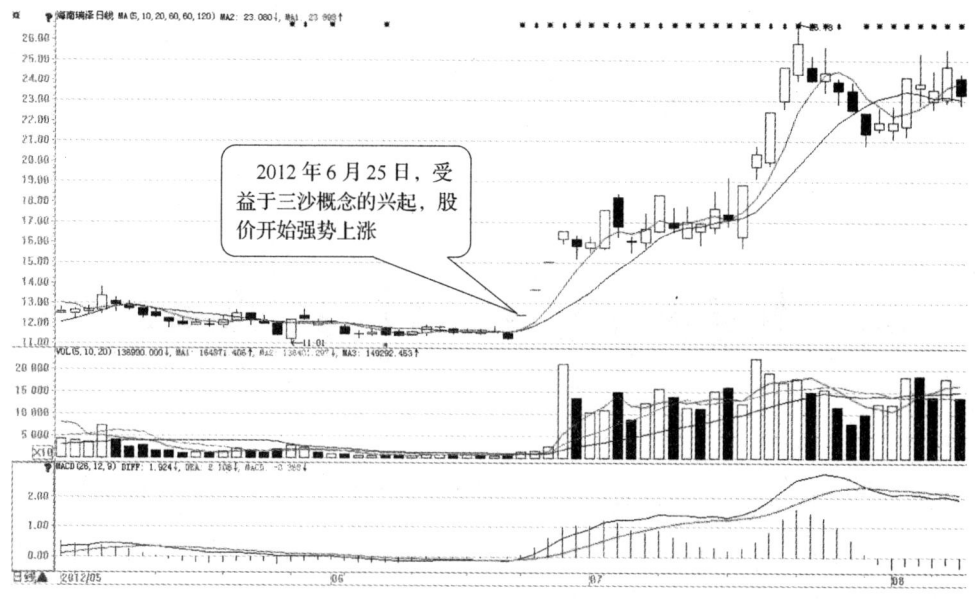

图 2—3　海南瑞泽日 K 线

2.1.2 国际经济新闻

国际经济新闻也会对我国股票市场产生影响。如 2009 年下半年始于希腊的欧债问题，在 2011 年蔓延至整个欧洲。整体上看，欧债危机对国内经济的影响主要有以下三点。

第一，对欧出口减少。

第二，人民币升值。

第三，外汇储备缩水。

从第一点来看，国内对欧洲国家包括日本在内的出口已经大幅减少，对新兴国家的出口正在快速增长但总量较低，只有美国仍为主要出口输出国。业绩依赖出口的上市公司受到了持久的影响，投资者应规避这类股票。

如图 2—4 所示，2011 年 8 月至 2012 年 7 月，属于纺织业的华孚色纺（002042）股价持续下跌。受欧债危机影响，欧洲国家对纺织品进口大幅减少，我国依赖出口的纺织业股票普遍下跌。投资者看到新闻后应及时卖出此类个股，规避风险。

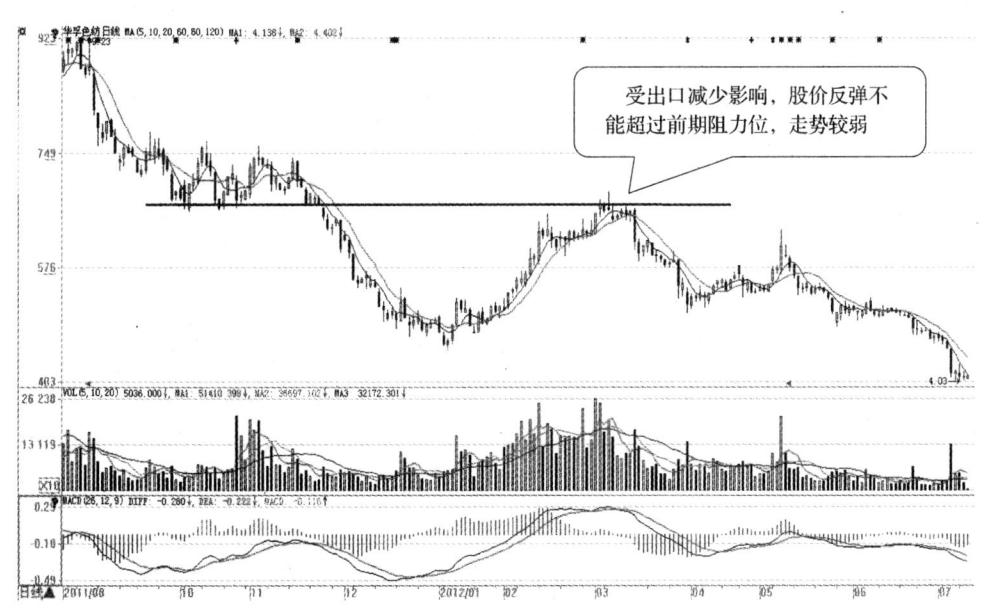

图 2—4　华孚色纺日 K 线

如图 2—5 所示，2011 年 9 月至 2012 年 7 月，属于太阳能板块的京运通（601908）股价持续下跌。2011 年年末，以美国的 3 家太阳能企业破产为导火索，美国陆续对我国太阳能出口企业进行双反调查（反倾销和反补贴）。受此利空消息的影响，太阳能板块的个股持续走弱。

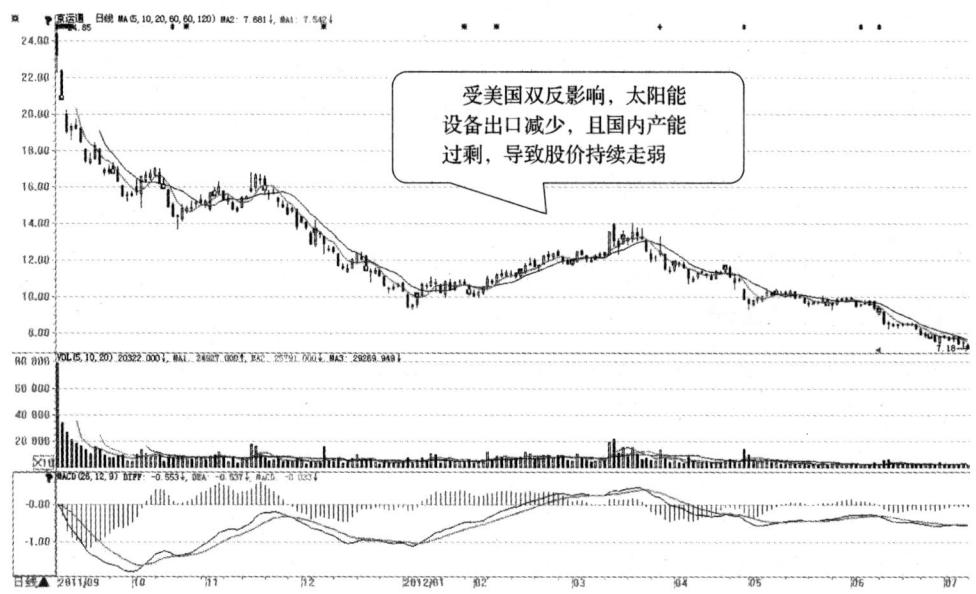

图2—5 京运通日K线

2.2 行业板块新闻

2.2.1 加速发展的行业

以基础设施建设为主的投资、对外出口和消费一直是中国经济发展的三驾马车。2008年的金融危机以及2009年以来的欧债危机，在很大程度上影响了我国基建以及出口的增长。因此，近年来提高国内消费被政府列为重点工作之一，投资者常可在媒体上看到相关报道。

消费类行业因此受益，消费类板块因此活跃，如酿酒、家电、汽车、服装等板块相继走高。而在这些板块内，酿酒板块的个股整体表现最为抢眼。

如图2—6所示，2009年11月至2012年7月，随着我国扩大内需的一系列政策不断实施，老牌白酒股洋河股份（002304）的股价持续上涨。上市公司不断扩充产能、推出新产品，而高端白酒价格亦持续上涨。至2012年7月该股股价已经上涨了400%。

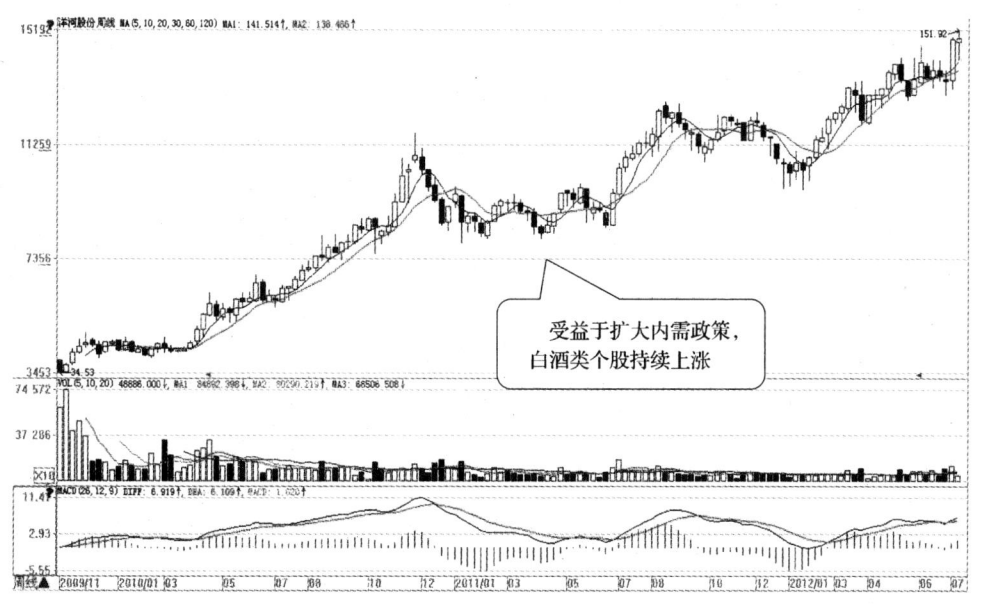

图2—6 洋河股份周K线

如图2—7所示，2009年8月至2012年7月，酒鬼酒（000799）的股价持续上涨。该股也是酿酒行业的老牌股票。自贵州茅台、洋河股份等酿酒股大幅上涨后，该股股价在2012年也出现了加速上涨的走势。

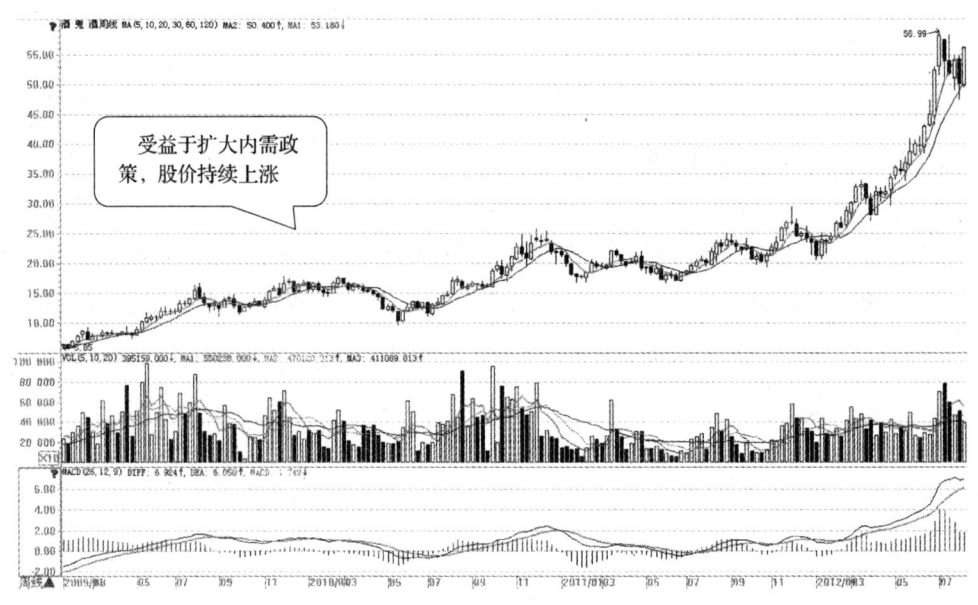

图2—7 酒鬼酒周K线

2.2.2 处于上升周期中的行业

所谓周期性行业，是指景气度呈现周期循环的行业。其行业特点是产品价格、需求以及产能等呈现周期性波动，如钢铁、有色金属、房地产、石油行业等都属于周期性行业。周期性行业内上市公司的股票价格，往往会随着行业的景气度而波动。投资者准确把握此类行业繁荣与衰退的转变过程，则可以对行业内处于上升周期中的股票进行波段操作。

如图2—8所示，2011年11月至2012年2月，随着国际原油价格的止跌回升，中国石油（601857）的股价也走出了一波反弹。该股属于石油行业，股价受到原油价格变化的持续影响，投资者可以在原油价格持续上涨时买入此类个股。

如图2—9所示，2012年1月至6月，随着稀土价格的持续升高，包钢稀土（600111）的股价也出现了持续上涨走势。稀土相关产业属于有色金属行业。作为稀土的出口大国，我国陆续出台政策，意在遏制稀土盲目大量出口，改善环境。这些政策造成国际稀土价格持续上涨。

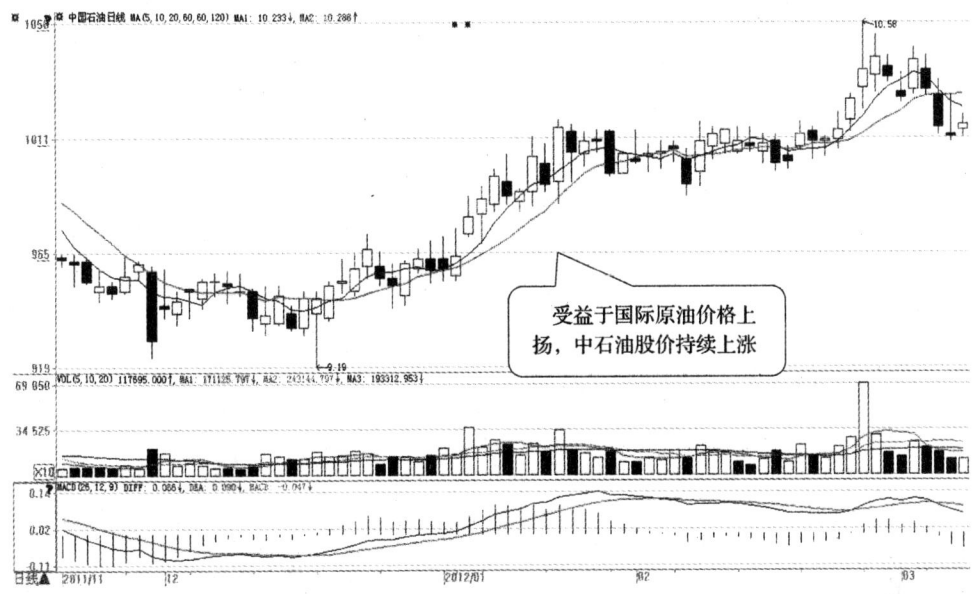

图 2—8 中国石油日 K 线

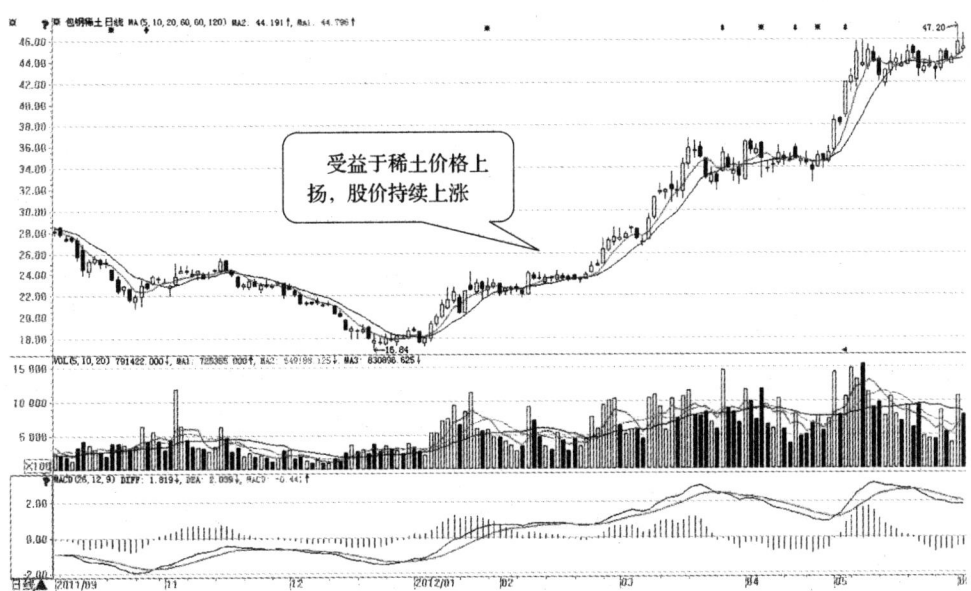

图 2—9 包钢稀土日 K 线

2.3 上市公司新闻

2.3.1 上市公司获得国家支持

上市公司若要得到国家的财政支持,其发展方向需要符合国家的规划。我国"十二五"规划指出,未来国民经济将向3个方向转变,即从依赖投资、出口向发展内需转变;从高耗能、劳动密集型产业向低碳、高科技产业转变;从国民低收入向高收入转变。因此,上市公司能以这3个方面为基础进行调整,可以适时获得国家扶持。

如图2—10所示,2012年2月6日,海联讯(300277)公布信息:公司获得高新技术企业复审证书。获得高新技术企业认证,对企业有3大好处。

第一,减少企业所得税征收。

第二,树立企业品牌。

第三,提升企业资格认证,提升竞标优势。

该股随后走出了一波上涨走势。投资者可以在利好信息发布后适时买入。

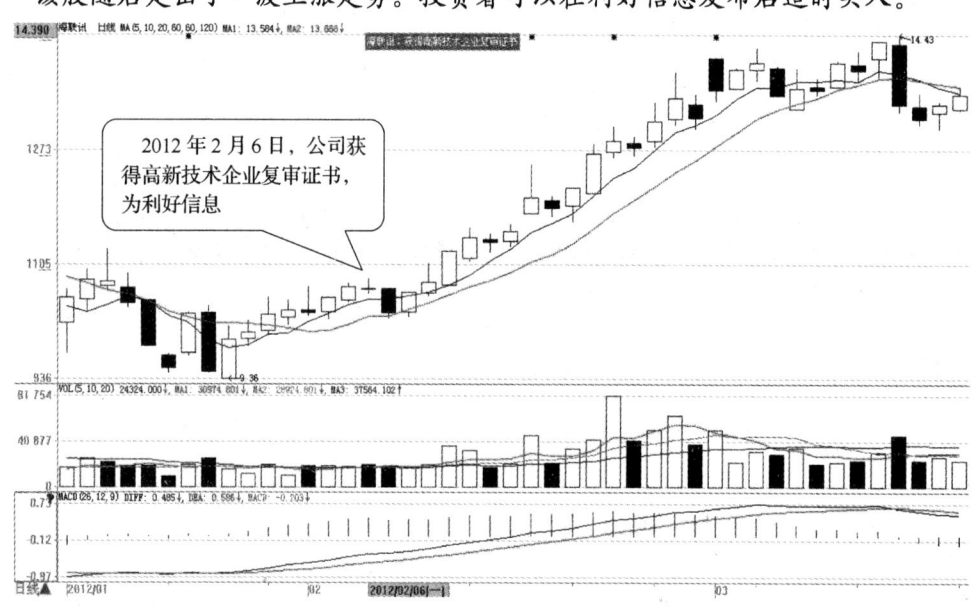

图2—10 海联讯日K线

如图2—11所示，2012年2月6日，碧水源（300070）公布信息：公司获得高新技术企业复审证书。公司企业所得税征收将由25%变为15%，为公司发展的利好消息。该股随后走出了一波上涨走势。

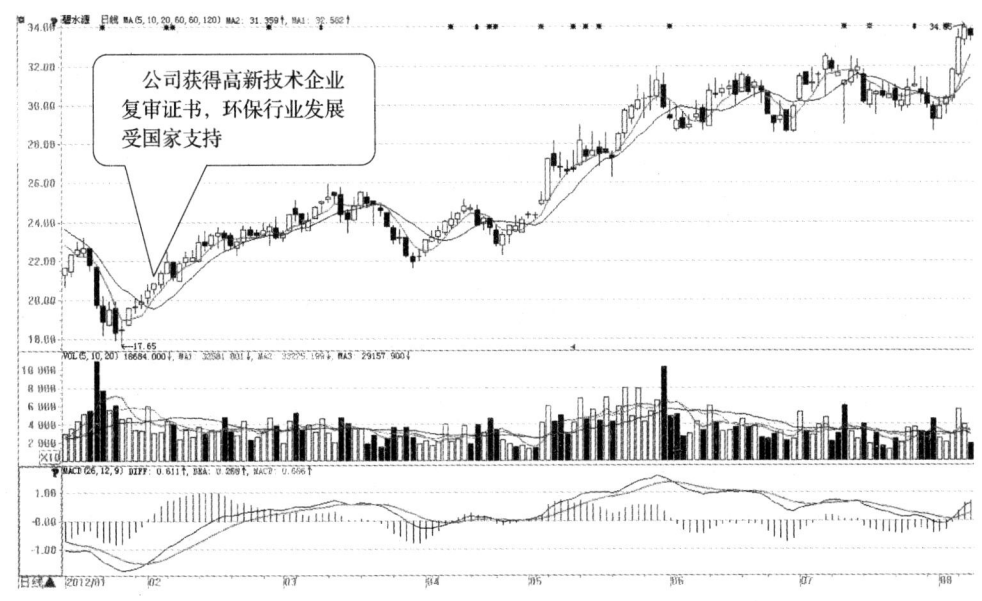

图2—11　碧水源日K线

2.3.2　上市公司经营业绩快速提升

随着我国国民经济的快速发展，一些行业内的上市公司得以发展壮大。上市公司的股价与其经营业绩相关性较高，此类公司业绩快速增加的同时，投资者普遍看好公司发展前景，纷纷买入股票，股价也会快速上涨。

如图2—12所示，2011年1月21日，江铃汽车（000550）公布2010年业绩快报：公司2010年利润增长率达到60%以上，每股收益1.98元。对于当时24元左右的股价来说，该股市盈率是12（市盈率即股价除以每股收益所得）。对于汽车行业股票，这样的市盈率已经处于较低水平，表明股价估值偏低。此后，该股持续上涨，投资者可于业绩快报发布时买入持股。

如图2—13所示，2012年2月7日，长江证券（000783）公布2012年1月公司业绩：母公司2012年1月份净利润5 800万元，表明公司经营良好。此后，该股持续上涨，投资者可于业绩报告发布时买入持股。

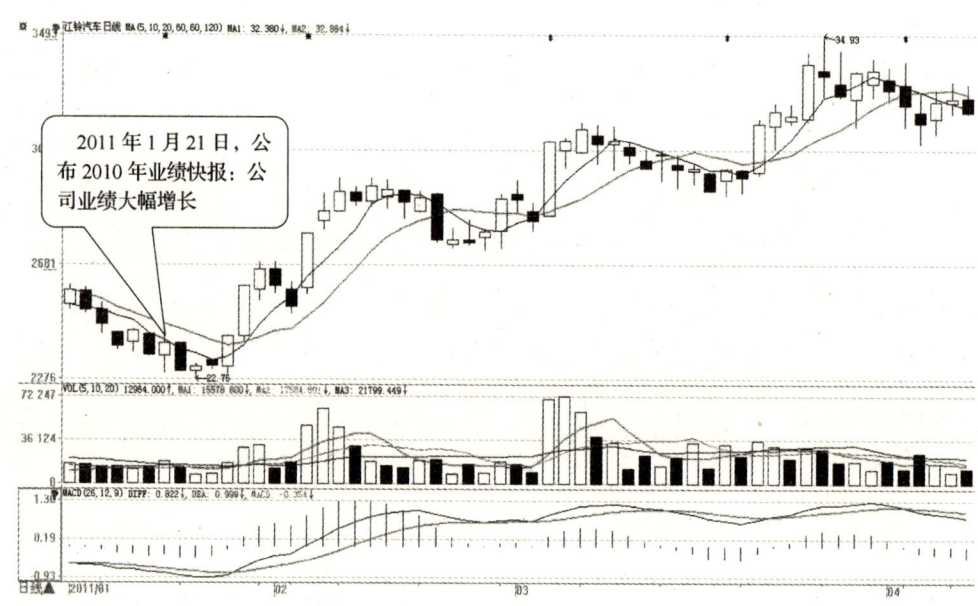

图 2—12 江铃汽车日 K 线

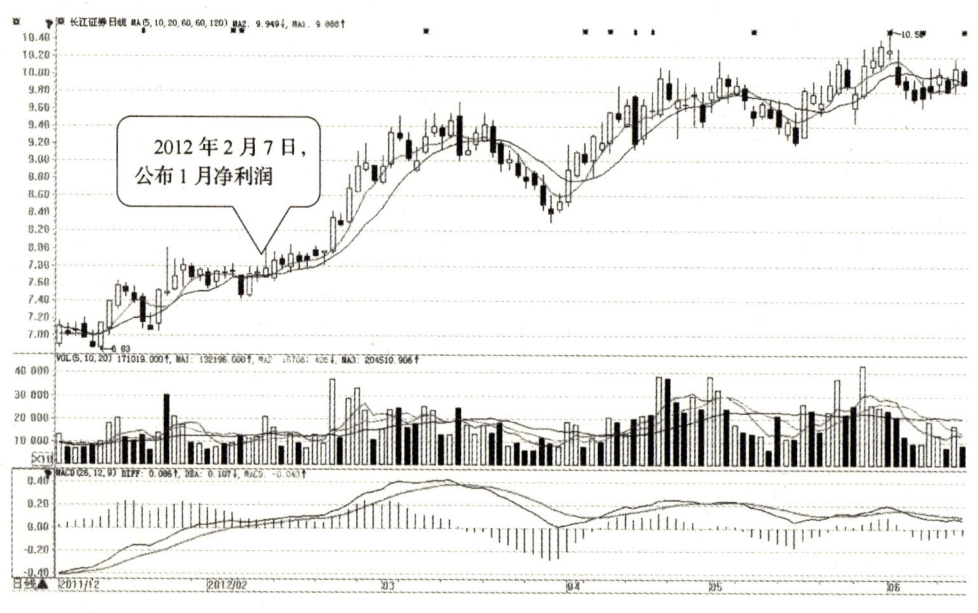

图 2—13 长江证券日 K 线

如图 2—14 所示，2011 年 7 月 5 日，中水渔业（000798）公布 2011 年 1—6 月公司业绩：净利润增长 70%～90%，表明公司经营业绩增长迅速。此后，该股持续上涨，投资者可于业绩报告发布时买入持股。

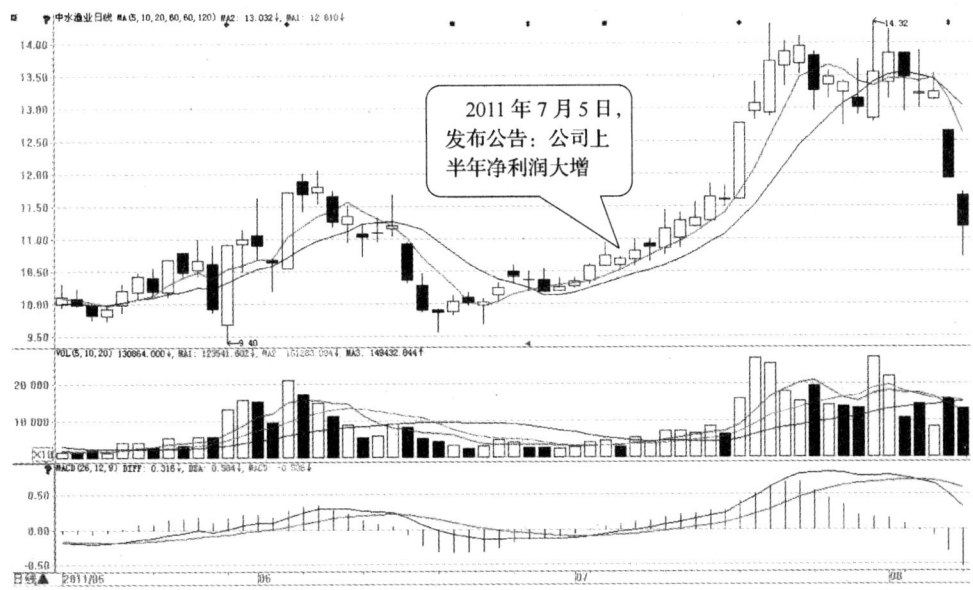

图 2—14 中水渔业日 K 线

第 3 章

看盘面信息选股

3.1 通过排名信息选股

3.1.1 通过涨幅排名榜选股

股价涨幅排名榜可以直观地反映出交易日内的市场热点所在。以大智慧软件为例，投资者在系统内输入"60"，即可看到当日沪深 A 股涨幅排名榜，如图 3—1 所示。

如图 3—1 所示，2012 年 7 月 12 日收盘，沪深 A 股涨幅榜上共有 21 只个股走出涨停价，表明当日个股走势普遍较强。投资者平时看股票，盘中随时可以输入"60"看即时的沪深 A 股涨幅榜。另外，若投资者需要单独观察上证或深证的股票，输入"61"或"63"则分别为上证 A 股涨幅榜和深证 A 股涨幅榜。

图 3—1 沪深 A 股涨幅榜

关注涨幅排名榜，对帮助投资者选股具有三方面的意义。

1. 关注短期内开始强势上涨的个股

短期强势上涨的个股会在涨幅榜第一页出现，其涨势来得生猛，有时可以走出连续的涨停。但仅凭当日涨停就追涨买入，其买入条件并不充分，投资者需结合其他指标一同分析。

2. 寻找处于拉升阶段的个股

处于拉升阶段的个股，具有连续多个交易日股价持续上涨的走势特点，其每日涨幅可能较小，只有3~4个点，但长期涨幅巨大。投资者可以通过7日或30日涨幅榜寻找此类个股。

3. 观察强势板块

若在沪深A股涨幅排名榜第一页内，同时有多只同一个板块的个股上榜，则表明该板块是当日的市场热点。

如图3—2所示，2012年7月12日，经过前期整理的金花股份（600080）放量大涨，收盘走出涨停。该股均量线向上形成多头排列，且MACD指标的DIFF线上穿0轴，技术指标出现短线买点。投资者可对该股进行综合分析后考虑短线买入。

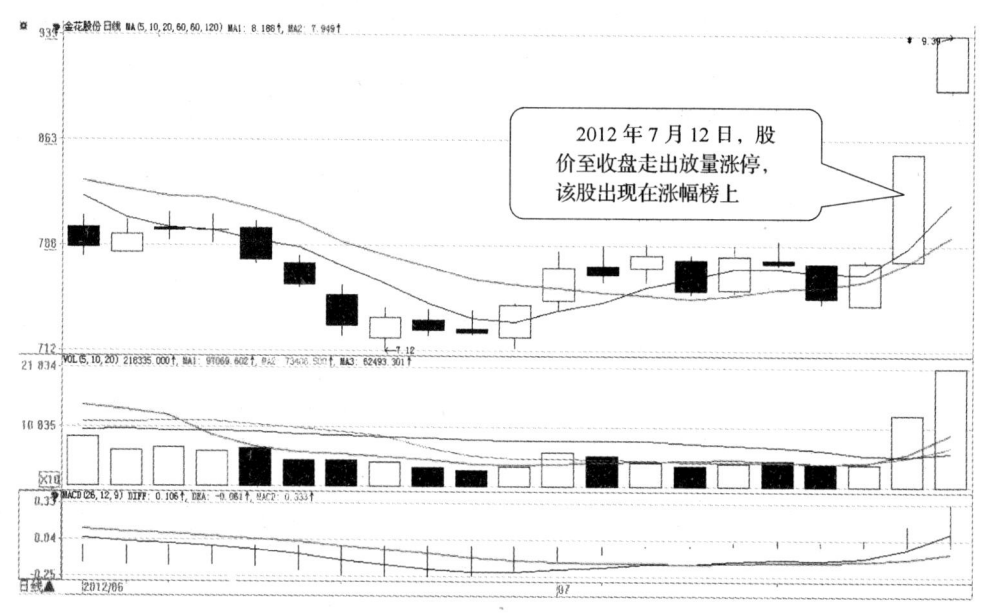

图3—2　金花股份日K线

如图3—3所示，2012年7月12日收盘后，若投资者需要寻找处于拉升阶段的个股，则可以通过以下方式看到沪深A股7日涨幅榜：在沪深A股涨幅榜界面点击左侧的"统计"标志，界面上方即出现统计信息。再点击"7日涨幅"方框，即可按7

日涨幅大小进行排列。

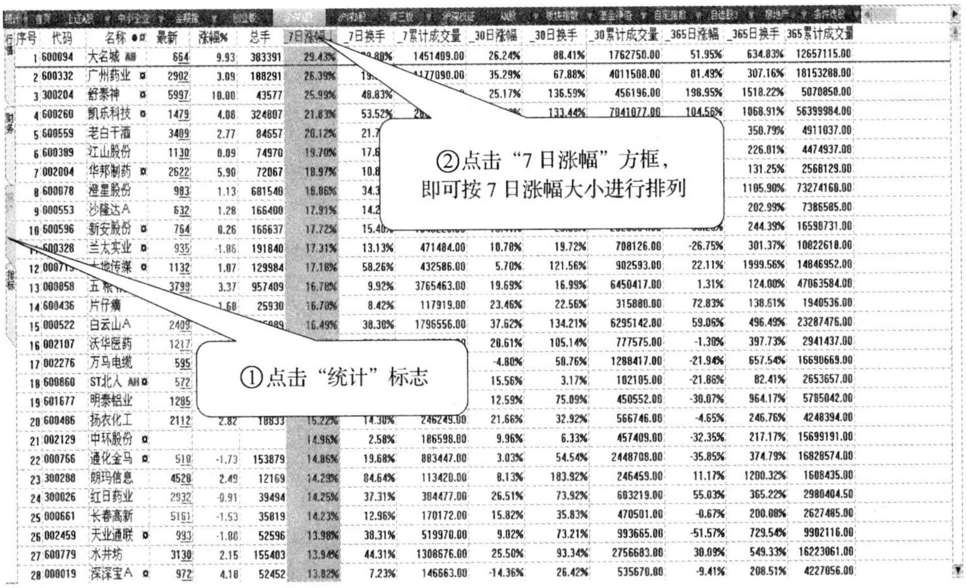

图 3—3 沪深 A 股 7 日涨幅榜

如图 3—4 所示，在 2012 年 7 月 12 日的沪深 A 股 7 日涨幅榜上的老白干酒（600559）经过前期整理，股价突破了前期高点后持续上涨，形成短线买点。投资者可对该股进行综合分析后考虑买入。

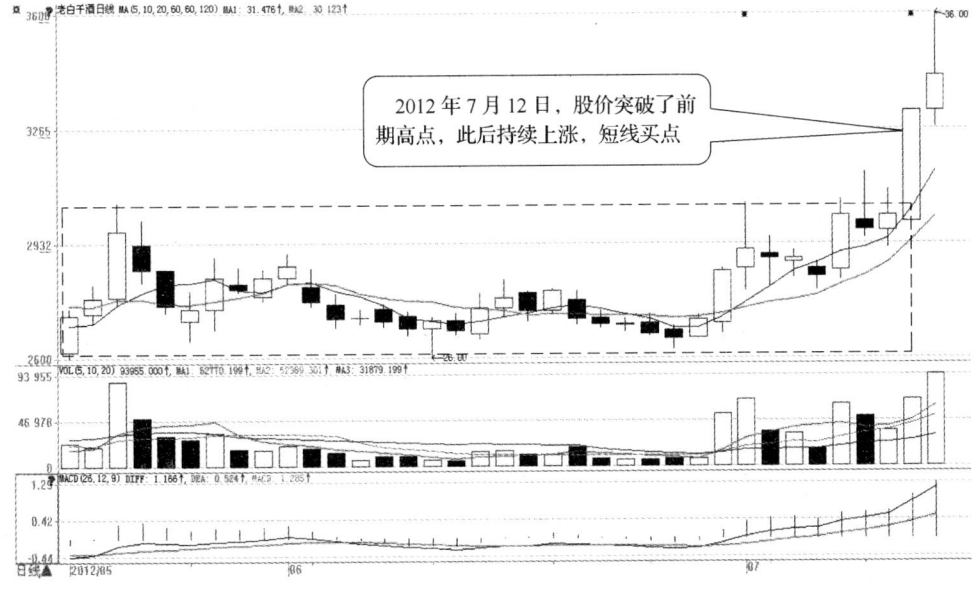

图 3—4 老白干酒日 K 线

如图3—5所示，在2012年7月12日的沪深A股7日涨幅榜上的红日药业（300026）经过前期上涨，股价在高位形成了整理平台。8月1日，股价经平台整理后再次放量上涨，形成短线买点。投资者可于放量上涨当日买入。

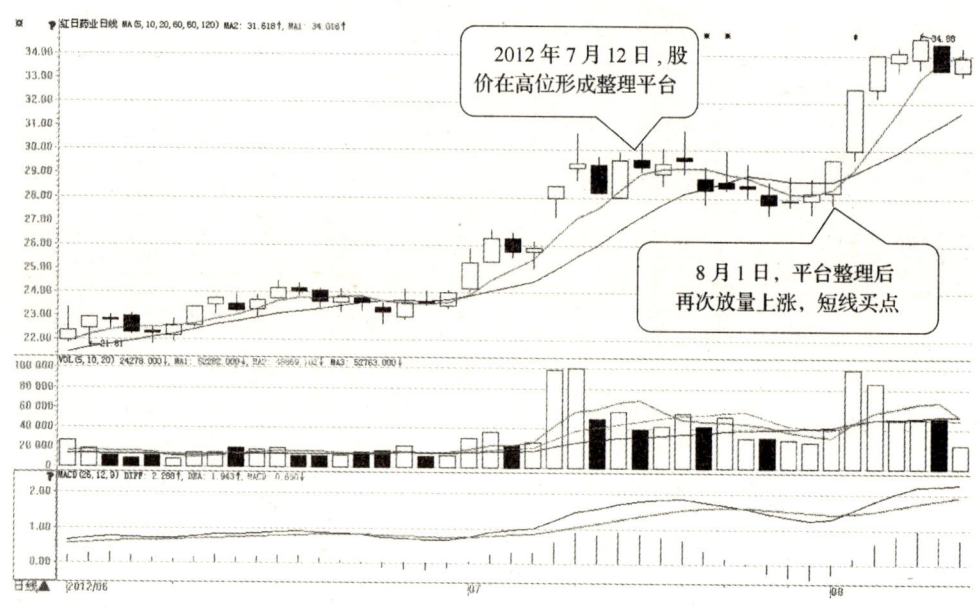

图3—5　红日药业日K线

3.1.2　通过量比排名榜选股

量比，即当日每分钟的平均成交量与前5个交易日每分钟平均成交量的比值。当量比数值大于1时，表示当日成交量比前5个交易日的平均成交量有所增加；反之，当量比数值小于1时，表示当日成交清淡，成交量小于前5个交易日的平均成交量。

投资者通过观察量比排行榜，即可以清楚地看到当日成交量骤增的个股。在看量比排行榜时，投资者需要注意两点。

1. 量比排行榜在早盘看更鲜明直观

量比的计算是以日平均成交量为基础，早盘时是个股普遍成交量较大的时期，待到午盘后，个股成交量下降，量比也会普遍下降。因而早盘看量比排行榜更加直观。

2. 量比数值越大成交量增速越快

早盘时有些个股的量比，可以达到100以上，此类个股放量明显。

如图3—6所示为2012年6月26日早盘沪深A股的量比排名榜。可以看到，海南高速、万好万家、海峡股份、中海海盛和亚太实业这几只个股早盘量比均超过了

100，放量显著。投资者可重点关注量比排名榜第一页的个股。

序号	代码	名称	最新	涨跌	涨幅%	总手	量比	现手	总额	昨收	今开	最高	最低
1	000886	海南高速	360	▲027	8.11	12863	197.23	100	4651	333	352	366	351
2	600576	万好万家	949	▲072	8.21	62970	139.90	302	5749	877	905	949	890
3	002320	海峡股份	1222	▲111	9.99	32815	150.23	112	4010	1111	1222	1222	1222
4	600896	中海海盛	459	▲042	10.07	6156	161.69	435	2826	417	459	459	459
5	601777	力帆股份	744	▲057	8.30	2732	87.54	23	2028	687	715	756	715
6	600093	禾嘉股份	514	▲047	10.06	3293	63.57	8	1693	467	514	514	514
7	000837	秦川发展	749	▲061		62112	41.27	30	4646	830	747	777	747
8	002586	围海股份					77.42	827	11512	1496	1535	1590	1533
9	000691	亚太实业					130.59	328	5074	571	583	618	582
10	300084	海默科技					62.01	40	7199	1100	1120	1210	1119
11	002596	海南瑞泽				11286	44.47	43	1543	1243	1367	1367	1367
12	600311	荣华实业				34460	27.79	281	2901	806	830	853	830
13	000014	沙河股份				10214	28.17	120	10083	985	1020	1020	918
14		方大化工				4118	38.06	59	1740	415	420	427	418
15	002254	泰和新材				1041	22.04	8	1159	1085	1100	1122	1097
16	002462	嘉事堂				5722	21.86	23	526	906	899	930	899
17	002514	宝馨科技	1148	▼100	-8.01	541	35.91	20	1248	1210	1213	1213	1123
18	600882	*ST大成	995	▼052	-4.97	7413	16.97	165	742	1047	1010	1019	995
19	000613	ST东海A	375	▲002	0.54	9490	25.63	10	356	373	372	384	369
20	000735	罗牛山	503	▲004	0.80	56095	26.97	12	2836	499	492	515	488
21	000020	深华发A	780	▼087	-10.03	29383	20.73	171	2373	867	820	822	780
22	600234	ST天龙	465	▼004	-0.85	7495	15.53	20	352	469	465	478	460
23	000862	银星能源	750	▲056	8.07	3431	13.63	21	251	694	699	750	696
24	000555	ST太光	698	▼037	-5.03	7182	15.09	300	503	735	703	710	698
25	300023	宝德股份	1222	▲047	4.00	12530	14.09	512	1515	1175	1210	1249	1178
26	600613	永生投资	1656	▲079	5.01	30337	13.81	201	5033	1577	1631	1690	1631
27	000893	东凌粮油	1387	▲057	4.29	3110	11.31	20	424	1330	1346	1387	1340
28	000006	深振业A	550	▼056	-9.24	27629	17.24	85	1575	606	597	597	545

（早盘的量比排名，投资者从中可以看到个股的成交活跃程度）

图3—6 量比排名榜

如图3—7所示，2012年6月26日，在早盘量比排名榜第一页的嘉事堂（002462）成交量放出巨量，量比一度达到20以上。此后该股保持放量拉升的态势，走出了一波涨势。投资者可于6月26日该股放量上涨时买入。

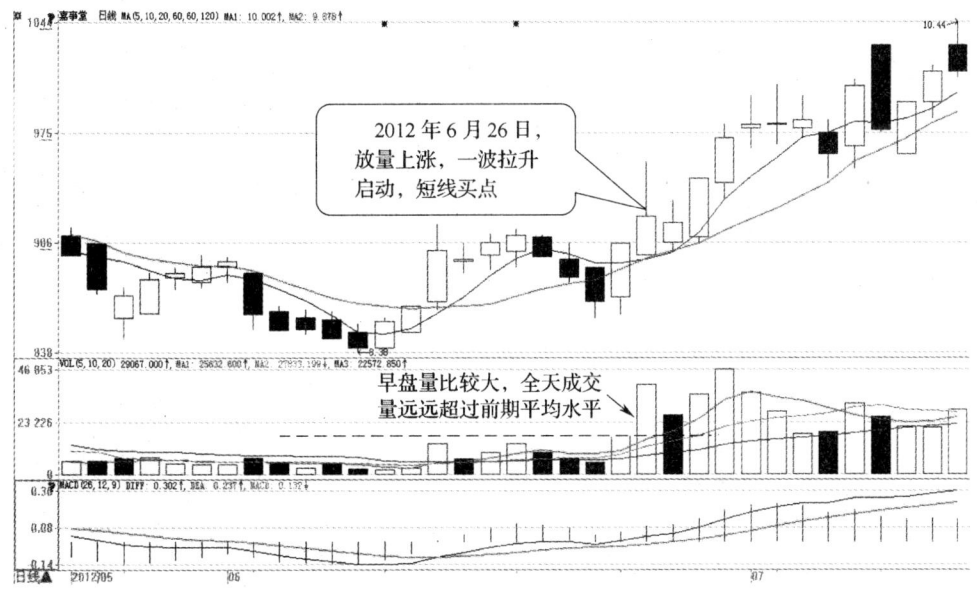

图3—7 嘉事堂日K线

如图3—8所示，2012年6月26日，在早盘量比排名榜第一页的亚太实业（000691）成交量放出巨量，量比一度达到130以上。而该股股价放量上涨走出涨停，短期走势较强。投资者可于6月26日该股放量上涨时买入。

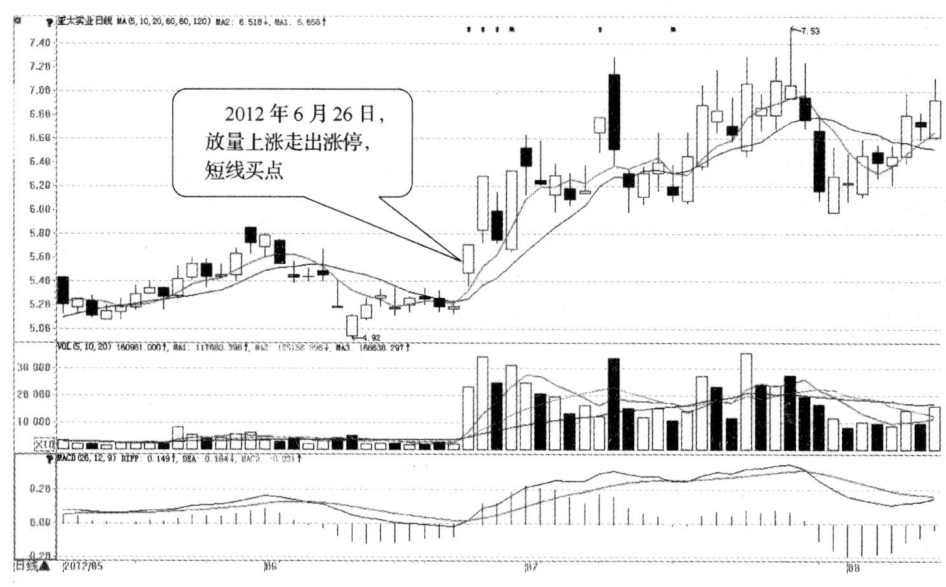

图3—8　亚太实业日K线

如图3—9所示，2012年6月26日，在早盘量比排名榜第一页的海默科技（300084）成交量连续第二个交易日放出巨量，股价放量上涨走出涨停，短期走势较强。投资者可于6月26日该股放量上涨时买入。

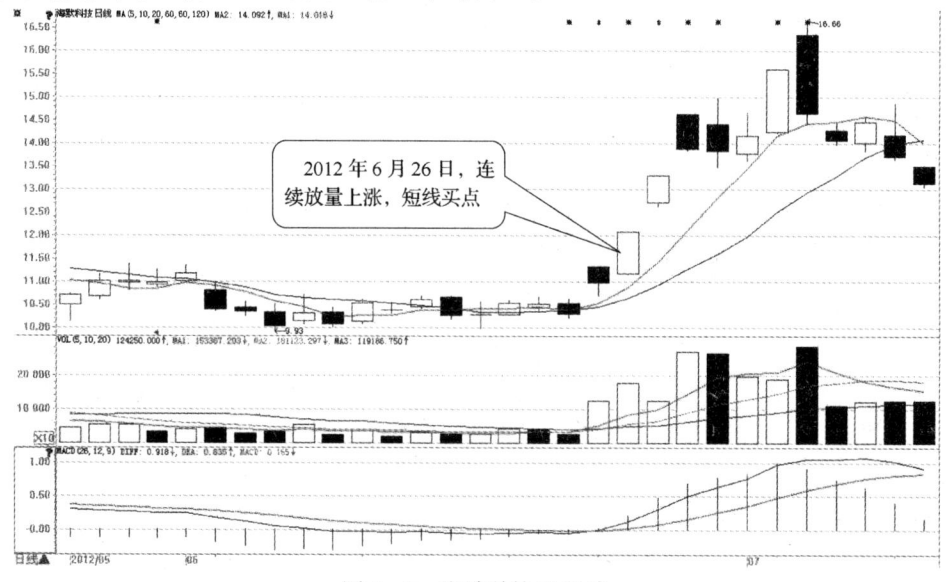

图3—9　海默科技日K线

3.1.3 通过换手率排名榜选股

换手率,即个股当日的成交量占该股流通股的比例。按照成交的热烈程度从低到高排列,换手率具有如下三个区间。

1. 成交冷清（换手率小于3%）

个股成交冷清,受到的关注较少。这种换手率常见于持续下跌或低位整理的个股。

2. 成交活跃（换手率大于3%小于7%）

个股成交活跃,较受市场关注。处于上涨阶段中的个股往往会有这种换手率。

3. 成交剧烈（换手率大于7%）

个股成交剧烈,买盘和卖盘巨大。若个股处于高价位,且具有大于7%的换手率,则投资者需警惕庄家高位出货,需小心选择此类个股。

通过观察换手率排名榜,投资者可以清楚地看到当日成交活跃的个股。

如图3—10所示为2012年7月12日收盘沪深A股的换手率排名榜。可以看到有6只个股换手率超过了30%,表明这些个股成交剧烈。这些股票因为刚刚上市不久造成了换手率较大。除了这几只股票以外,投资者还可重点关注换手率排名榜前两页上的个股。

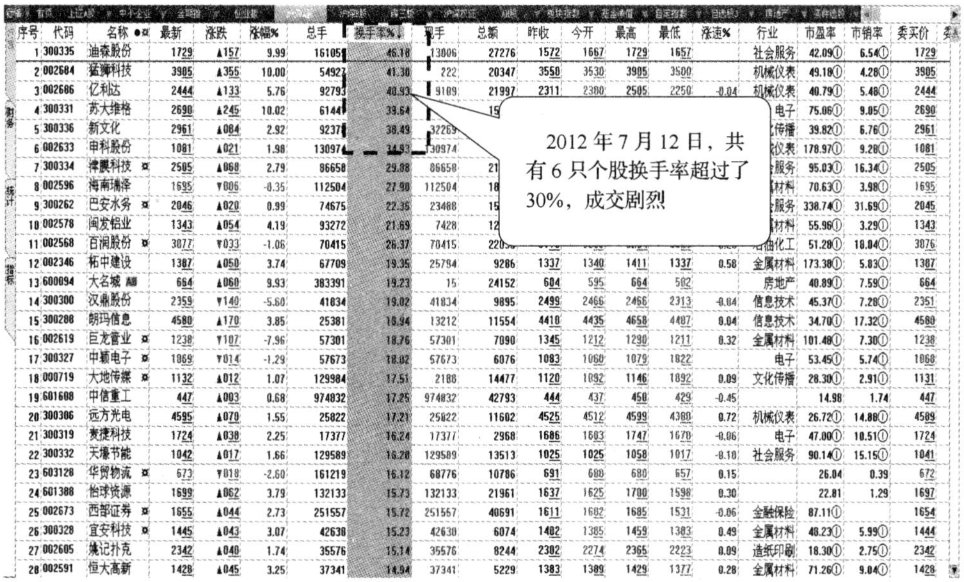

图3—10 换手率排名榜

如图3—11所示,2012年7月12日,益盛药业（002566）收盘走出阴线,收盘时换手率为6%,排在换手率排名榜的第二页。可以看到,该股成交量随着股价的上涨持续上升，换手率保持在成交活跃的范围内，量价配合良好。投资者可以在上升阶段考虑买入持股。

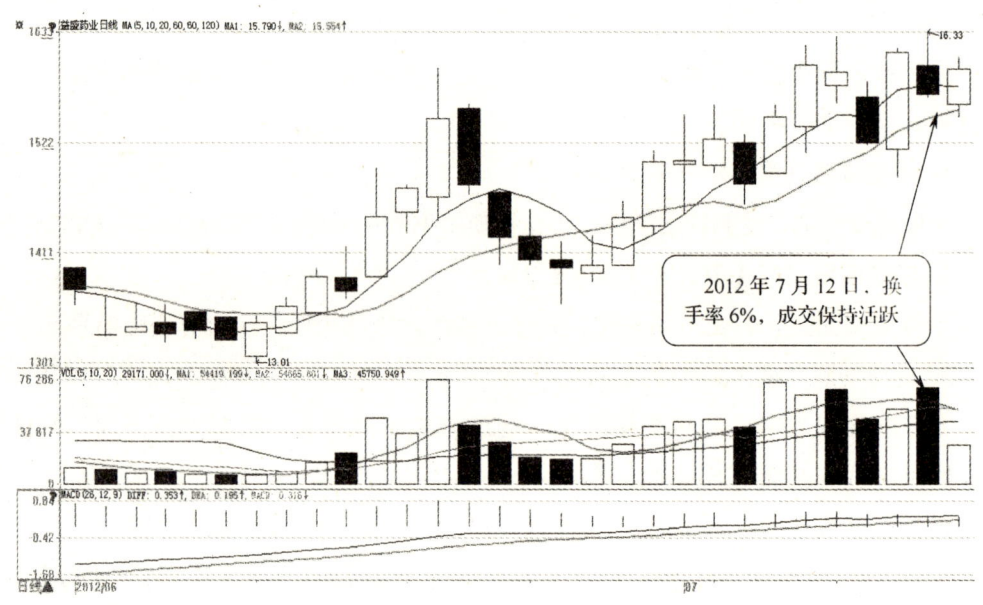

图3—11 益盛药业日K线

如图3—12所示，2012年6月末，麦捷科技（300319）的股价进入大幅波动走势中，且每日成交量保持较高水平。2012年7月19日，该股放量上涨，换手率再次增大。投资者可以考虑在此时短线买入。

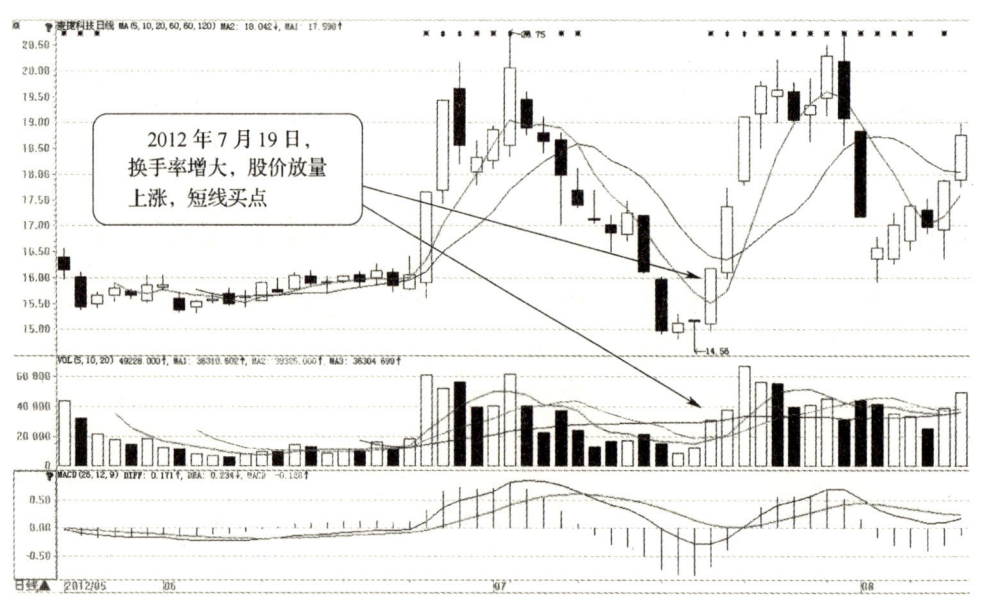

图3—12 麦捷科技日K线

3.2 通过分时图走势特征选股

3.2.1 分时线筑底形态

1. 双底

如果分时价格线在短时间内连续两次跌至某个价位后，都获得了支撑并出现回升，那么分时线就构成了一个双底形态。若在双底形态处有成交量配合，即股价下跌至双底处买盘增大，则构成对股价的支撑。当盘中分时线出现双底形态时，投资者可以适当买入股票。

如图3—13所示，2012年4月24日，康恩贝（600572）盘中股价持续震荡，中午收盘前后，分时线形成双底形态。每当股价下跌至双底形态底部时，均获得支撑。投资者见此形态，可以结合日K线图确立买入时机。

此后该股进行整理后持续上涨，如图3—14所示。

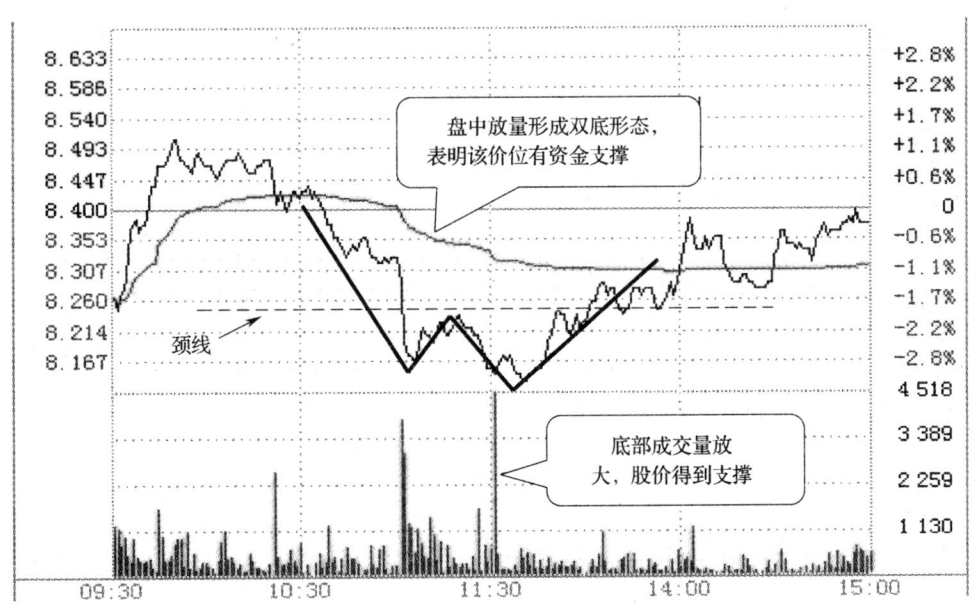

图3—13 康恩贝分时走势（2012年4月24日）

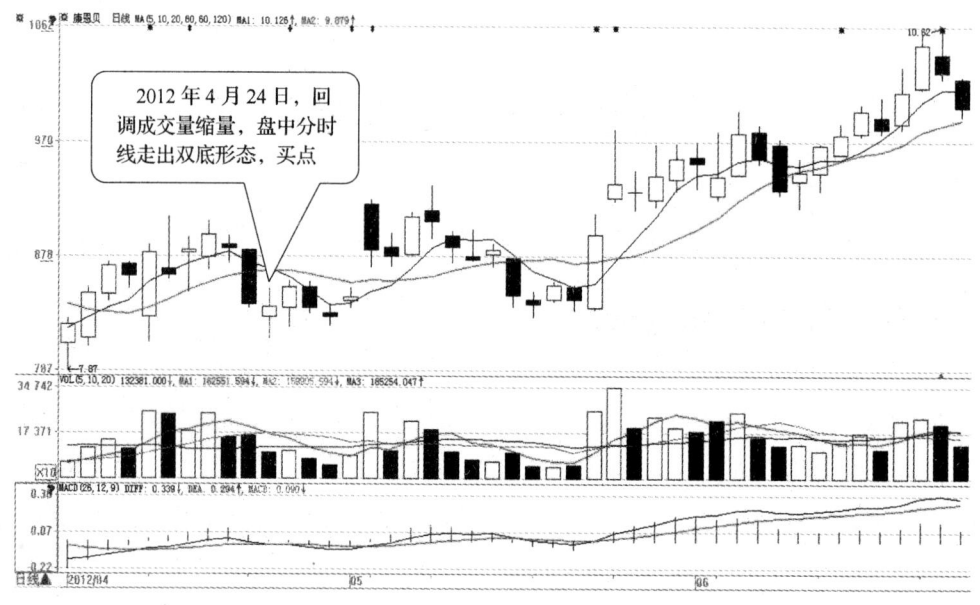

图 3—14　康恩贝日 K 线

2. 头肩底

分时线的头肩底形态，是指分时线在盘中某个低位，形成两头高、中间低的形态，类似一个倒立的人的双肩和头。头肩底形态出现，若能在头部和肩部得到成交量的配合，即股价下跌，经过在该部位时成交量放大，继而股价企稳，则说明支撑有效，短线看涨。与双底形态相同，头肩底形态出现后，投资者可考虑把握盘中初步的买入时机。

如图 3—15 所示为 2012 年 1 月 9 日酒鬼酒（000799）的分时走势图。该股开盘后即震荡下跌至当日最低价位，随后上涨构筑了头肩底形态。

此后，该股股价始终站在均价线之上，获得支撑并震荡上行。如图 3—16 所示，在日 K 线图上，可以看到当日该股走出第二根阳线，此后逐步震荡走强，投资者可在头肩底形态出现时初步买入。

除了以上两种形态外，盘中分时线的筑底形态还有三重底、尖底（V 形底）、圆弧底等，其买入技巧都与双底形态相同。投资者在实战中看到此类筑底形态，可视为一种买入信号。

3.2.2　分时线整理形态

分时图中的整理形态是通过将整理过程中产生的阶段高点和低点分别连接而成。整理形态可以分为三角形整理形态和楔形整理形态等。分时走势中出现了整理形态，

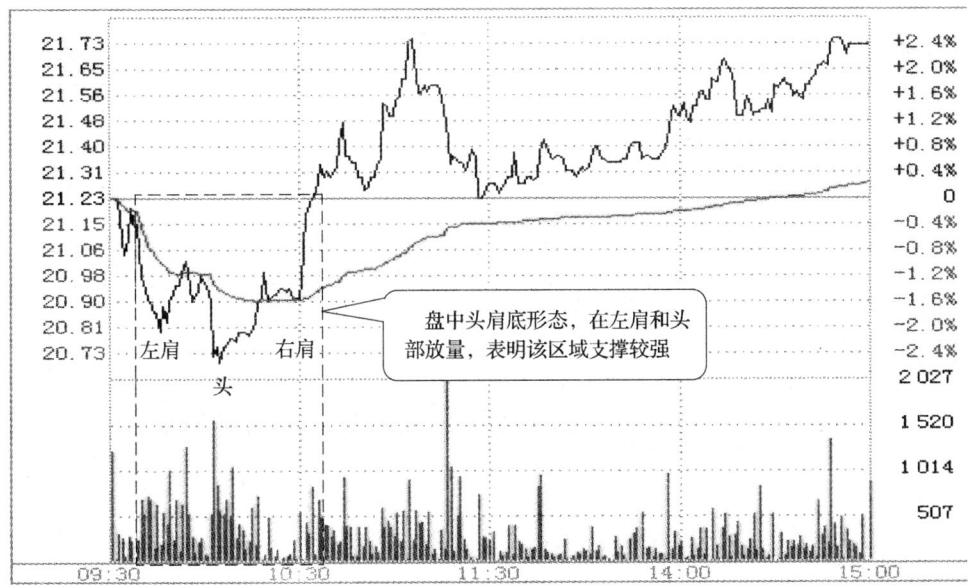

图 3—15 酒鬼酒分时走势（2012年1月9日）

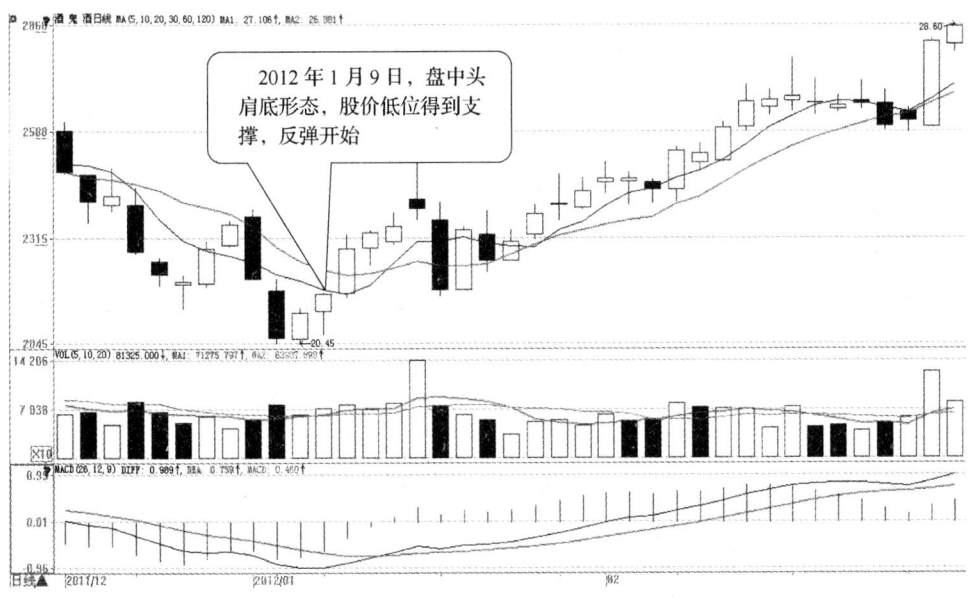

图 3—16 酒鬼酒日 K 线

当股价朝一个方向放量突破了整理形态的边线时，预示着股价方向已经明确，此时买卖点也相应出现。

如图 3—17 所示，2012 年 3 月 22 日，深振业 A（000006）开盘后股价两次冲高回落，并在回落的震荡走势中形成一个楔形整理形态。午盘开盘后，股价振幅逐渐收窄，最终股价放量向上突破了整理形态的上边线，预示着股价将要进一步上涨，买点出现。

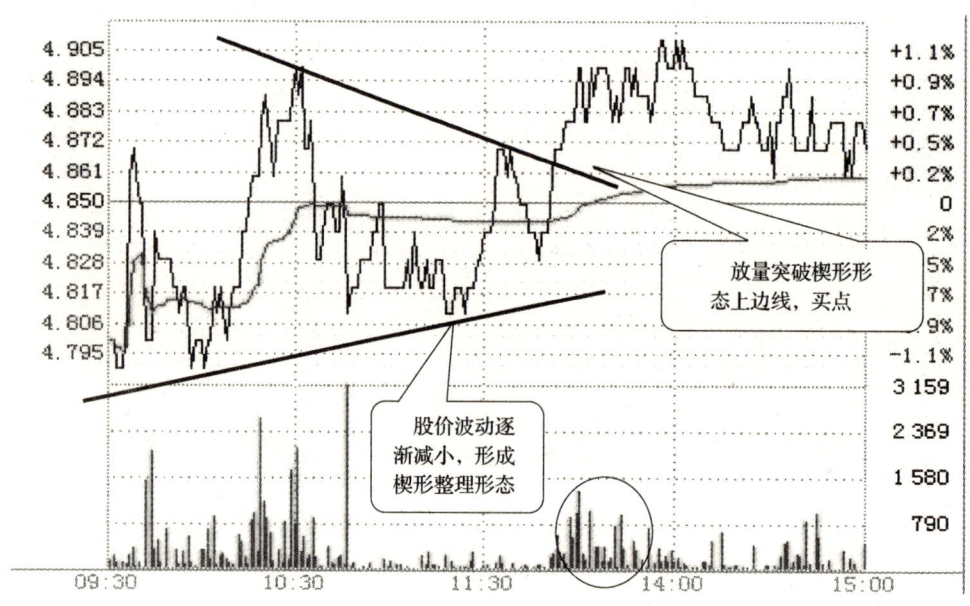

图3—17 深振业A分时走势（2012年3月22日）

如图3—18所示，随后的几个交易日该股股价止跌回升，稳步上扬。投资者可结合该股日K线图适当买入持股。

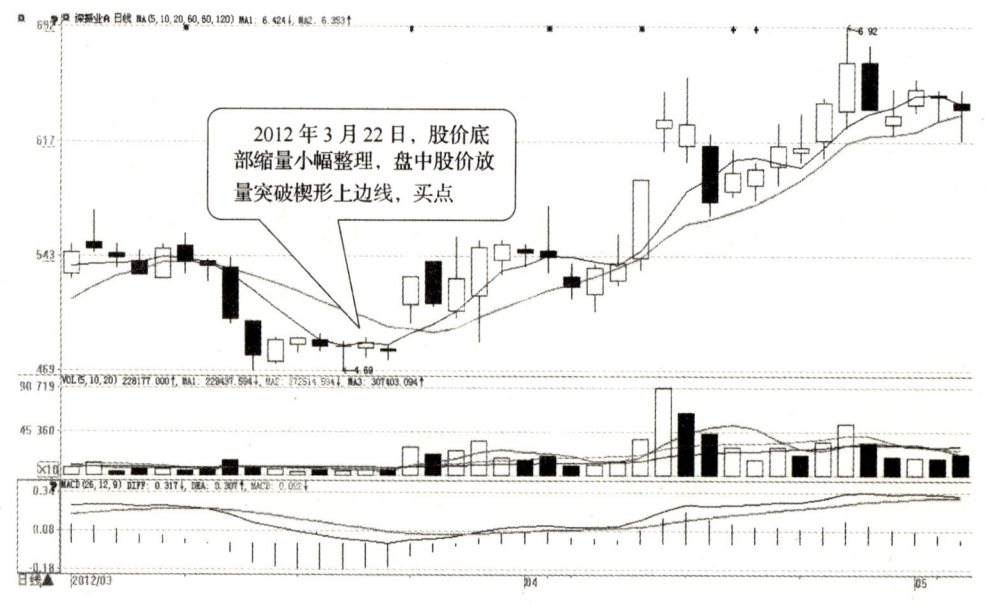

图3—18 深振业A日K线

如图3—19所示，2012年3月1日，上海绿新（002565）的股价低开，午盘股价冲高回落，并在震荡的走势中形成三角形整理形态。下午，股价振幅逐渐收窄，最终股价跌破了三角形整理形态的下边线。形态破位，预示着股价将要进一步下跌，卖点出现。

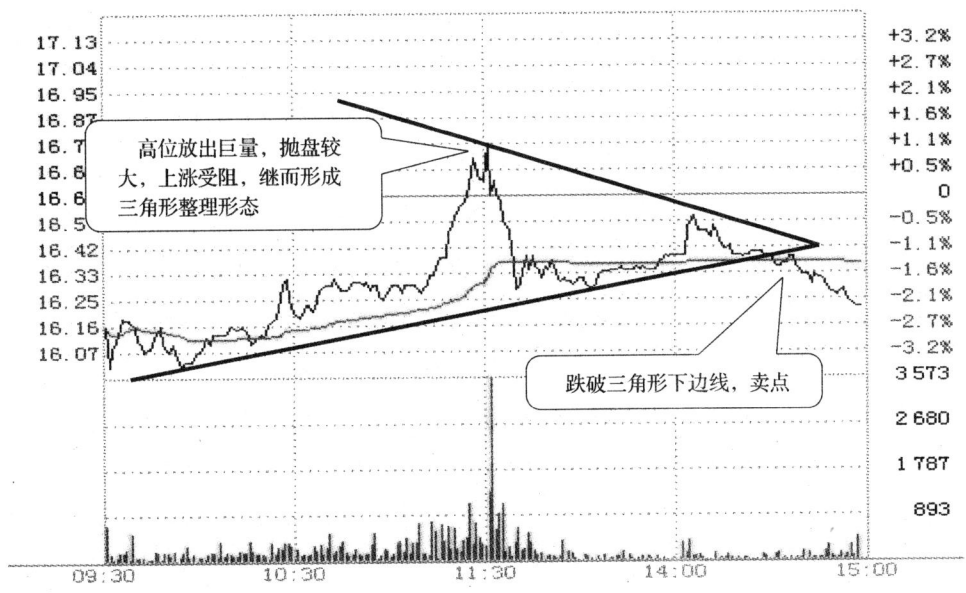

图3—19 上海绿新分时走势（2012年3月1日）

随后的几个交易日该股股价见顶下跌，进入回调走势中，该股日K线图如图3—20所示。

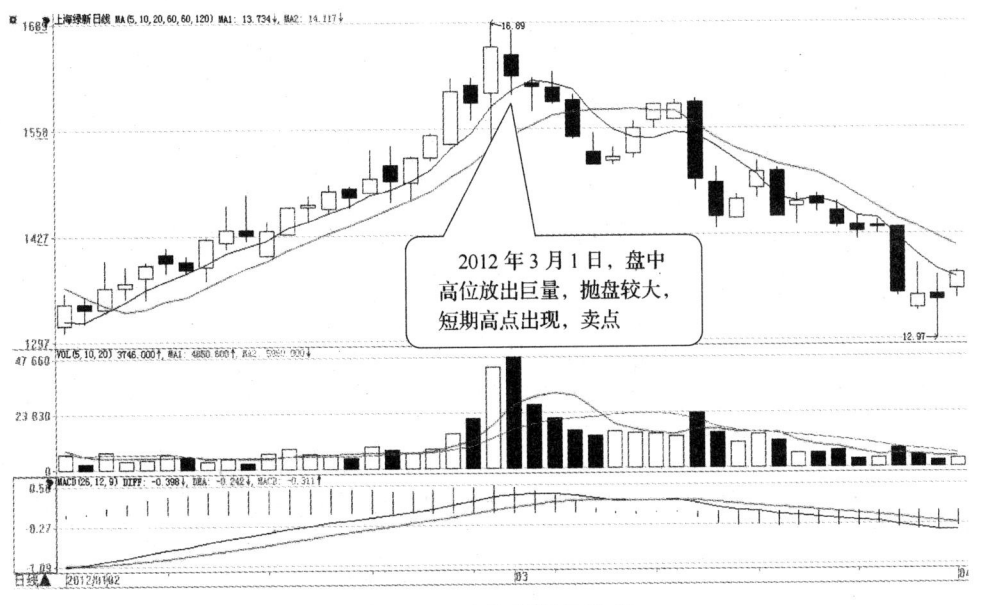

图3—20 上海绿新日K线

3.3 通过分时图走势对比选股

3.3.1 通过与大盘走势对比选股

大盘指数代表多数股票的平均走势。投资者可以在分时走势图中将个股走势与大盘的指数走势进行叠加对比，如果某只股票，其盘面走势要强于指数的走势，那么就说明这只股票的走势要强于大多数股票，属于短期强势股。

若一只股票在多个交易日走势连续强于大盘指数走势，则投资者可将其作为短线投资的目标股进行关注。

如图3—21所示，2012年7月13日，格力电器（000651）的股价在开盘后持续小幅上涨，午盘后保持在一个较高水平。通过与深证成指分时走势的对比，可以看到该股走势始终保持在深证成指走势之上，说明当日该股表现比较强势。

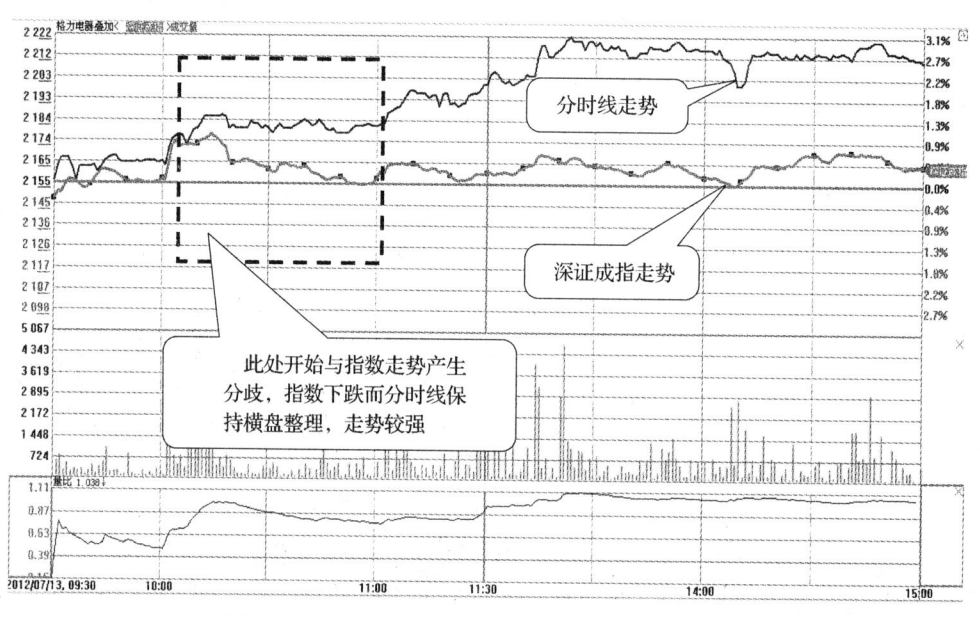

图3—21 格力电器分时走势（2012年7月13日）

如图3—22所示，再看该股日K线图，可以发现深证成指震荡下行，而该股股价保持横盘整理。该股整体上走势也强于深证成指走势。投资者应尽量选择关注此类强势股的走势。

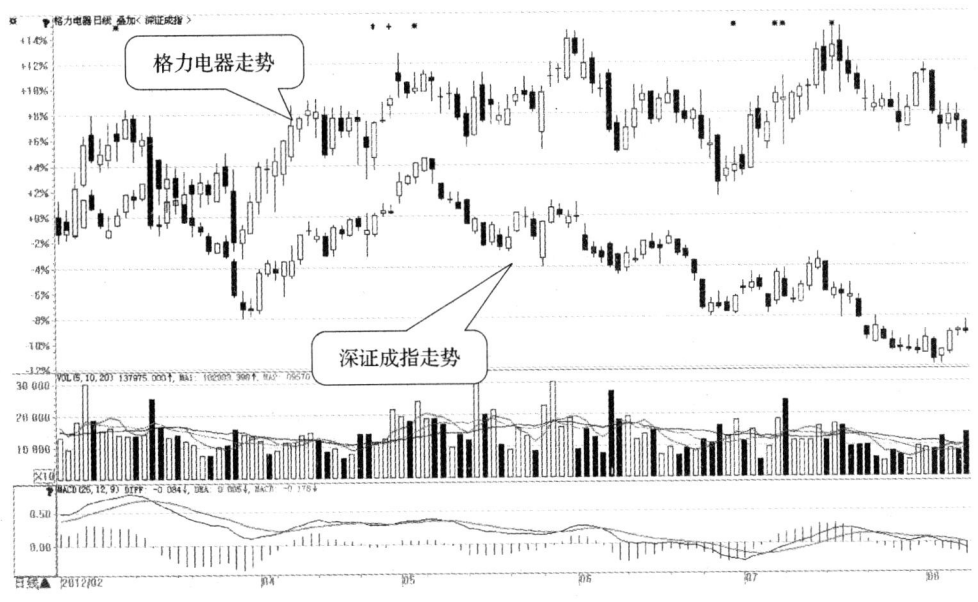

图 3—22　格力电器日 K 线

如图 3—23 所示，2012 年 3 月 29 日，阳光城（000671）的股价在开盘后走高，且保持在一个较高水平。通过与深证成指分时走势的对比，可以看到该股走势始终保持在深证成指走势之上，说明当日该股表现比较强势。

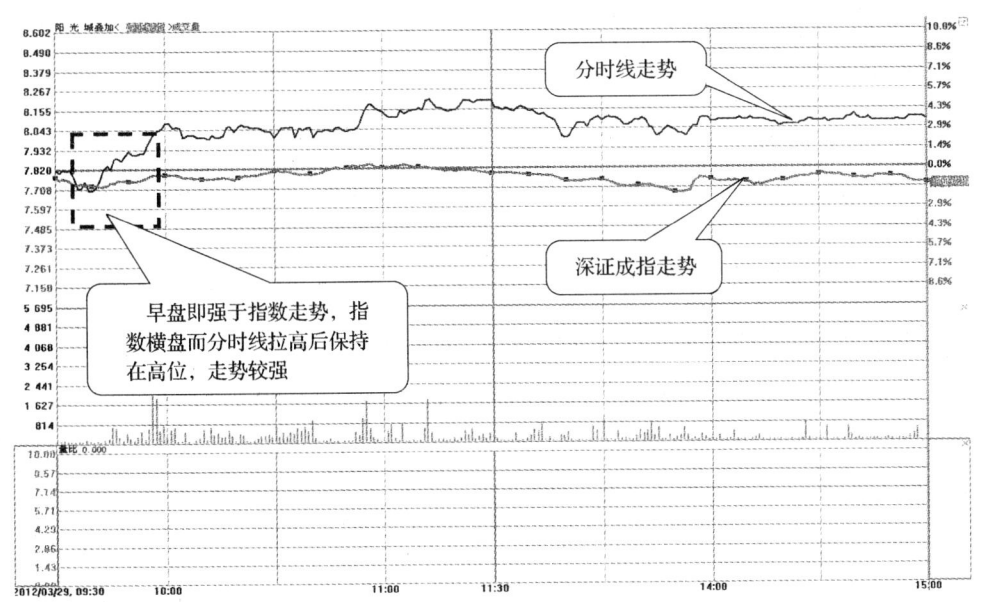

图 3—23　阳光城分时走势（2012 年 3 月 29 日）

如图3—24所示,从该股日K线图中可以看到,其走势始终强于指数走势。深证成指震荡下行,该股则走出了震荡上行的走势。投资者应尽量选择关注此类强势个股。

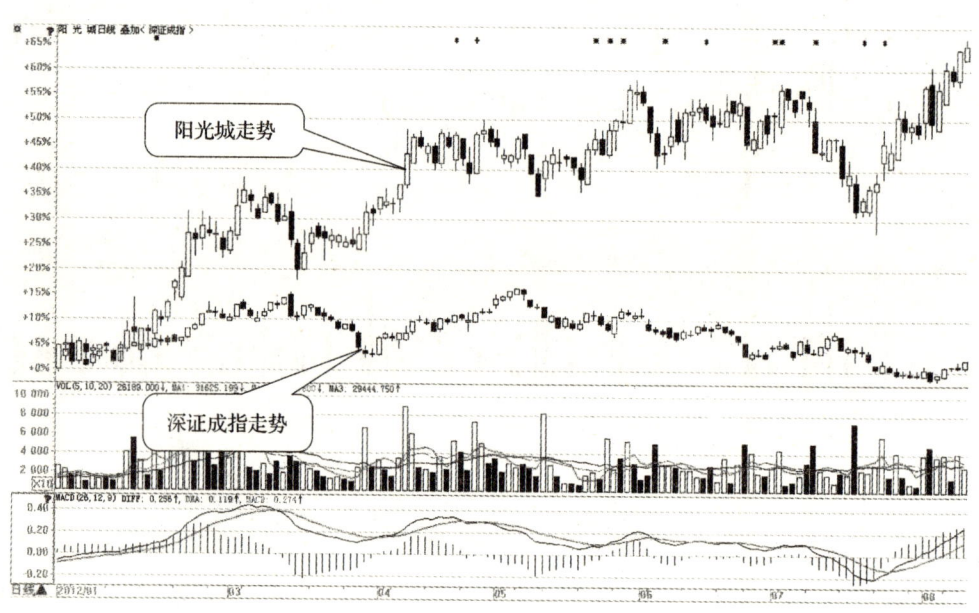

图3—24　阳光城日K线

3.3.2　通过与均价线的位置对比选股

均价线,代表当天买入股票投资者的平均成本。投资者可将股价与均价线的位置关系,作为判断个股走势强劲与否的一个依据。若股价能保持在均价线上方,则说明当天股价的走势较强。投资者应选择关注此类股票走势。

如图3—25所示,在2012年7月13日的分时走势图中,中铁二局(600528)的股价小幅低开后,经历了两次拉升并保持在高位。大部分的时间内,该股股价在均价线之上,走势较强。该股股价在短期内稳步上涨的概率大。

如图3—26所示的日K线图中,7月13日,该股在前期调整后放量上涨,短期走势较强。投资者可以抓住短线机会进行投资。

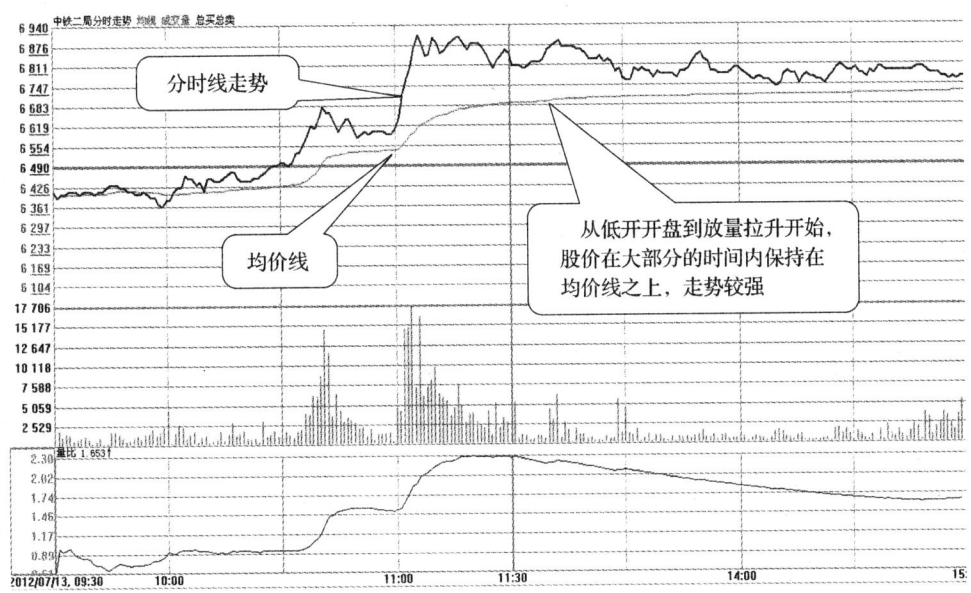

图 3—25 中铁二局分时走势（2012 年 7 月 13 日）

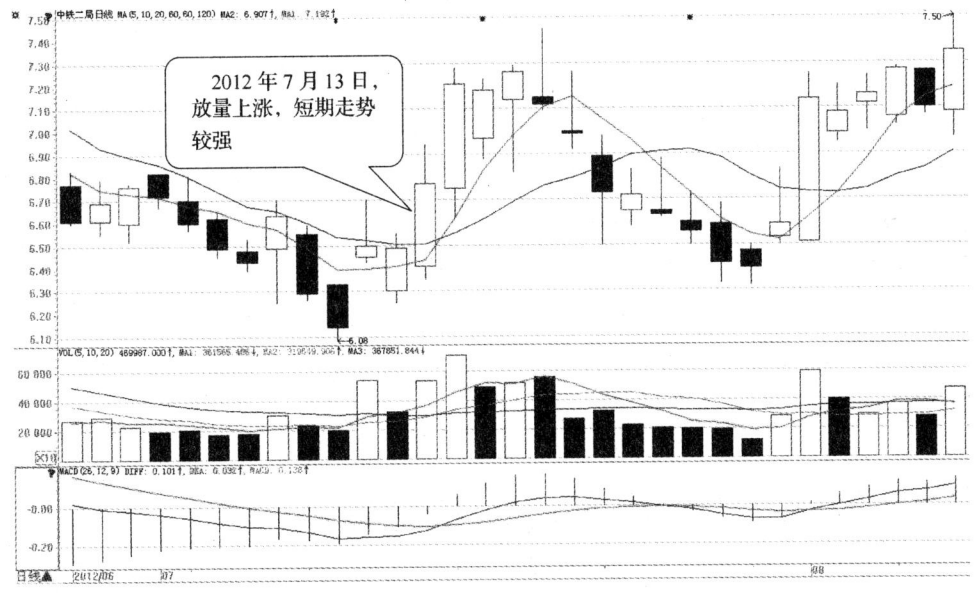

图 3—26 中铁二局日 K 线

第 4 章

看 K 线形态选股

4.1 看K线形态组合选股

4.1.1 锤头线形态

锤头线是股价下跌过程中出现的一根形似锤头的K线，表示市场正在用"锤头"夯实底部，后市看涨，如图4—1所示。

股价在下跌过程中，出现一根带有长下影线的K线。该K线实体部分可以是阳线，也可以是阴线。这根阳线或阴线的实体部分很小，下影线长度超过实体的两倍。锤头线没有上影线，或者上影线很短。

锤头线形态的要点如下：

1. 锤头线出现在下跌行情中，表示多方力量开始反攻，对股价形成一定支撑，是看涨信号，但信号强度不高。

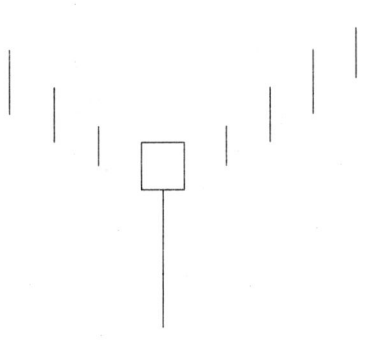

图4—1 锤头线形态

2. 锤头下影线长度越长，看涨信号的参考价值越大。

3. 锤头线有阳线锤头与阴线锤头之分，均为看涨信号。但在一般情况下，阳线锤头的看涨信号强度要超过阴线锤头。

如图4—2所示，2012年5月28日，天康生物（002100）的日K线形成锤头线形态。当日，股价小幅低开后持续下跌，在跌幅约为3％时获得支撑反弹，最终收盘时股价上涨，在K线图上走出带有长下影线的小阳线，即锤头线。锤头线的出现表示多方力量开始反攻，对股价形成一定支撑，形成买入信号。

如图4—3所示，2012年2月7日，同洲电子（002052）的日K线形成锤头线形态。当日，股价小幅低开后持续下跌，而收盘时股价上涨，在K线图上走出带有长下影线的小阳线，即锤头线。锤头线的出现表示多方力量开始反攻，对股价形成一定支撑，形成买入信号。

如图4—4所示，2012年2月29日，零七股份（000007）的日K线形成锤头线

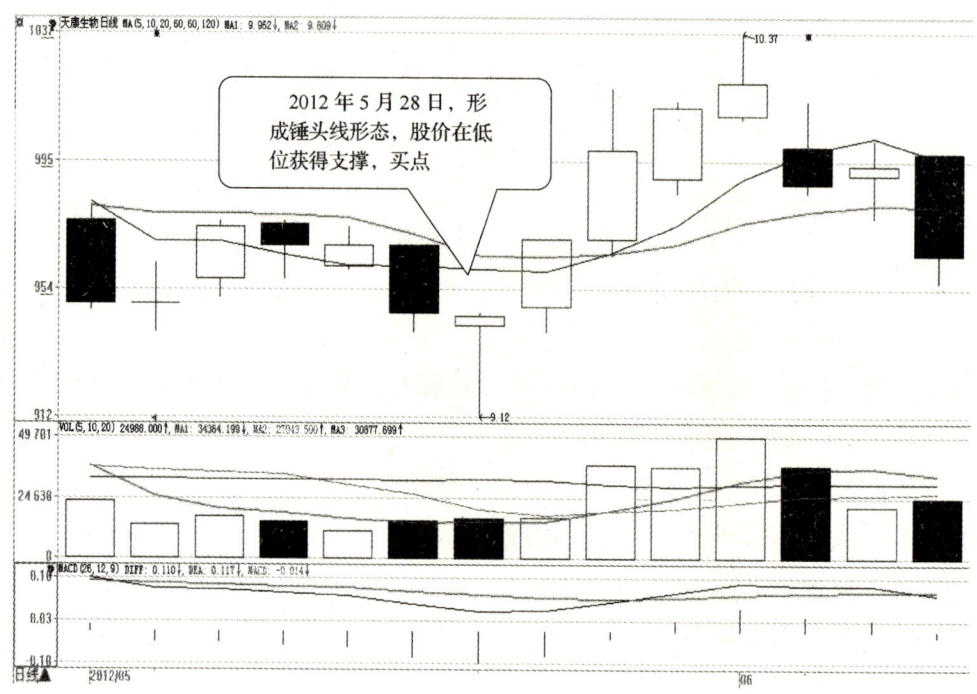

图4—2 天康生物日K线

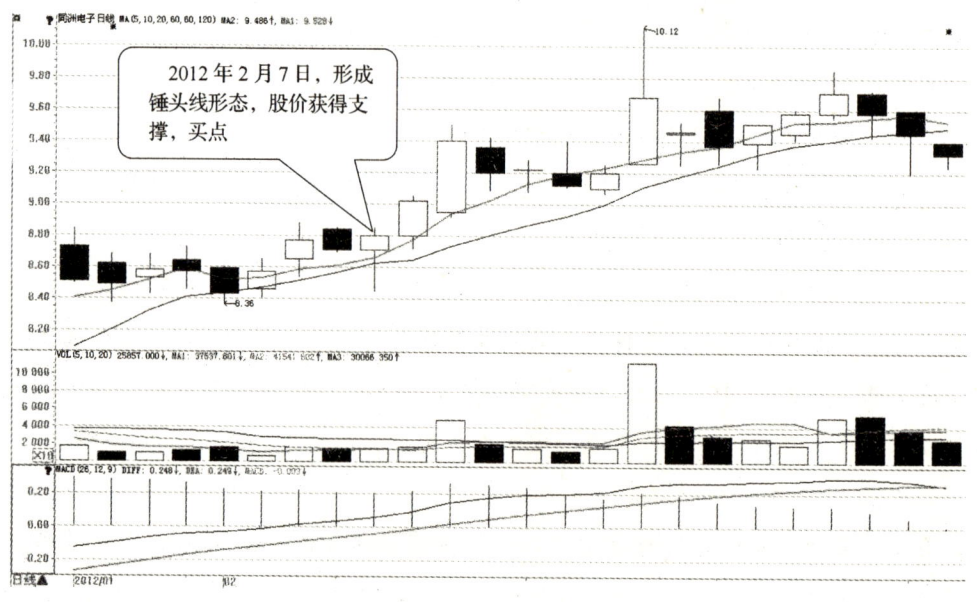

图4—3 同洲电子日K线

形态。当日，股价收盘时小幅下跌，在K线图上走出带有长下影线的小阴线，即锤头线。锤头线的出现表示多方力量开始反攻，对股价形成一定支撑，形成买入信号。

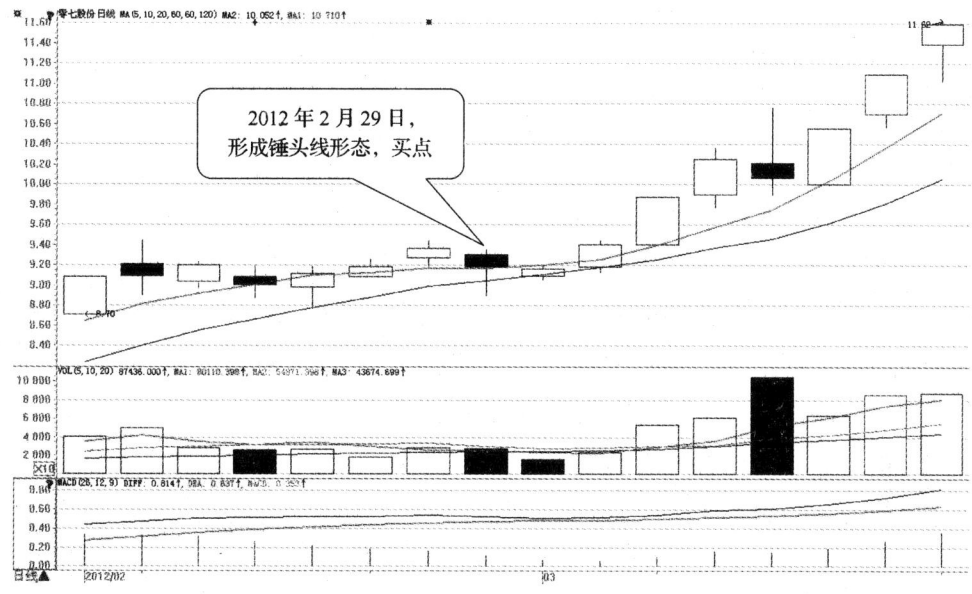

图4—4 零七股份日K线

4.1.2 早晨之星形态

早晨之星形态由三根K线组成。第一根是阴线，第二根是小实体的阳线或者阴线，第三根是阳线，而且第三根阳线的实体，要进入到第一根阴线的实体内，如图4—5所示。

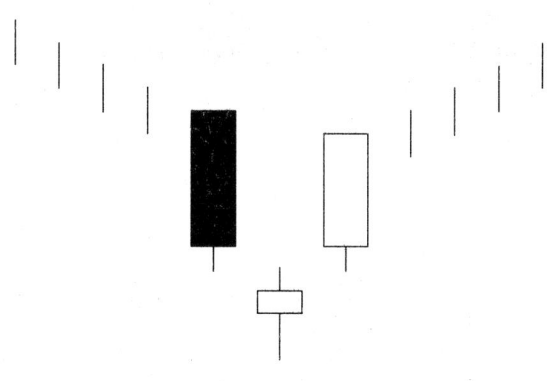

图4—5 早晨之星形态

早晨之星形态发出见底反转的信号。形态中的第一根阴线，说明空方占据主导地位。第二根小实体的K线，说明多空双方开始陷入僵持。第三根阳线，说明多方力量开始超越了空方力量，后市看涨。

早晨之星形态的要点如下：

1. 早晨之星表示多空双方力量转换，市场由空方主导行情变成多方主导行情，为较强的买入信号。

2. 早晨之星形态中，如果中央的星线是十字线，看涨信号的强度要超过小阴线或小阳线。

3. 第三根阳线的实体部分越长，进入阴线部分越深，则该形态对反弹的指示作用就越强。

如图4—6所示，2012年1月9日，西水股份（600291）的日K线图上出现早晨之星形态。该形态出现在股价下跌的过程中，表明多空双方力量已经转换，多方重新占据主动，为短线看涨信号。投资者可以在1月9日适当买入。

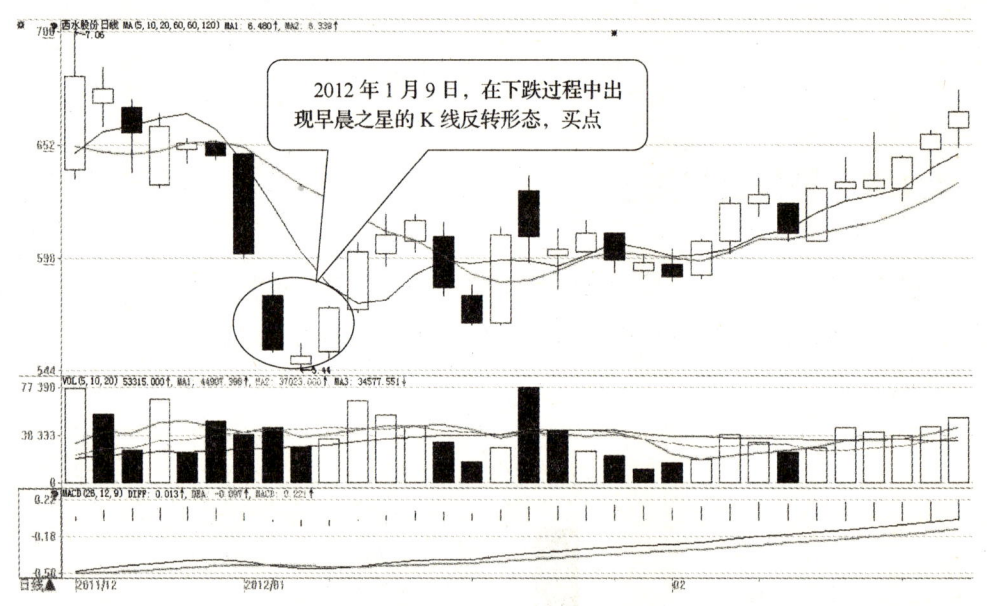

图4—6　西水股份日K线

如图4—7所示，2012年3月2日，苏宁电器（002024）的日K线图上出现早晨之星形态。该形态表明多空双方力量已经转换，多方重新占据主动，为短线看涨信号。投资者可以在早晨之星形态出现时适当买入持股。

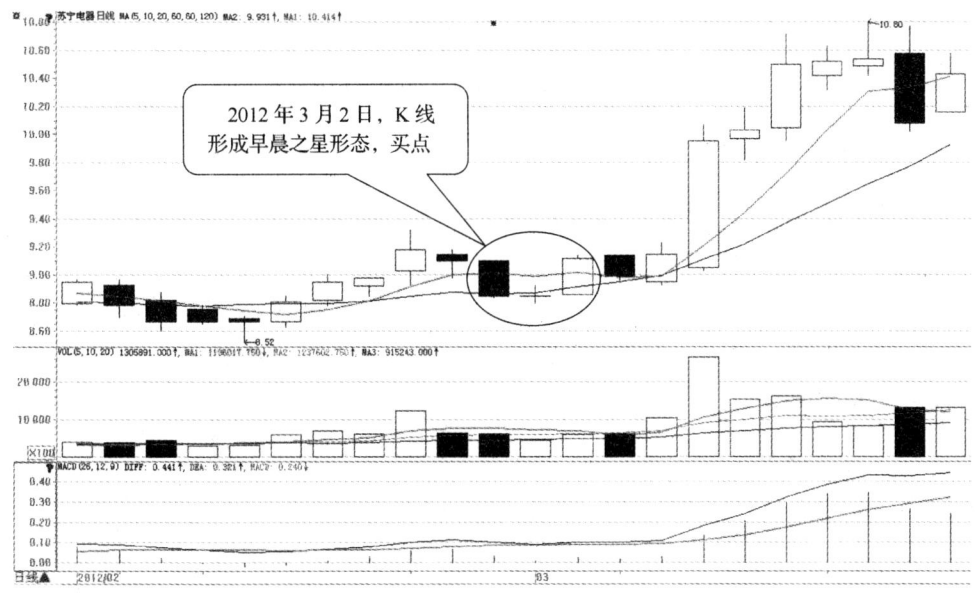

图 4—7 苏宁电器日 K 线

如图 4—8 所示，2012 年 3 月 30 日，山东墨龙（002490）的日 K 线图上出现早晨之星形态。该形态表明多空双方力量已经转换，为短线看涨信号。投资者可以在早晨之星形态出现时适当买入持股。

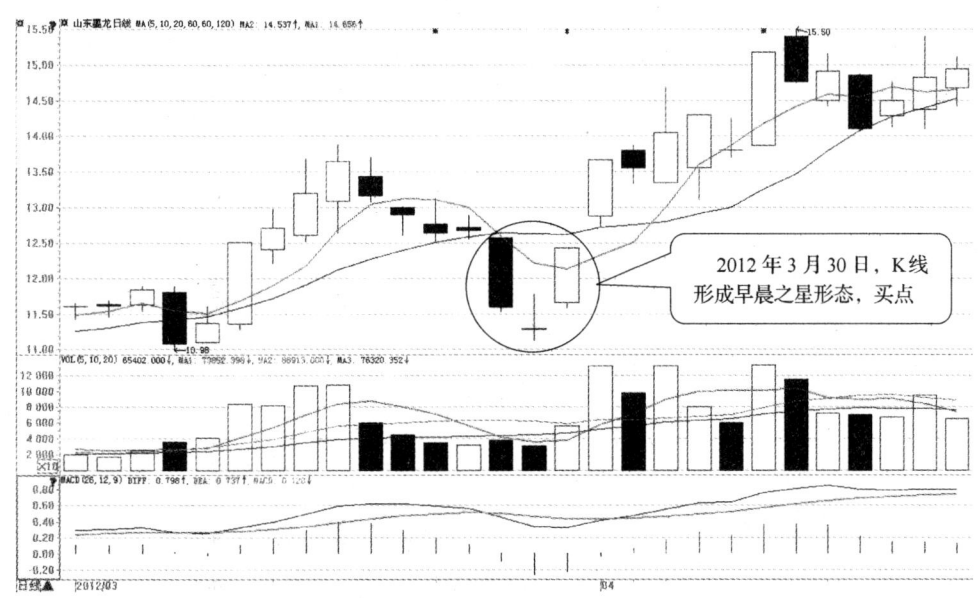

图 4—8 山东墨龙日 K 线

4.1.3 上涨强调形态

上涨强调形态是一种强调上涨趋势的K线组合。该形态一般出现在股价下跌或者横盘整理的行情中，由两根并排的阳线组成，如图4—9所示。

在股价下跌过程中，首先出现一根阳线，表示股价有上涨的趋势。紧跟第一根阳线之后，股价大幅低开，几乎全部丧失掉第一根阳线实体部分的涨幅。而开盘后股价持续上涨，收盘时已经完全弥补了开盘的跌幅，形成第二根阳线。

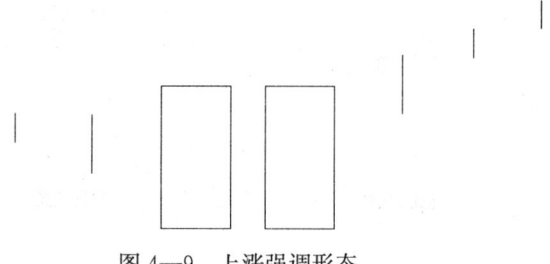

图4—9　上涨强调形态

上涨强调形态的要点如下：

1. 在上涨强调形态中，第二根阳线是对第一根阳线上涨趋势的强调，表示股价上涨虽然还有一定阻力，但上涨动力充足，是买入信号。

2. 股价出现上涨强调形态的同时，成交量出现放大，则表示多方上攻有力。

如图4—10所示，2012年4月12日，上海能源（600508）日K线图上出现上涨强调形态。该形态在股价下跌放缓的过程中出现，表明多方力量逐渐加强，是看涨信

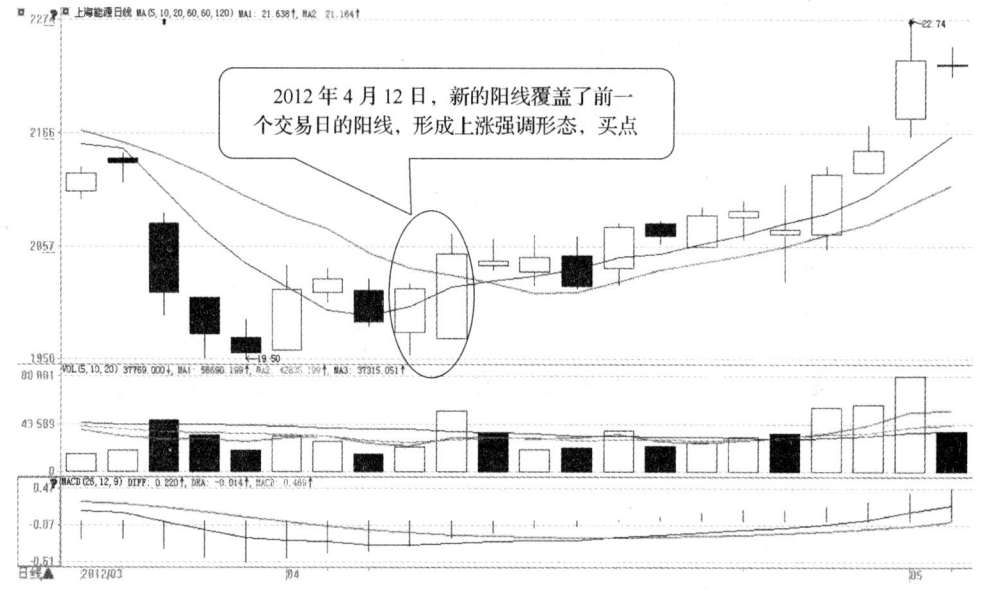

图4—10　上海能源日K线

号。投资者可以在 4 月 12 日买入持股。

如图 4—11 所示，2012 年 5 月 15 日，中工国际（002051）日 K 线图上出现上涨强调形态。该形态在股价跳空上涨后出现，表明多方力量继续加强，是看涨信号。投资者可以在 5 月 15 日买入持股。

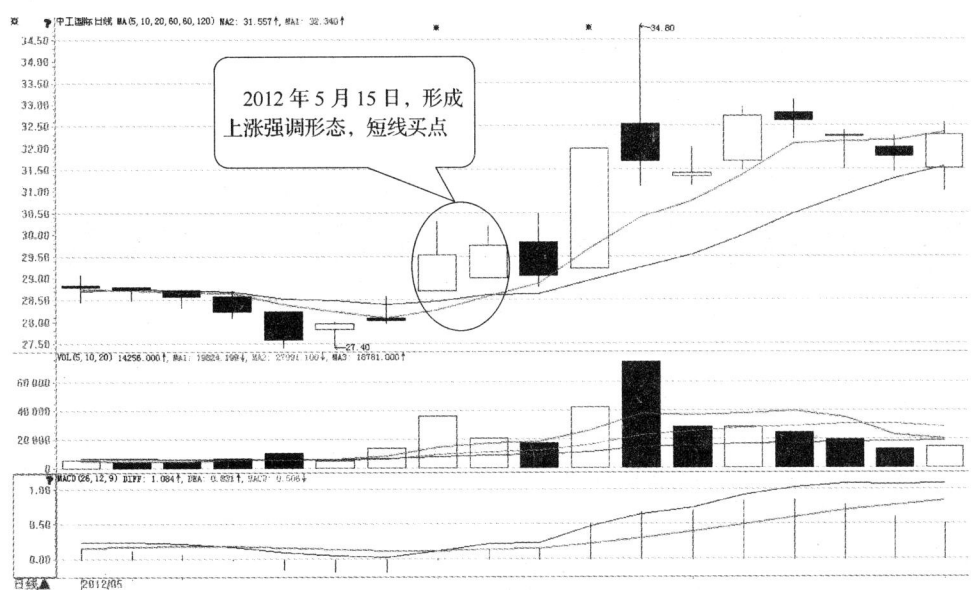

图 4—11　中工国际日 K 线

如图 4—12 所示，2012 年 4 月 11 日，深天马 A（000050）日 K 线图上出现上涨强调形态。该形态在股价下跌放缓的过程中出现，表明多方力量逐渐加强，是看涨信号。投资者可以在 4 月 11 日买入持股。

4.1.4　曙光初现形态

曙光初现形态，比喻股价经过下跌后初现曙光，预示上涨行情即将开始。曙光初现形态出现在下跌行情中，由一阴一阳两根 K 线组成，如图 4—13 所示。

在股价持续下跌过程中，先是出现一根中阴线或者大阴线，这表示下跌行情还在继续。接着出现一根跳空低开的中阳线或者大阳线。此阳线虽然低开，但开盘后持续上涨，最终收盘价深入到阴线实体的 1/2 以上。

曙光初现形态的要点如下：

1. 曙光初现形态表示下跌结束，多方力量开始反攻，是看涨信号。

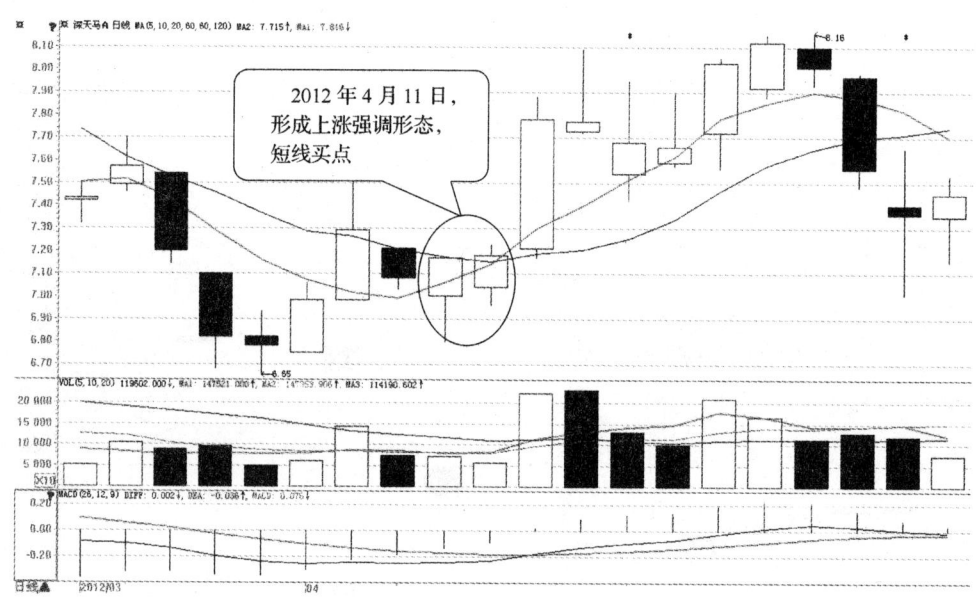

图 4—12　深天马 A 日 K 线

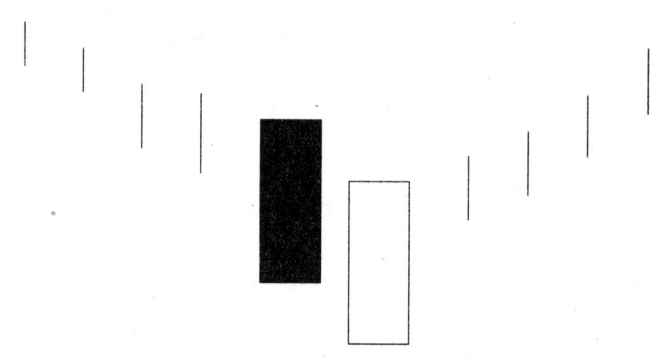

图 4—13　曙光初现形态

2. 阳线的收盘价一定要穿入到阴线实体的 1/2 以上，否则形态无效。

如图 4—14 所示，2012 年 2 月 8 日，佰利联（002601）的日 K 线图上出现曙光初现形态。该形态表明，股价上涨过程中出现的阴线回调已经结束，多方重新占据主动，股价将继续上涨。投资者可在 2 月 8 日积极买入。

如图 4—15 所示，2012 年 2 月 8 日，佛慈制药（002644）的日 K 线图上出现曙光初现形态。该形态表明，股价上涨过程中出现的阴线回调已经结束，多方重新占据主动，股价将继续上涨。投资者可在 2 月 8 日积极买入。

如图 4—16 所示，2012 年 2 月 8 日，双星新材（002585）的日 K 线图上出现曙光初现形态。该形态表明，股价上涨过程中出现的阴线回调已经结束，发出短线买入信号。投资者可在 2 月 8 日积极买入。

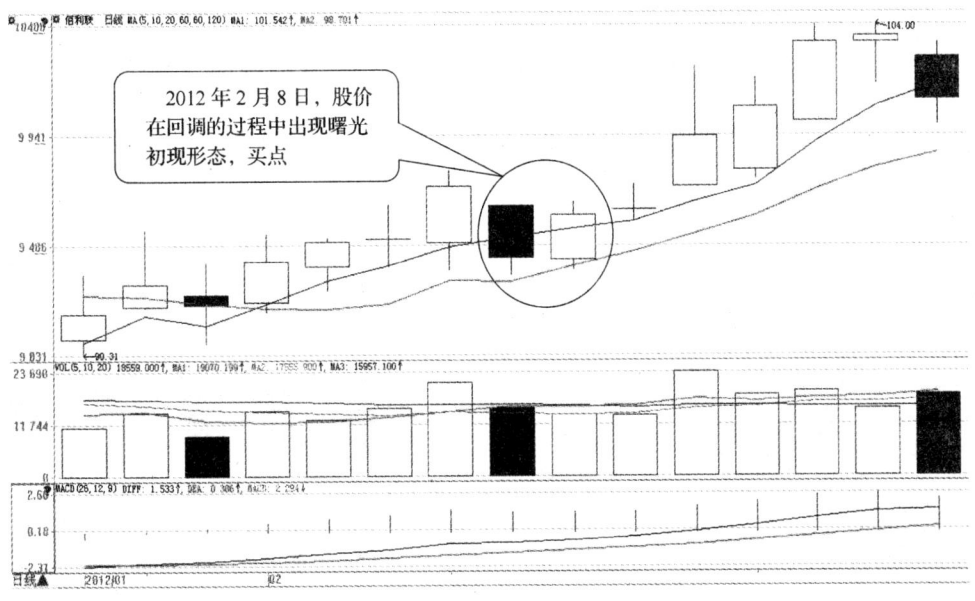

图 4—14 佰利联日 K 线

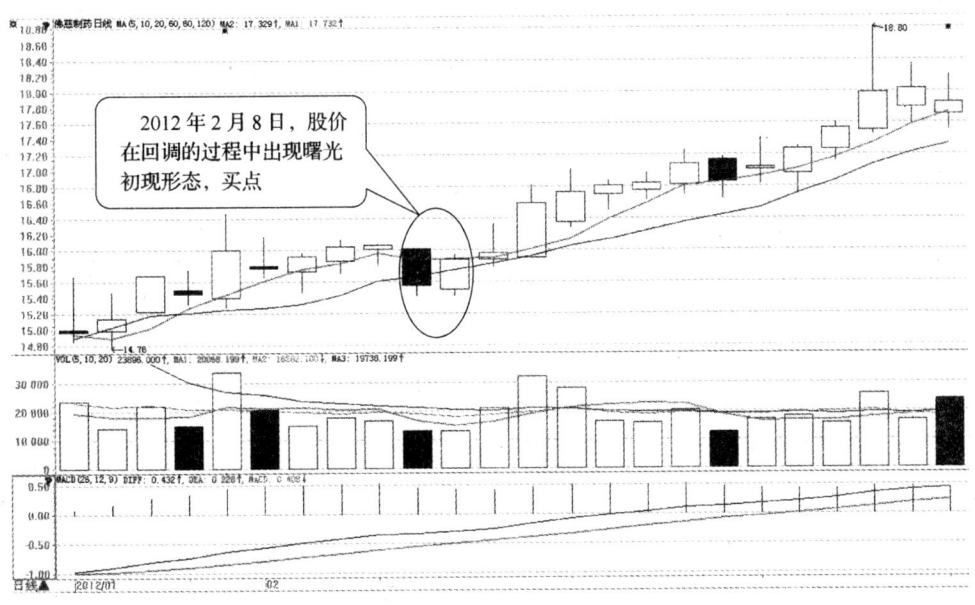

图 4—15 佛慈制药日 K 线

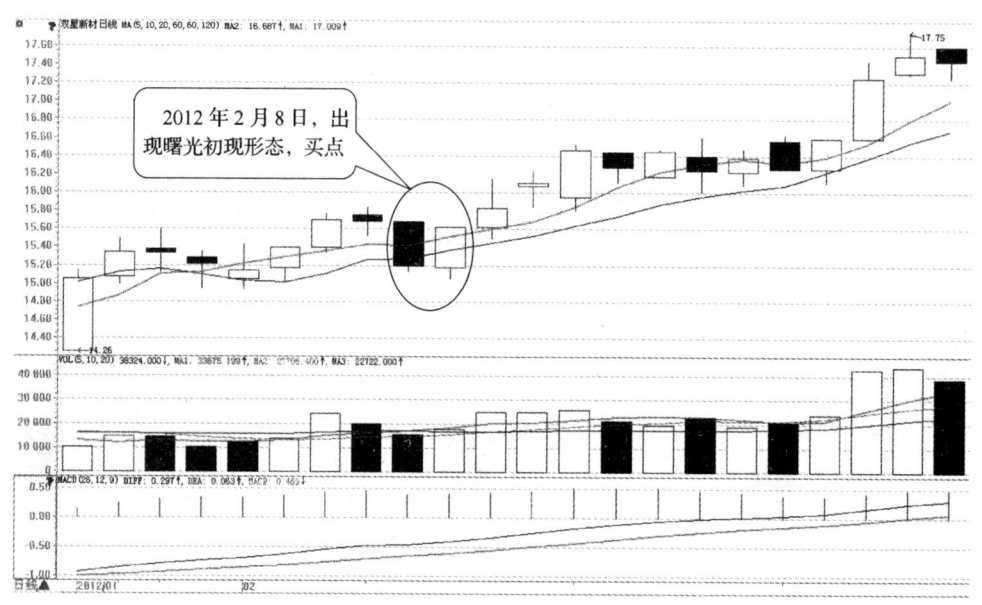

图 4—16 双星新材日 K 线

4.1.5 好友反攻形态

好友反攻形态往往出现在下跌行情中,由两根不同颜色、不同开盘价的 K 线组成(先是一根阴线,后是一根阳线)。两根 K 线收盘价处在同一价位,形似好友约会,如图 4—17 所示。

图 4—17 好友反攻形态

在股价下跌过程中,先是出现一根中阴线或者大阴线,表示下跌行情还在持续。紧跟阴线之后,股价虽然跳空低开,但随即上涨,收出一根中阳线或者大阳线。

并且阳线的收盘价和阴线的收盘价在相同或相近的位置上。

好友反攻形态的要点如下：

1. 好友反攻表示多方在开盘不利的情况下补回跳空缺口，预示着股价将见底反弹，是看涨信号。

2. 好友反攻形态中阳线的实体部分越长，看涨信号就越强烈。

3. 如果出现阳线时伴随成交量放大，看涨信号的强度将得到提高。

如图4—18所示，2012年7月31日，聚龙股份（300202）的日K线图上形成好友反攻形态。这一阴一阳两根K线的收盘价基本处在同一位置上，表示多头行情启动，股价即将触底反弹，买点出现。此后聚龙股份进入加速上涨行情。

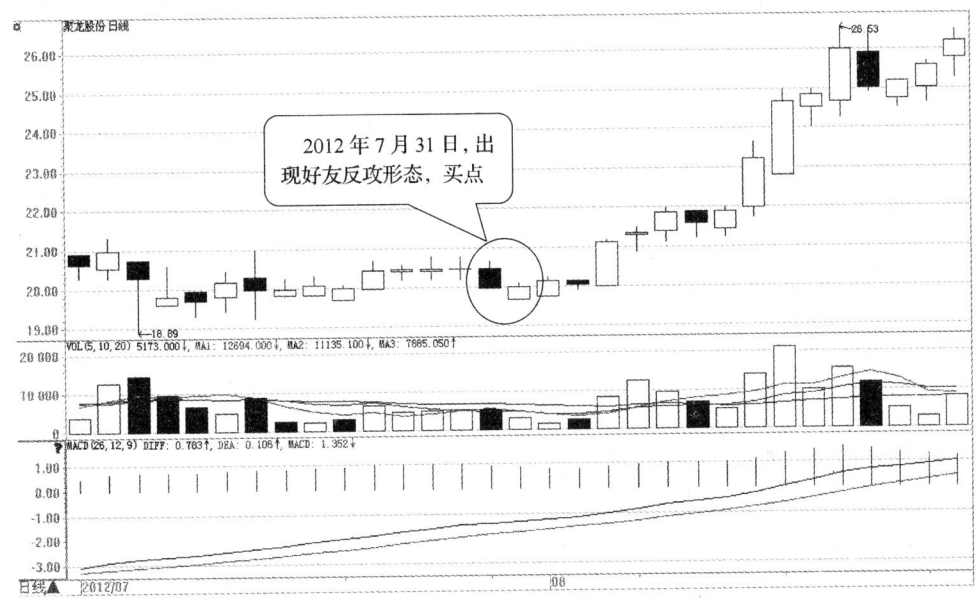

图4—18 聚龙股份日K线

如图4—19所示，2012年6月29日，巨龙管业（002619）的日K线图上形成好友反攻形态。这一阴一阳两根K线的收盘价基本处在同一位置上，表示多方力量复苏，股价即将触底反弹，买点出现。此后该股出现了短线行情。

4.1.6 红三兵形态

红三兵形态是指三根红色小阳线组成的K线组合，如图4—20所示。

在红三兵形态中，连续出现三根小阳线。这三根小阳线的收盘价均高于前一根K线的收盘价。三根小阳线可以有上下影线，也可以没有。

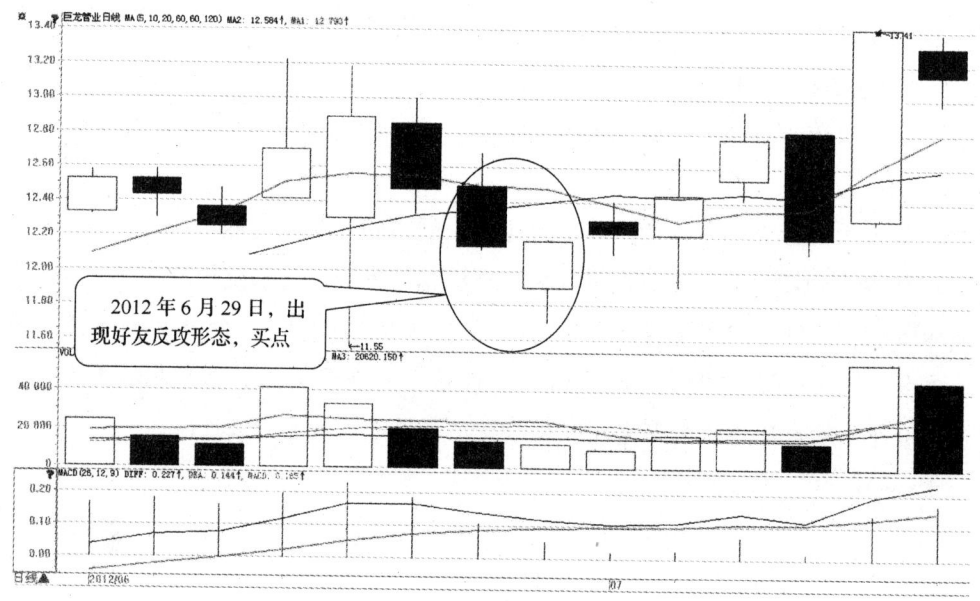

图 4—19 巨龙管业日 K 线

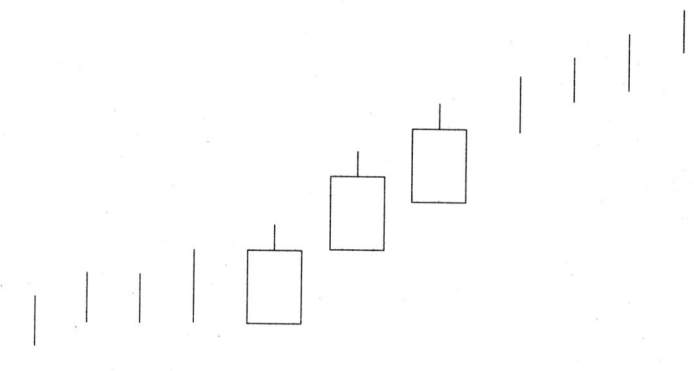

图 4—20 红三兵形态

红三兵形态的要点如下：

1. 如果红三兵形态出现在某个低价位，同时市场已经稳定了一段时间，则表示市场趋势即将反转向上，多方力量推动股价向上攀升，是看涨买入信号。

2. 如果红三兵形态出现在上涨行情中，同时伴随着成交量的逐渐放大，表示多方能量在持续增强，股价仍可看高一线。

3. 如果在三根小阳线出现的同时成交量能同步放大，说明有新的资金持续进入，看涨信号更强。

如图 4—21 所示，2012 年 4 月 12 日，国药一致（000028）的日 K 线图上出现红三兵形态。该形态在股价下跌放缓的过程中出现，表示多方力量开始占据主动，推动股价攀升，形成买入信号。

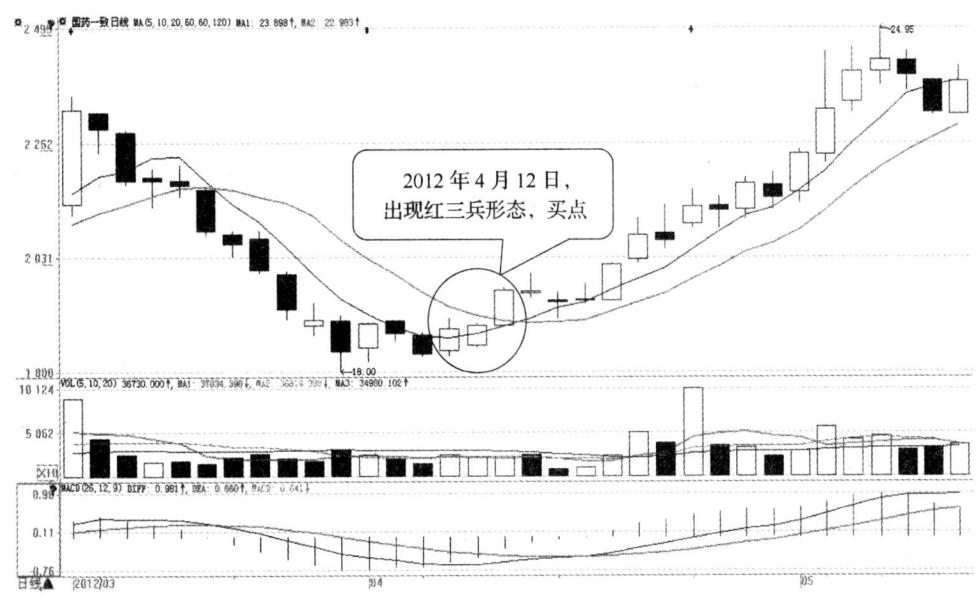

图 4—21 国药一致日 K 线

如图 4—22 所示，2012 年 2 月 2 日，道博股份（600136）的日 K 线图上出现红三兵形态。该形态表示多方力量开始占据主动，形成买入信号。投资者可以在红三兵形态出现时买入持股。

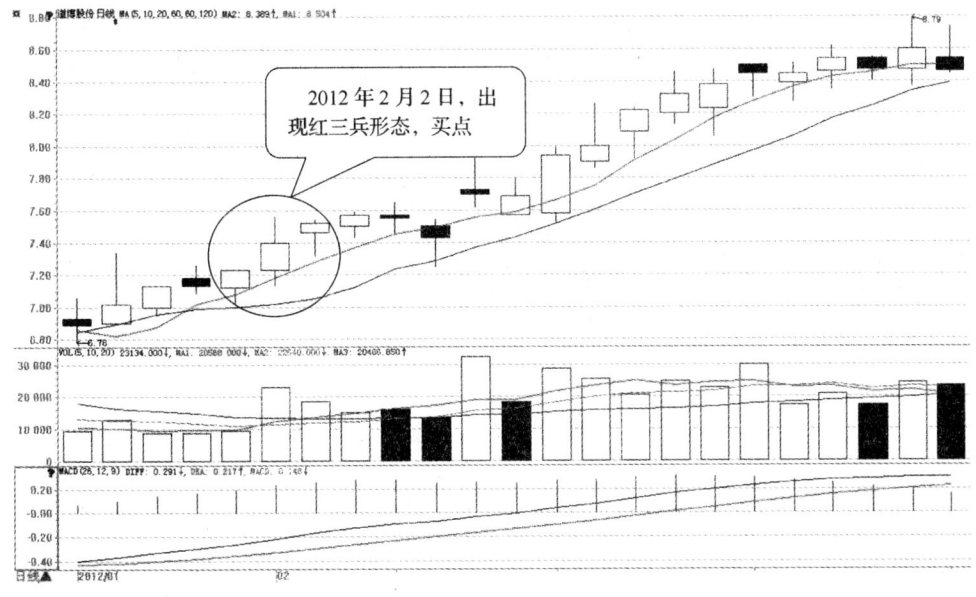

图 4—22 道博股份日 K 线

如图4—23所示，2012年5月，泰亚股份（002517）的股价连续小幅上涨，K线出现红三兵形态。该形态表示多方力量开始占据主动，推动股价攀升，形成买入信号。投资者可以在红三兵形态出现时买入持股。

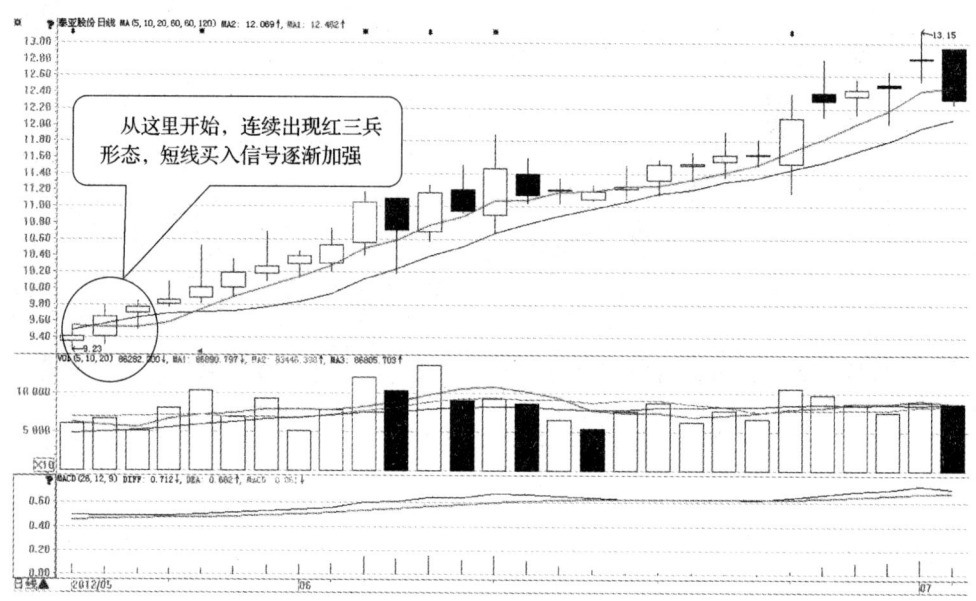

图4—23　泰亚股份日K线

4.1.7　三空阴线形态

三空阴线形态一般出现在一段下跌行情的尾端，由三根跳空下跌的阴线组成，如图4—24所示。

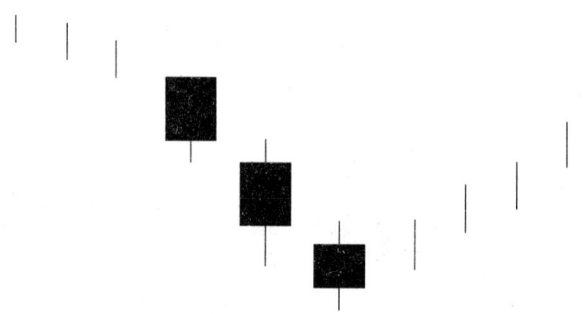

图4—24　三空阴线形态

股价经过一段时间的下跌后，出现连续三根跳空低开下跌的阴线。这三根K线可能有上下影线，因此虽然跳空下跌开盘，但并不一定产生缺口。

三空阴线形态的要点如下：

1. 三空阴线出现，往往表示空方正在进行最后一搏，股价处于超卖水平，后市上涨的可能性较大。因此这个形态的出现是看涨信号。

2. 在股价跳空下跌过程中，成交量越小，则该形态的看涨信号越强烈。

3. 如果三根阴线实体的长度依次减小，则该形态的看涨信号更强。

如图4—25所示，2012年4月24日，丰林集团（601996）日K线图上出现三空阴线形态。这种连续跳空下跌看似可怕，实际上则很可能是空方的最后一搏。此后该股在底部整理后走出了一波涨势。投资者可以在三空阴线出现时适当买入持股。

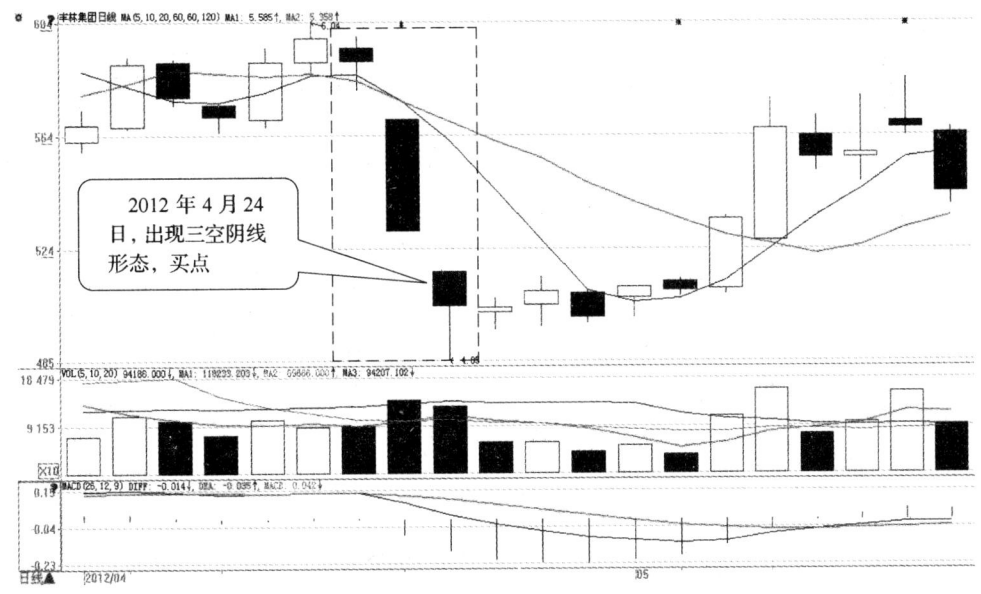

图4—25　丰林集团日K线

如图4—26所示，2011年12月15日，攀钢钒钛（000629）日K线图上出现三空阴线形态。这种连续跳空下跌表明空方力量充分释放。此后该股在底部整理后走出了一波涨势。投资者可以在三空阴线出现时适当买入持股。

如图4—27所示，2012年7月31日，成城股份（600247）日K线图上出现三空阴线形态。这种连续跳空下跌表明空方力量充分释放。此后该股在底部整理后放量走出涨停，展开一波强势上涨行情。投资者可以在三空阴线出现后适当买入持股。

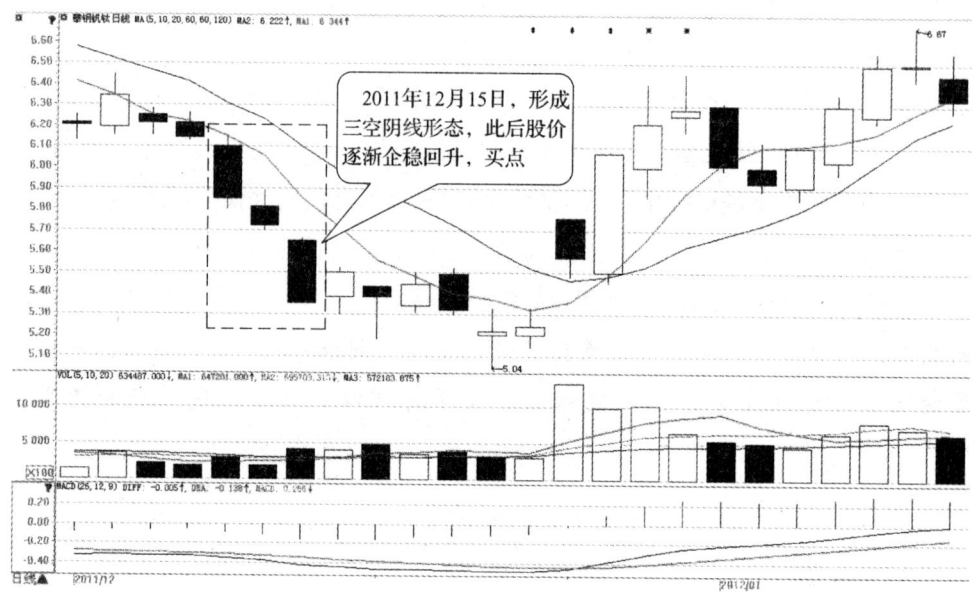

图 4—26　攀钢钒钛日 K 线

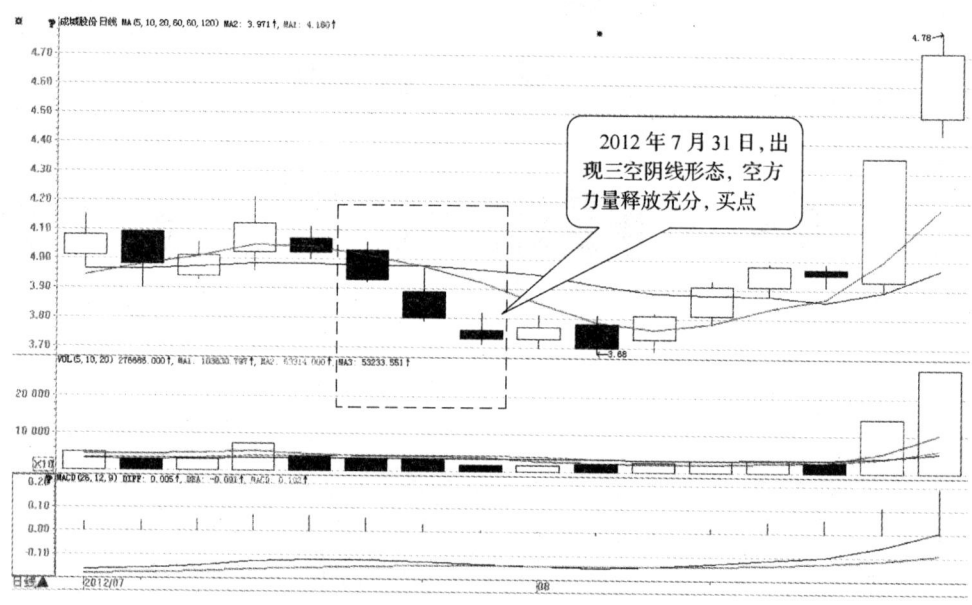

图 4—27　成城股份日 K 线

4.1.8 上升三法形态

上升三法形态出现在股价上涨过程中，由两根阳线与三根阴线组成。五根 K 线共同组成类似英文字母 N 的走势，如图 4—28 所示。

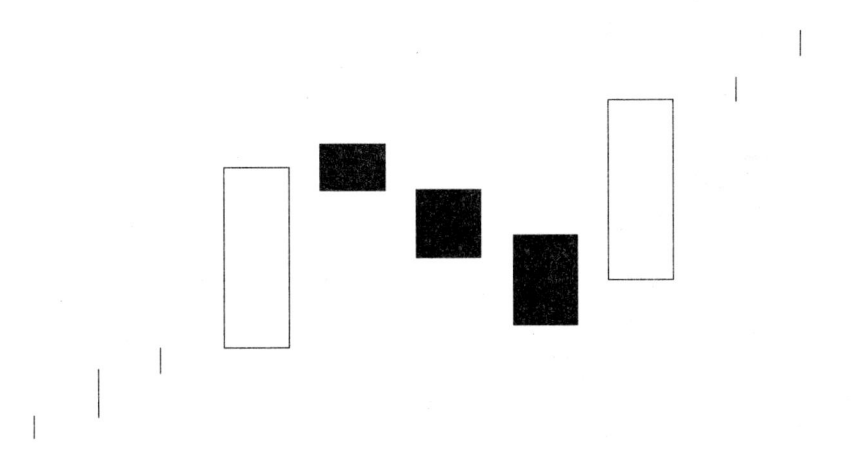

图 4—28　上升三法形态

上升三法形态中的第一根大阳线，表明多方占据优势。后面的这几根小阴线，藏在第一根大阳线的价格范围内，说明空方的反击效果并不理想，更像是多方的一次主动回撤。最后的这根创出形态新高的阳线，说明多方重新掌控了局势。因此上升三法形态，预示着行情仍可看高一线，发出了买入信号。

上升三法形态的要点如下：

1. 上升三法形态表示股价上涨虽然短暂受阻，但多方力量依然强劲，是行情继续上涨的信号。

2. 如果在出现阳线时成交量放大，而出现阴线时成交量逐渐萎缩，则该形态的看涨信号更强。

如图 4—29 所示，2012 年 2 月 2 日，荣信股份（002123）日 K 线图上出现上升三法形态。这种形态表示股价虽然短暂受阻，但长期上涨趋势未变，为买入信号。投资者可以在 2 月 2 日买入持股。

如图 4—30 所示，2012 年 1 月 17 日，皖通高速（600012）日 K 线图上出现两根长阳线在外、四根小阴线在内的上升三法变形形态。该形态表示股价短暂下跌后上涨之势得到延续，为买入信号。投资者可以在 1 月 17 日买入持股。

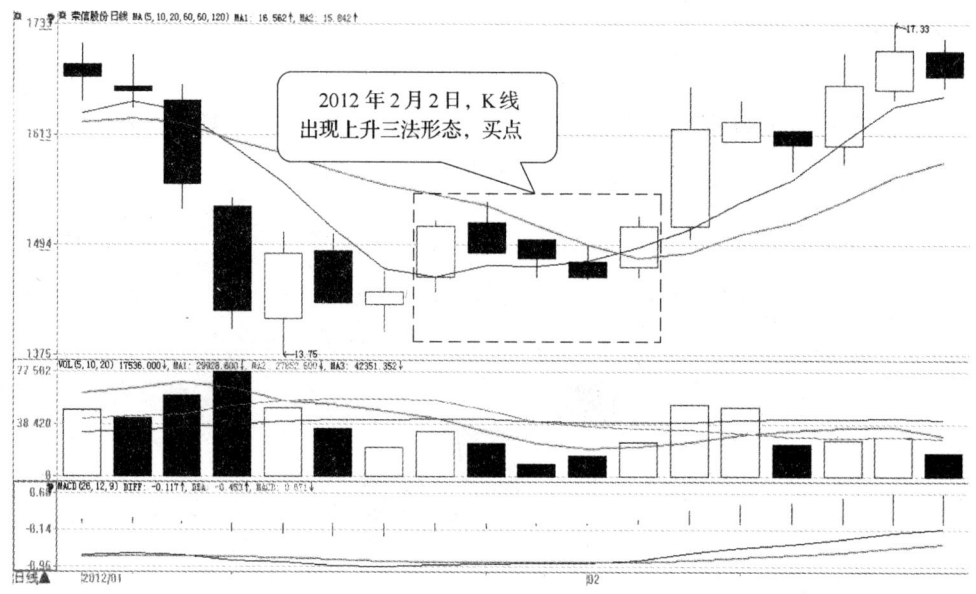

图 4—29　荣信股份日 K 线

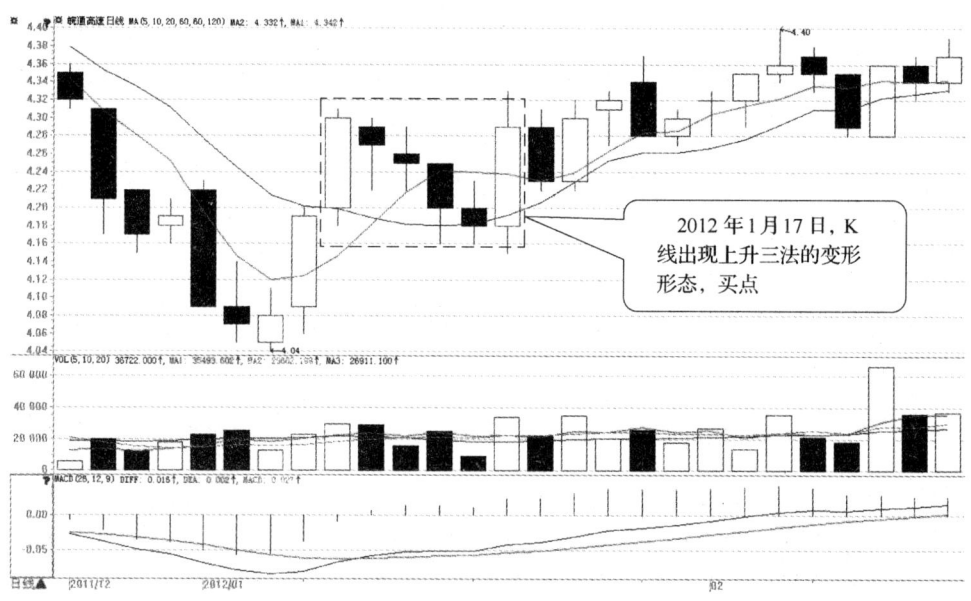

图 4—30　皖通高速日 K 线

4.1.9 上涨抵抗线形态

上涨抵抗线形态出现在股价上涨过程中,是指连续多根阳线中出现的假阴线,如图4—31所示。

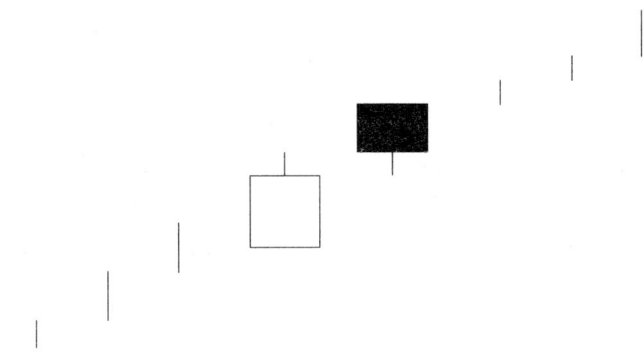

图4—31 上涨抵抗线形态

在股价上涨过程中,首先出现多根连续上涨的阳线。在出现阳线后,股价跳空高开,收出一根假阴线,此阴线的收盘价仍高于前一交易日的收盘价。这种出现在多根阳线之后的K线形态,称为上涨抵抗线。

上涨抵抗线形态的要点如下:

1. 上涨抵抗线表示股价虽然短暂上涨受阻,但空方力量不足,是上涨还将持续的信号。

2. 阴线的涨幅越大,成交量越小,则该形态的上涨持续指示作用越强。

3. 如果阴线带有较长的上影线或者下影线,并且成交量较之前大幅放大,表示多空双方搏杀激烈,之后由哪一方主导行情存在很大的不确定性。这种情况下投资者应该谨慎操作。

如图4—32所示,2012年2月9日,大名城(600094)日K线图上出现上涨抵抗线形态。该形态表示股价上涨短暂受阻,但空方反攻力量不足,是股价继续上涨的信号。投资者可在2月9日适当买入该股。

如图4—33所示,2012年6月20日,卓翼科技(002369)日K线图上出现上涨抵抗线形态。形态出现时,该股已经走出一根涨停的阳线,且成交量远远超过日常成交量而形成巨量,庄家拉高出货的可能性较大。此后,该股持续走弱。

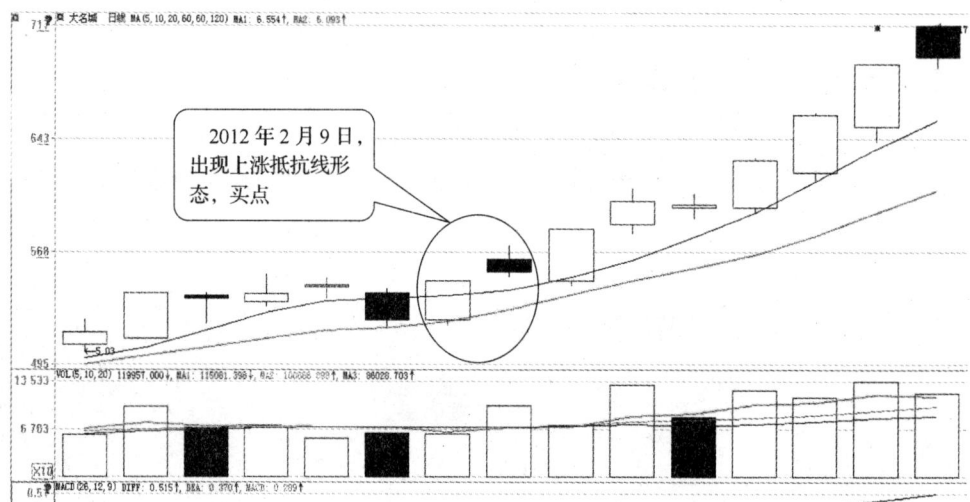

图 4—32 大名城日 K 线

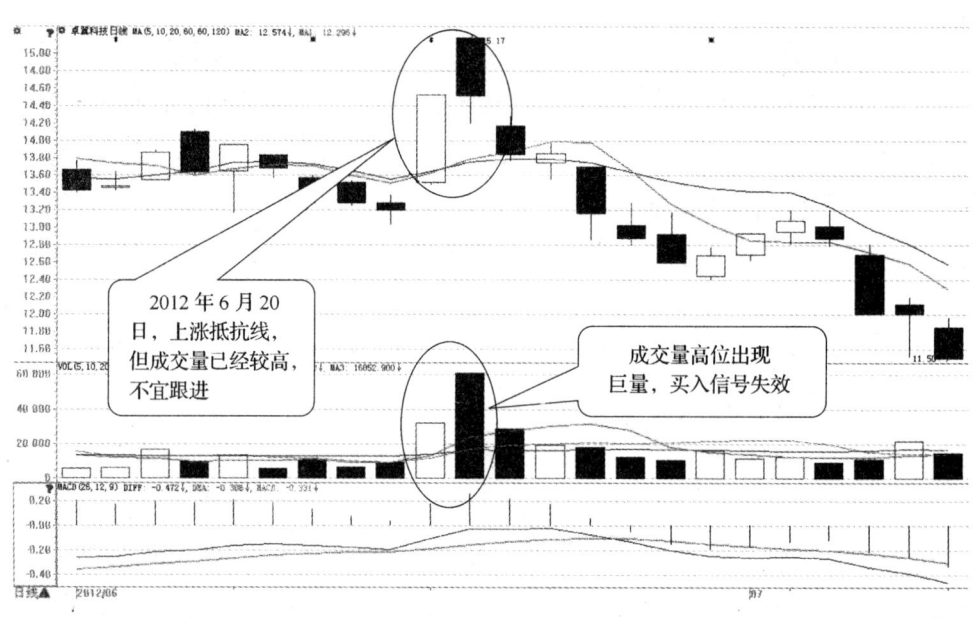

图 4—33 卓翼科技日 K 线

到此为止，本章这一部分内容均介绍 K 线的买入形态。在个股走势中，出现失败的 K 线买入形态的情况也很多，即 K 线组合出现买入信号后，股价不涨反跌。因此，实际操作中，投资者既要看到 K 线形态给出的信号，又应结合其他信息，如大盘走势、个股成交量等综合分析，判断买卖时机。

4.2 看K线缺口形态选股

4.2.1 形成向上跳空缺口

缺口，是指在前后两根K线的端点之间，出现了交易的空白地带。也就是说，股价直接"跳过了"某个价格区间，没有在这个区间产生任何交易，如图4—34所示。

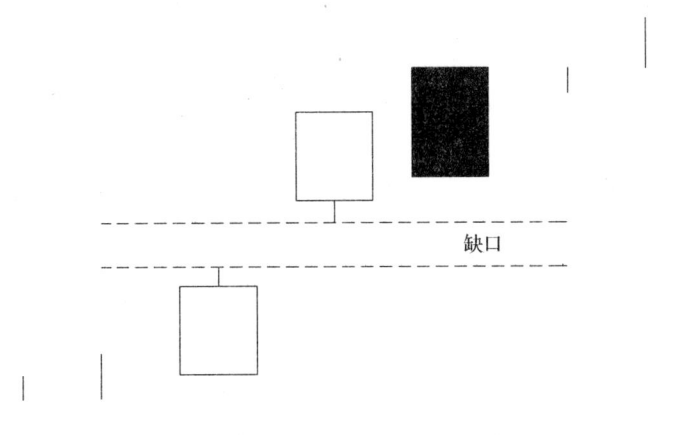

图4—34　缺口形态

股价经过一段时间的下跌后进入底部的整理区域，当股价开始回升时，若出现向上跳空的缺口，则表明股价走势强劲，后市股价持续上涨的概率大。投资者可以及时入场，把握短线买入机会。

如图4—35所示，在经历了前期的小幅整理后，三峡水利（600116）的股价开始持续上涨。2011年1月31日，该股跳空开盘走出涨停，出现了向上的跳空缺口。此缺口的出现表明股价短期走势强势，此时投资者可以把握买入时机。

4.2.2 回补缺口后企稳

缺口的存在往往会对股价走势构成支撑作用。当股价将前期向上的跳空缺口回补之后，如果市场抛压大大减轻，成交量明显减少，股价开始筑底回升，则投资者可以

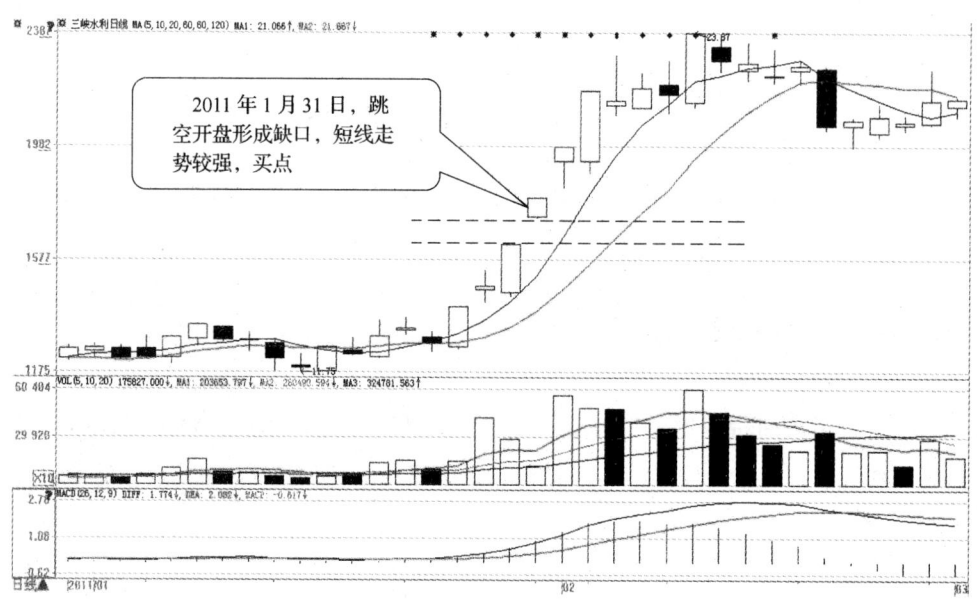

图4—35 三峡水利日K线

进行短线买入；反之，若股价放量跌破缺口后继续下跌，则说明此前的上升趋势已经改变，投资者不宜入场。

如图4—36所示，2010年8月，西仪股份（002265）的股价持续上涨，并在上涨过程中留下了跳空缺口。2010年10月18日，该股小幅下跌将缺口完全回补，且成交

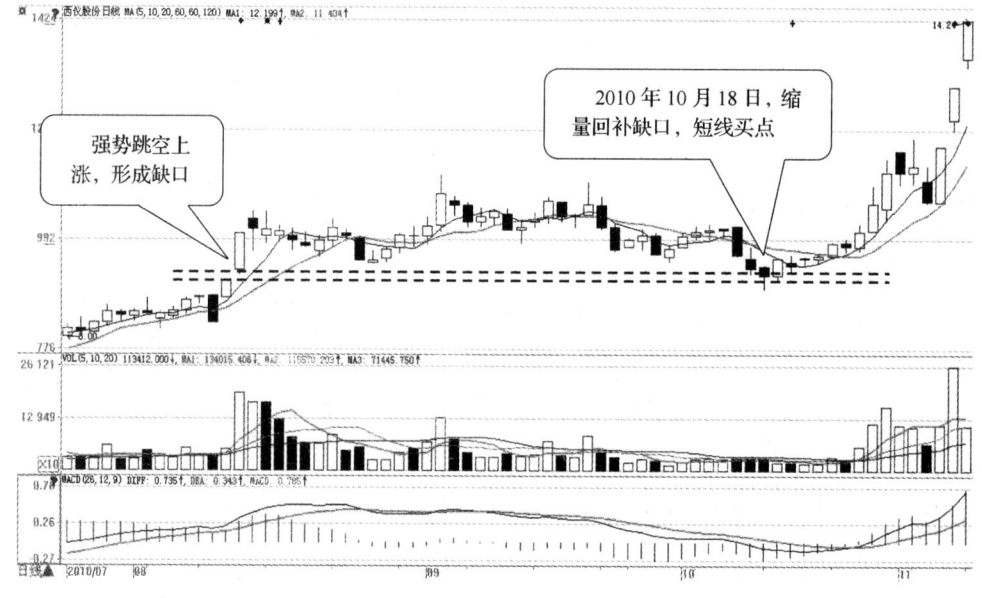

图4—36 西仪股份日K线

量较小。此后该股在缺口附近企稳,并走出了一波上涨走势。投资者可以在该股回补缺口时适当进行短线买入。

4.2.3 回补向下跳空缺口

在一段下降走势中出现向下的跳空缺口,表明空方力量较强。经过一段时间后,若股价回升可以将向下的跳空缺口回补,则说明下跌走势宣告结束,后市股价继续上涨的概率大。投资者可以把握买入时机。

如图 4—37 所示,2010 年 7 月 20 日,深华发 A(000020)的股价大幅上涨,并在上涨过程中将前期跳空下跌形成的缺口完全回补。缺口的回补是多方力量的体现,此后该股持续上涨。投资者可以在 7 月 20 日该股回补缺口时适当买入。

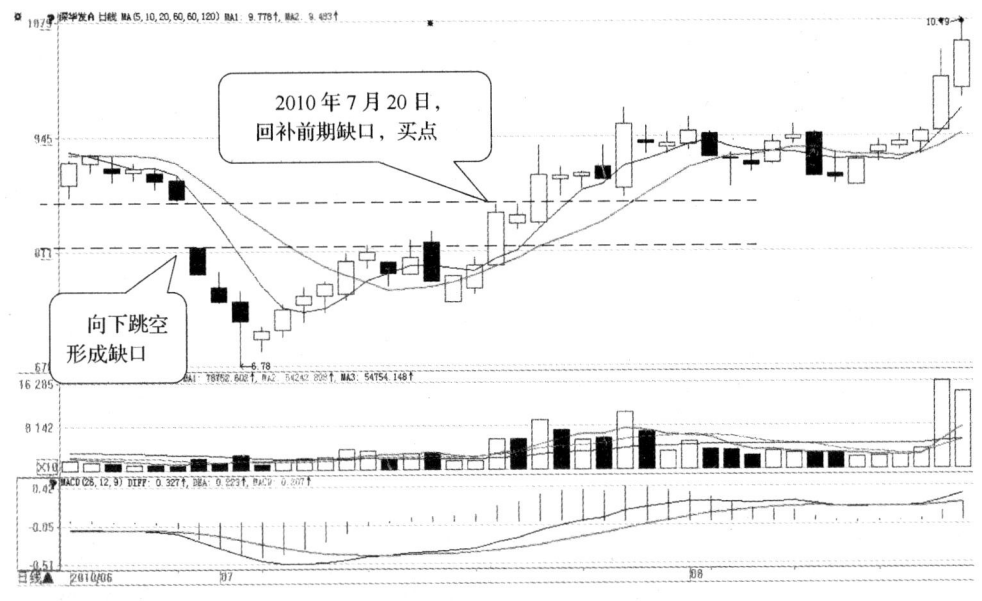

图 4—37 深华发 A 日 K 线

如图 4—38 所示,2012 年 5 月 4 日,中电环保(300172)的股价大幅上涨,将前期跳空下跌形成的缺口完全回补。缺口的回补是多方力量的体现,此后该股持续上涨。投资者可以在 5 月 4 日该股回补缺口时适当买入。

如图 4—39 所示,2012 年 4 月 5 日,ST 中达(600074)的股价大幅上涨走出涨停,将 2 个交易日前跳空下跌形成的缺口完全回补。缺口的回补是股价走势转强的买入信号,此后该股持续上涨。投资者可以在 4 月 5 日该股回补缺口时适当买入。

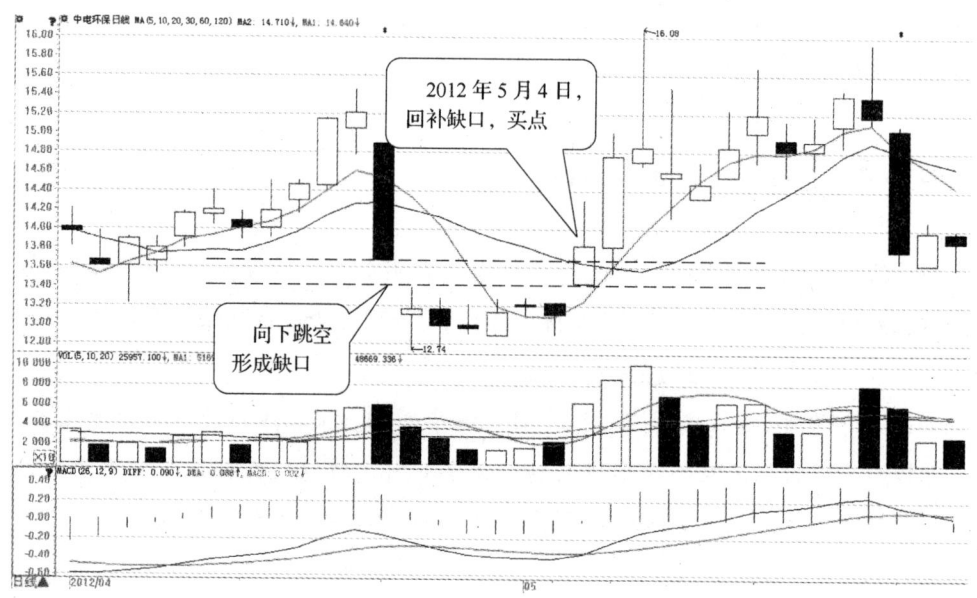

图 4—38　中电环保日 K 线

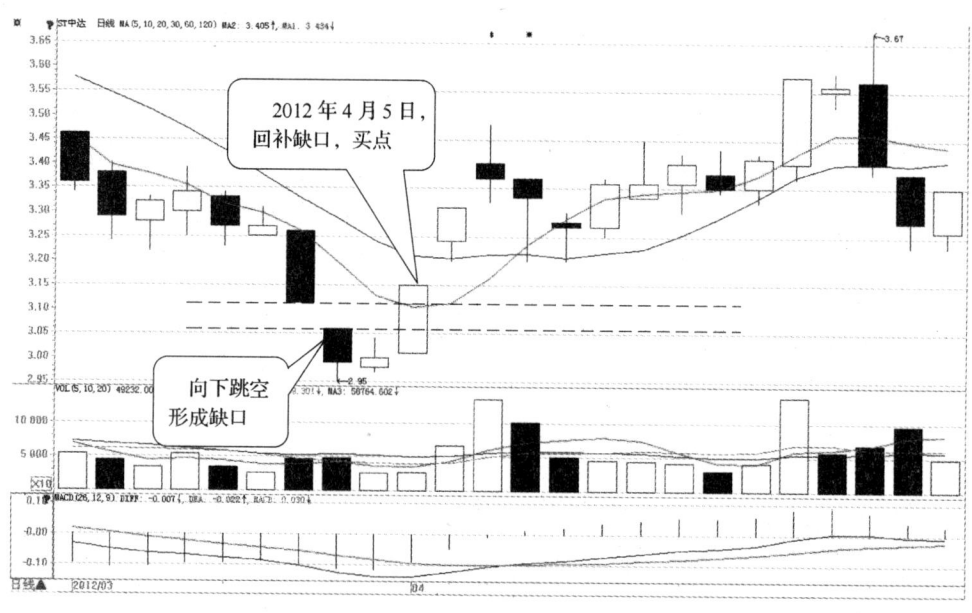

图 4—39　ST 中达日 K 线

第5章

看趋势走向选股

5.1 底部形态选股

5.1.1 V形底形态

V形底出现在一段下跌行情的尾端。股价首先快速下跌,在下跌到一定幅度时,股价触底反弹,掉头上涨,上涨和下跌之间的转换瞬间完成,没有整理过渡行情。V形底的形态常在几个交易日内形成,且在转势点都往往有较大的成交量,如图5—1所示。

在V形底的左侧,股价下跌速度很快,表示空方力量较强。但是当股价到达V形的底部时,空方力量消失,多方力量迅速崛起,股价触底后即一路上涨。V形底是较强势的底部反转信号。

图5—1 V形底

当股价下跌一段时间后在底部放量反弹时,V形底已经基本形成。投资者可以在股价出现反转迹象时适当买入股票。

如图5—2所示,2012年3月至4月,经过前期下跌的罗牛山(000735)日K线

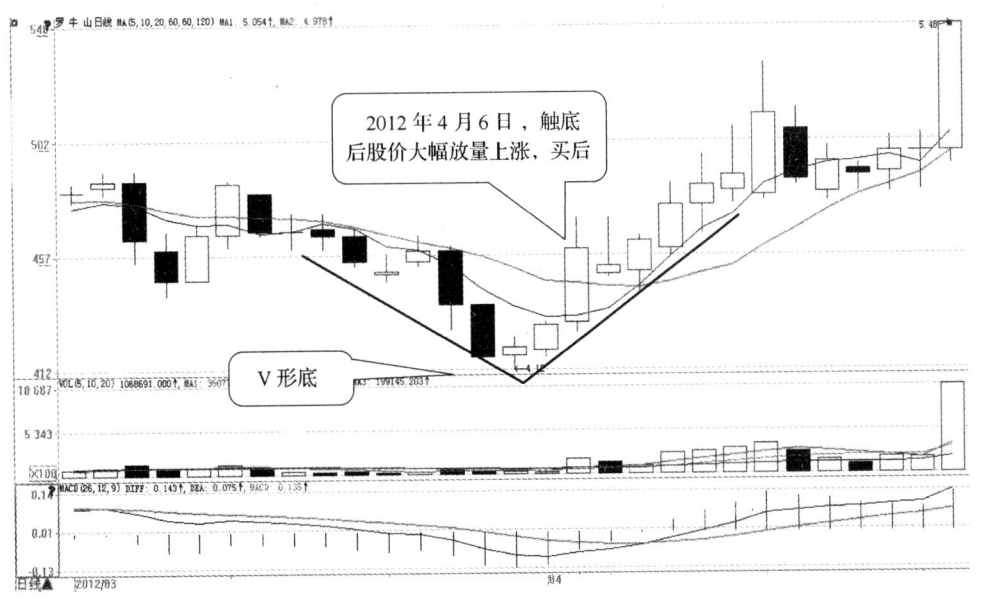

图5—2 罗牛山日K线

图上出现V形底形态。2012年4月6日,该股触底后连续第三个交易日走出阳线,股价大幅放量上涨,投资者可以适当买入股票建仓。

如图5—3所示,2011年10月,前期持续下跌的立思辰(300010)日K线图上出现V形底形态。2011年10月28日,该股MA指标(5日与10日均线)出现黄金交叉,买点出现,投资者可以适当买入股票建仓。

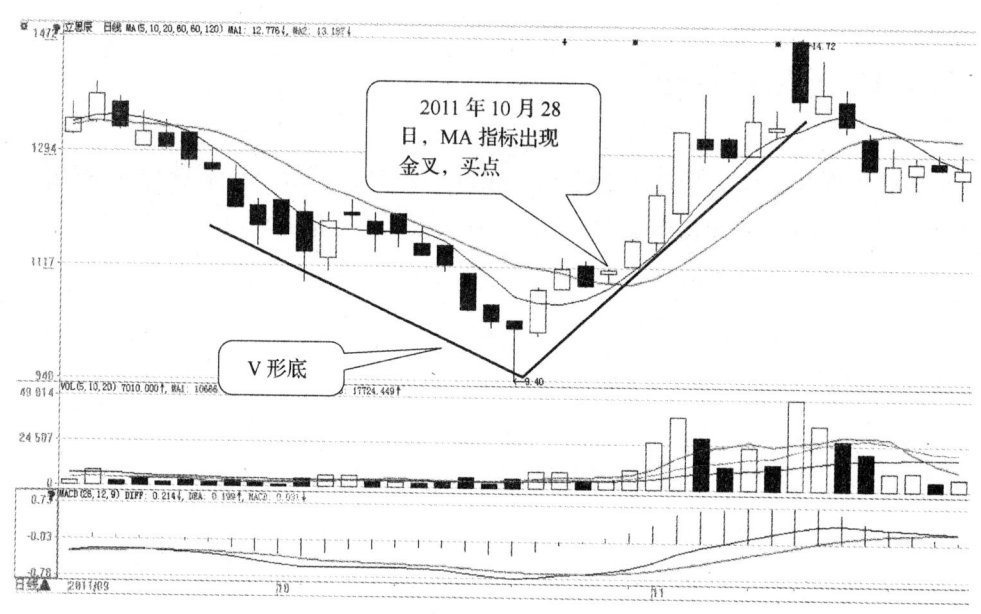

图5—3 立思辰日K线

5.1.2 头肩底形态

头肩底形态一般出现在下跌行情尾端,由连续三个底部组成。三个底部从左到右依次叫做左肩、头部、右肩。左右两个肩部的最低价基本相同,中间底部的最低价略低。同时,在左肩和头部形成后的两次反弹过程中,股价基本在同一价位受到阻力回调。这个价位上的水平线为颈线,如图5—4所示。

在头肩底形成过程中,头部的成交量与左肩区域大致相等。股价反弹时成交量放大,而下跌时成交量出现缩量。右肩区域的成交量会大幅放大,经常会出现放量向上突破的行情。

头肩底形态的操作要点如下:

1. 头肩底是十分强势的反转信号,表示空方力量被不断消耗。一旦头肩底形态完成,之后持续上涨的空间会很大。

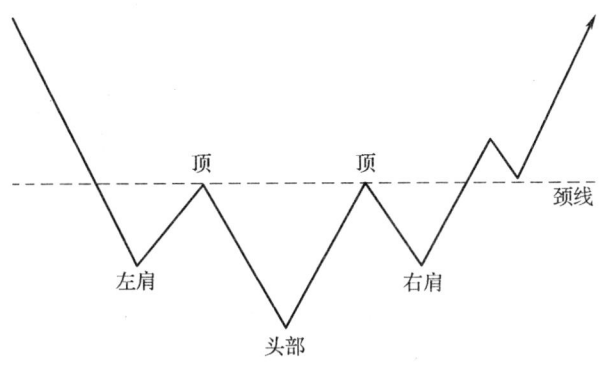

图5—4 头肩底

2. 一旦股价放量突破颈线，即形成买入信号，此时投资者可以大胆买入股票。

3. 在突破颈线后，股价可能会有小幅回抽。如果股价回抽到颈线附近获得支撑，则是对头肩底形态的确认。

如图5—5所示，2011年5月至7月，江中药业（600750）日K线图上出现头肩底。在该形态中，左肩与右肩基本持平，而头部略低。2011年7月14日，股价向上放量突破头肩底形态的颈线，买点出现。

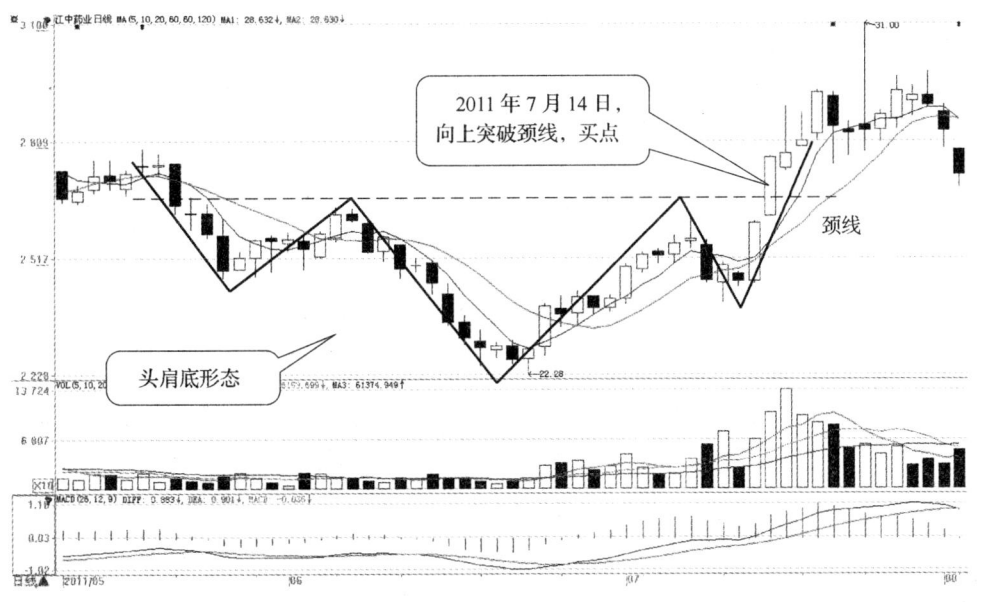

图5—5 江中药业日K线

如图5—6所示，2012年3月至5月，深圳华强（000062）日K线图上出现头肩底。该形态是较稳固的底部形态，形态完成后，股价得到支撑，再次走出一波上涨走势。投资者可以在头肩底形态完成后买入该股。

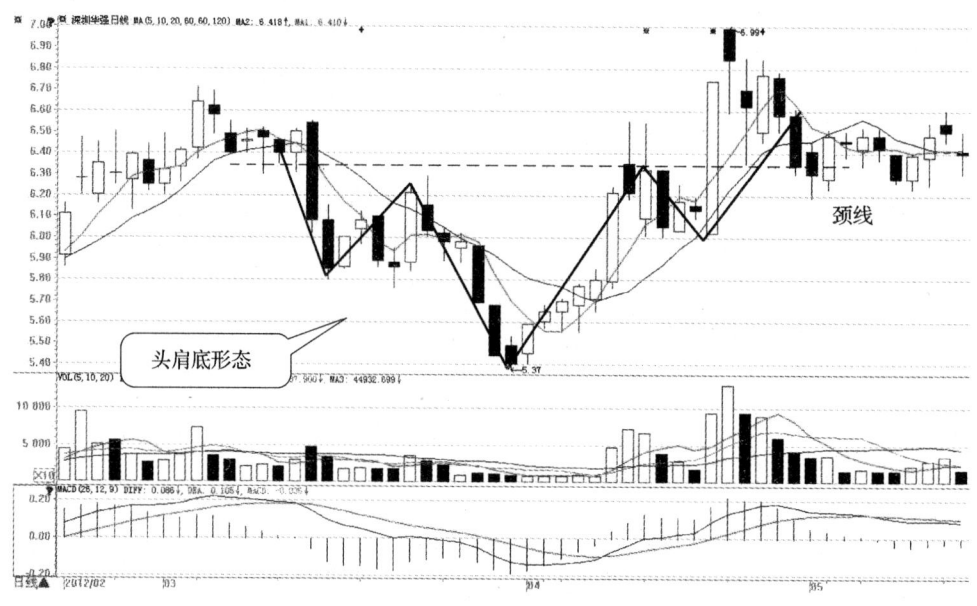

图 5—6　深圳华强日 K 线

5.1.3　三重底形态

三重底形态出现在一段下跌行情的尾端。股价连续三次下跌获得支撑，形成三个底部。在形成前两个底部后，股价反弹到一个几乎相同的价位时遇到阻力回调，形成高度基本相同的两个顶部。顶部高点的连线就是颈线，如图 5—7 所示。

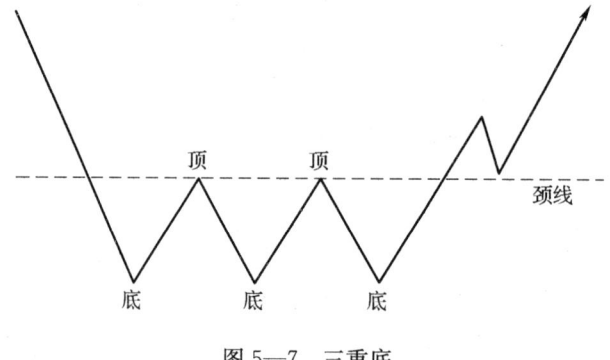

图 5—7　三重底

三重底形态表示多空双方的力量在底部不断交锋,最终多方取得主导地位。一旦股价突破颈线,则预示着多方力量胜利,未来股票将有可观的涨幅。

三重底形态的操作要点如下:

1. 三重底形态为股价见底回升的看涨信号。
2. 当股价完成对颈线的突破后,投资者可以大胆买进股票。
3. 股价突破颈线时若得到成交量有效放大的配合,则看涨信号更为强烈。

如图5—8所示,2011年6月,浙江众成(002522)日K线图上出现三重底形态。在三重底形成过程中,该股股价连续三次在同一价位获得支撑。2011年6月24日,该股放量向上突破颈线,此时投资者可以买入持股。

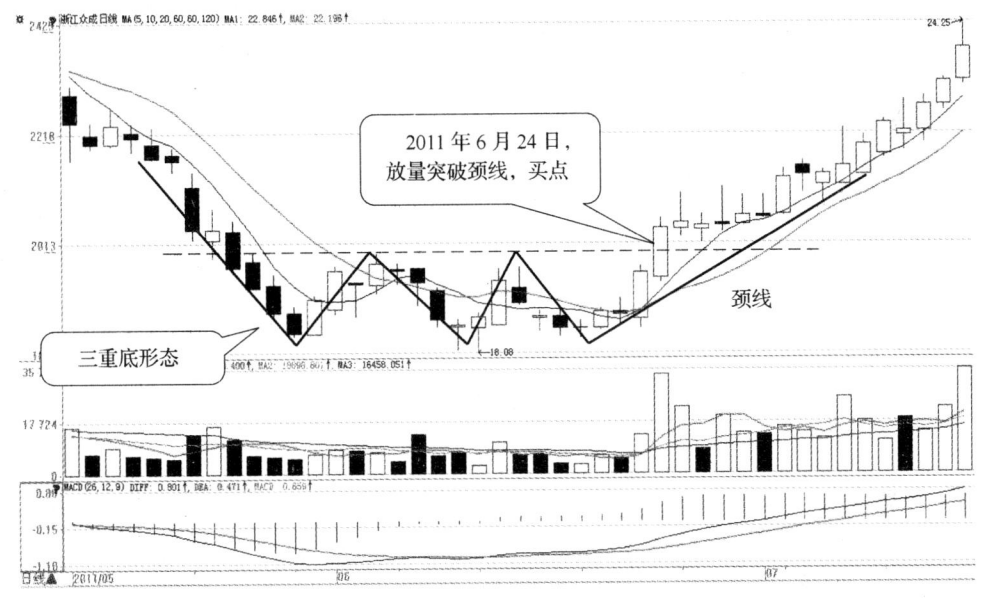

图5—8 浙江众成日K线

如图5—9所示,2011年8月至9月,中钢吉炭(000928)日K线图上出现三重底形态。该股在震荡中形成的三个底部股价略有不同,而前两次反弹高点在同一价位,形成颈线。2011年9月7日,该股放量向上突破颈线,形成短线买点。

5.1.4 W形底形态

W形底一般出现在下跌行情的尾端。股价连续两次下跌均获得支撑,形成两个

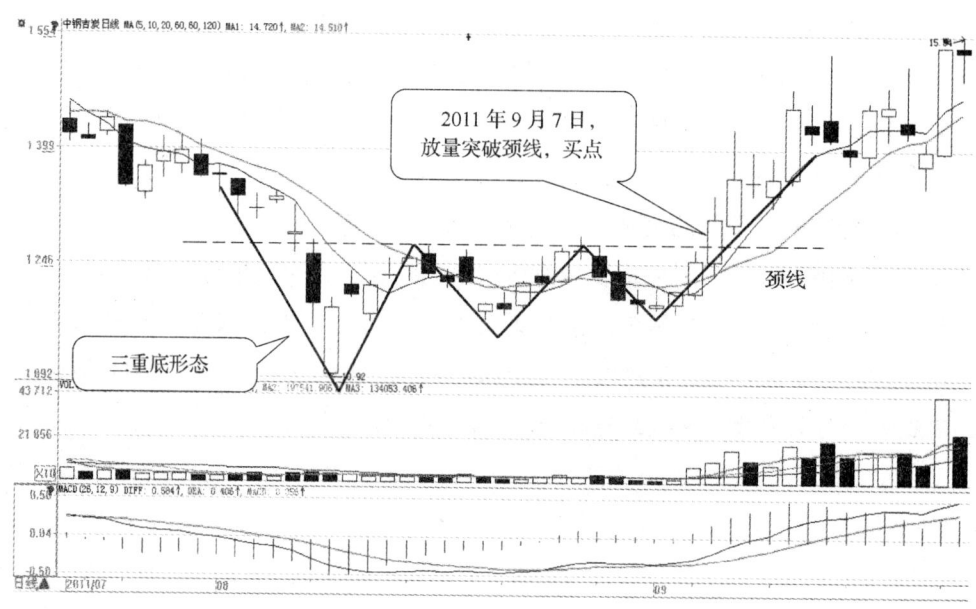

图 5—9 中钢吉炭日 K 线

底部。从第一次获得支撑反弹的顶点作一条水平线,即得到 W 形底的颈线,如图 5—10 所示。

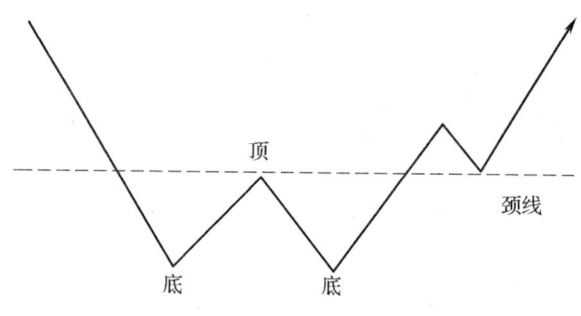

图 5—10 W 形底

在 W 形底形成过程中,股价首先经过一段时间的下跌后出现反弹,形成底部。但这次反弹并没有持续太长时间,股价在上涨一段时间后遇到阻力回调,此时顶部价位所在的水平线就是颈线。这次短暂的上涨说明空方力量未被彻底消化,或者多方力量并没有准备充分。当股价回调一段时间后,再次获得支撑反弹,形成第二个底。此后股价持续上涨,突破颈线。

股价突破颈线之后有时出现回抽,若回抽有效,股价回到颈线附近时可以止跌回升。这种回抽是对 W 形底形态的确认。

W形底形态的操作要点如下：

1. W形底形态为股价见底反弹的信号。

2. 当股价向上突破颈线时，为W形底形态的买入点。此时投资者可以大胆买入股票。

3. 若股价突破颈线后遭遇回调，回抽至颈线附近获得有效支撑，则表明W形底形态有效，此时仍构成买点。

如图5—11所示，2010年7月，华润双鹤（600062）日K线图上出现W形底形态。2010年7月20日，股价突破颈线，形成买入信号。此时投资者可以积极买入股票。此后该股股价短期内持续上涨。

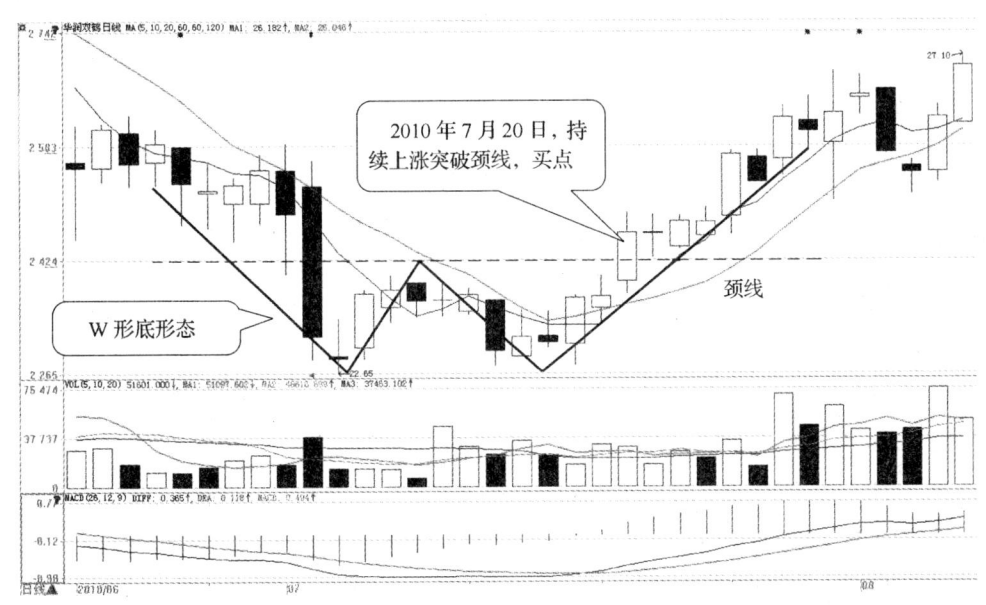

图5—11　华润双鹤日K线

如图5—12所示，2012年1月，雅本化学（300261）日K线图上出现W形底形态。2012年1月30日，该股放量上涨突破颈线，表明股价完成W形底形态，形成上涨的趋势，形成买入信号。此时投资者可以积极买入股票。

5.1.5　圆弧底形态

圆弧底形态出现在一段下跌行情的尾端。股价下跌一段时间后，下跌的速度逐渐减缓，在低位反复震荡。若将每次震荡的低点用线连接起来，就形成一个向下凹陷的

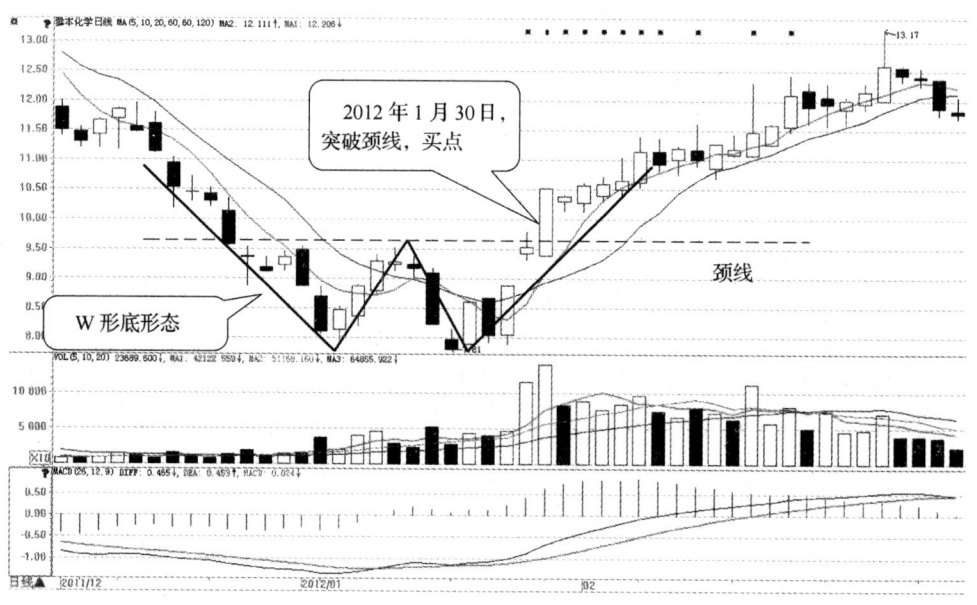

图 5—12　雅本化学日 K 线

圆弧形状，如图 5—13 所示。

在圆弧底形态中，股价先是在成交量逐渐减少的情况下，下跌速度越来越缓慢，直到成交量出现极度萎缩，股价才停止下跌。此后多方逐渐入场，成交量温和放大，股价由缓慢上升逐渐转变为加速上升，从而形成股价走势的圆弧形态。

图 5—13　圆弧底

圆弧底形态的操作要点如下：

1. 圆弧底形态表示市场由多方主导行情逐渐变成空方主导行情，为股价见底反弹的信号。

2. 圆弧底形态与其他底部形态相比，形成时间通常较长。而形态一旦形成，则股价上涨趋势稳健，看涨信号更为强烈。

3. 圆弧底形态没有颈线，当股价结束下跌，出现加速上涨趋势时，投资者可以在股价上涨的过程中适当买入。

如图 5—14 所示，2011 年 11 月至 2012 年 2 月，中国海诚（002116）日 K 线图上出现圆弧底形态。2012 年 2 月底，该股经过底部整理后开始放量上涨，此时的底部较前期已经升高，圆弧底形态已经基本可以确立，形成买入区域。投资者可以在该股圆弧底底部逐渐升高后买入持股。

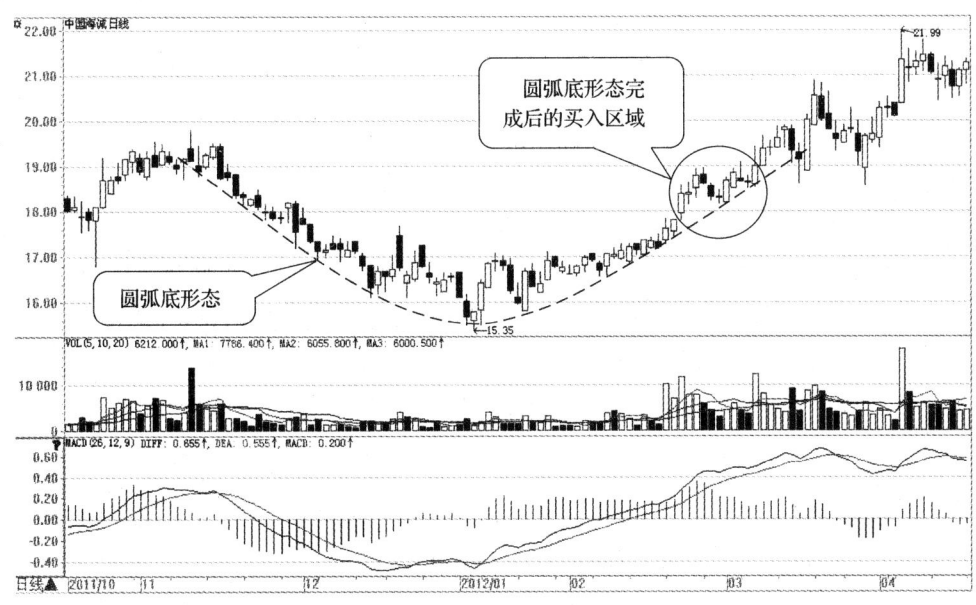

图5—14　中国海诚日K线

如图5—15所示，2012年4月至7月，五粮液（000858）日K线图上出现圆弧底形态。2012年7月6日，该股股价回调后放量上涨，此时的底部较前期已经升高，圆弧底形态已经确立，形成买入信号。

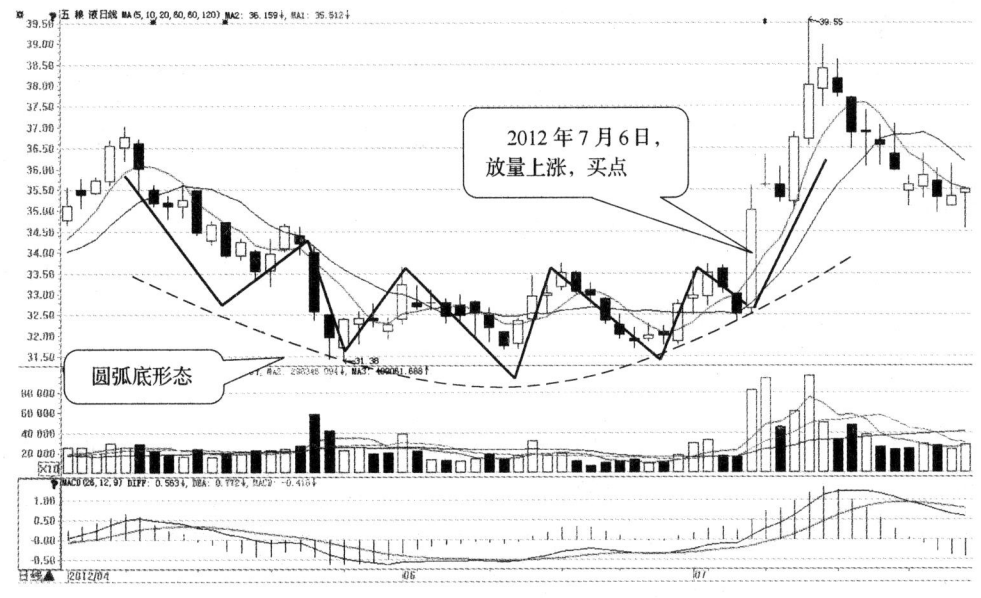

图5—15　五粮液日K线

如图 5—16 所示，2012 年 3 月至 7 月，中威电子（300270）日 K 线图上出现圆弧底形态。2012 年 7 月，该股股价回调后放量上涨，此时的底部较前期已经升高，圆弧底形态已经确立，形成买入信号。

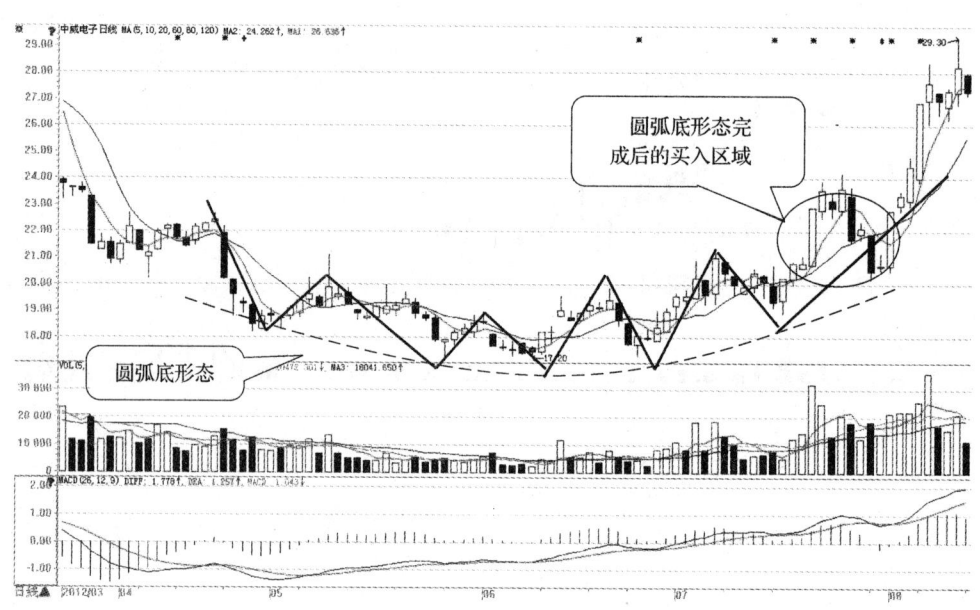

图 5—16　中威电子日 K 线

5.1.6　底部岛型反转形态

底部岛形反转出现在下跌行情尾端，由一个向下的跳空缺口、一个向上的跳空缺口和两个缺口之间的整理区间组成，是在底部留下的像"孤岛"的 K 线形态，如图 5—17 所示。

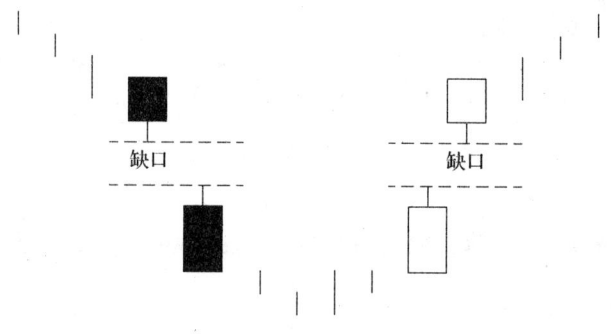

图 5—17　底部岛形反转

在股价下跌过程中，出现向下跳空的缺口，之后股价进入底部整理行情，但是缺口并没有被补回。当股价在底部整理一段时间后，逐渐进入上涨行情。在上涨到前期下跌缺口附近时，出现一个向上跳空的缺口，此缺口的位置与前期下跌形成的缺口基本相同，补回前期跳空下跌所形成的缺口。

两个缺口之间的K线处在一段缺口形成的空白区域下方，形似孤岛。

底部岛形反转的操作要点如下：

1. 底部岛形反转表示多空力量转换。在回补掉前期下跌缺口后，股价将进入多方主导的上涨行情。而跳空上涨的缺口更加确认了多方的强势。

2. 在形成向上的跳空缺口后，投资者可以买入股票。

如图5—18所示，2010年8月，佛山照明（000541）日K线图上出现底部岛形反转。该股经过一段时间下跌后跳空下跌，留下一个向下跳空缺口。此后，该股止跌反弹，2010年8月18日，股价跳空上涨，形成向上跳空缺口。这个缺口的位置完全补回了之前的缺口。底部岛形反转形态形成，投资者可以在8月18日买入该股。

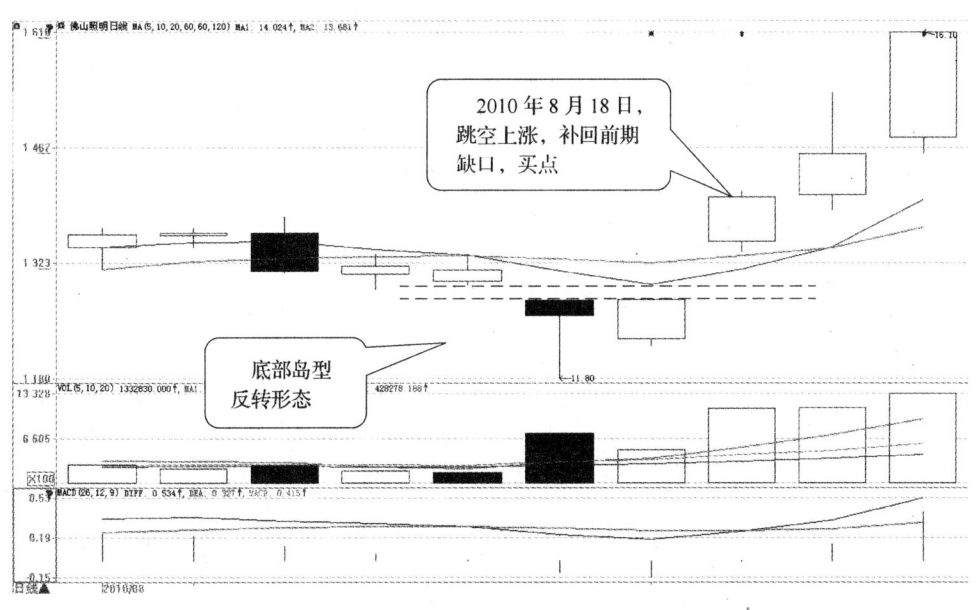

图5—18　佛山照明日K线

5.2 整理形态选股

5.2.1 矩形整理形态

当个股股价在同一个价格区间不断震荡整理，其走势就形成了矩形整理形态，如图5—19所示。矩形整理形态表示一段上有阻力、下有支撑的行情。当股价上升到上方阻力位时就向下回落，而回落到下方支撑位时就反弹上涨。这是多空双方僵持的表现，当一方力量耗尽，股价就会选择向下或向下突破。

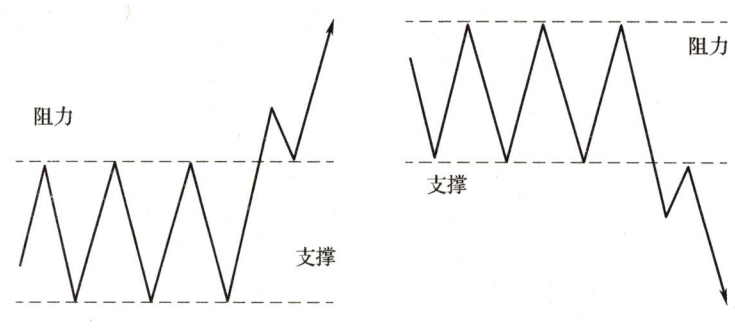

图5—19 矩形整理

矩形整理形态的操作要点如下：

1. 矩形整理属于整理行情，日后股价向上或者向下突破都有可能。

2. 若股价经过一段时间整理后向上突破阻力位，表示多方力量胜出，为看涨信号。

3. 若股价跌破下方支撑位，表示空方力量胜出，为看跌信号。

如图5—20所示，2011年11月至12月，民生银行（600016）日K线上出现矩形整理形态。在多个交易日内，股价一直在一个矩形区域内运行。2012年1月9日，股价放量向上突破阻力位，买点出现。此时投资者可以买入该股。

如图5—21所示，2012年3月至5月，金种子酒（600199）日K线上出现矩形整理形态。在多个交易日内，股价一直在一个矩形区域内运行。2012年5月22日，股价放量向上突破阻力位，买点出现。此时投资者可以买入该股。

看趋势走向选股 / 第5章

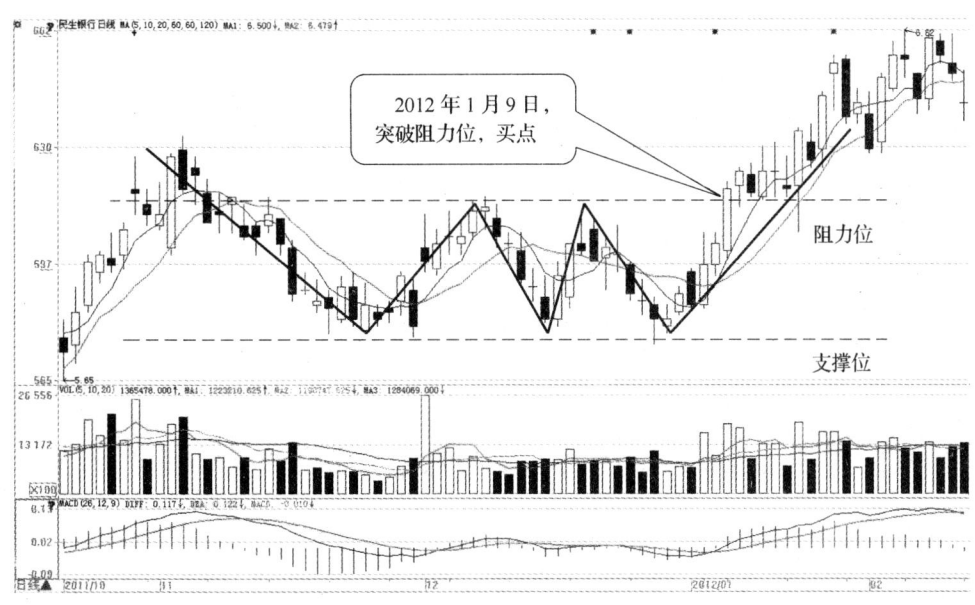

图 5—20 民生银行日 K 线

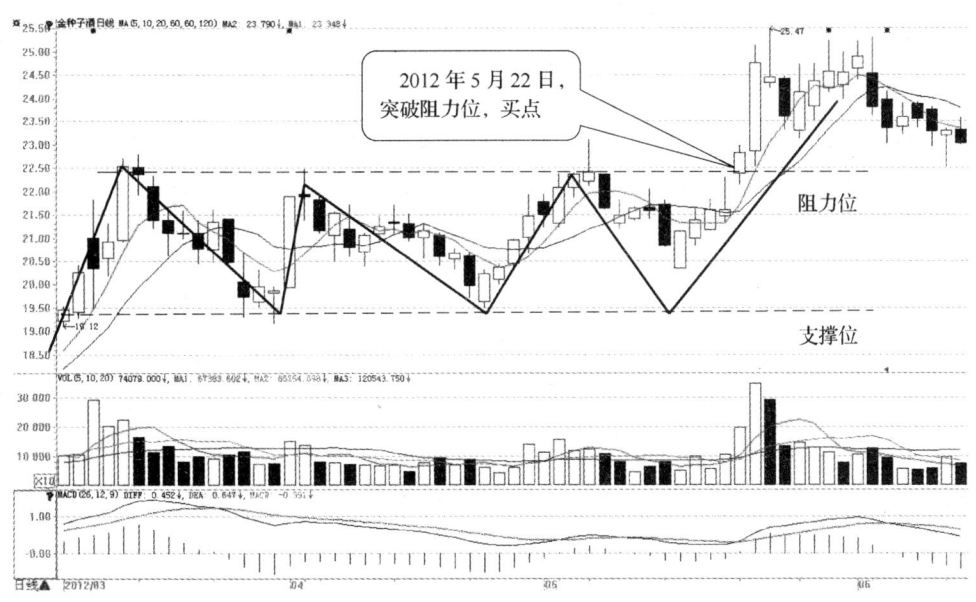

图 5—21 金种子酒日 K 线

如图 5—22 所示，2011 年 8 月至 11 月，平高电气（600312）日 K 线上出现矩形整理形态。在多个交易日内，股价一直在一个矩形区域内运行。2011 年 11 月 3 日，股价放量向上突破阻力位，买点出现。此时投资者可以买入该股。

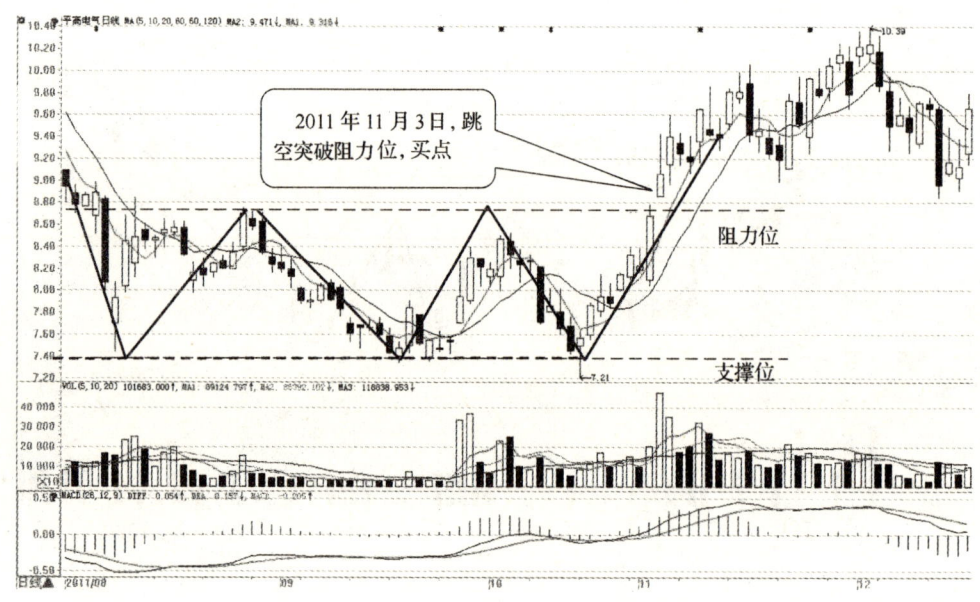

图 5—22　平高电气日 K 线

5.2.2　下降楔形整理形态

下降楔形通常出现在股价大幅上涨后的震荡回调过程中。在反复震荡下跌过程中，股价上方阻力线和下方支撑线均为向下倾斜的直线，但支撑线要比阻力线平缓，如图 5—23 所示。

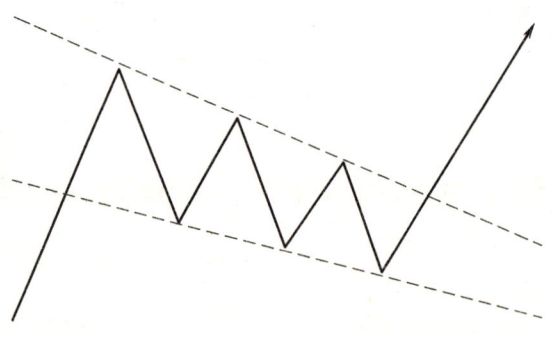

图 5—23　下降楔形

下降楔形中，上方阻力线比较陡峭，而下方的支撑线比较平缓，说明支撑力度比阻力略强。这个形态表明，造成股价下跌的抛盘多是来自上升行情中的获利回吐，股价下跌属于正常回调的概率大。经过震荡整理后，股价继续上涨的可能性较大。

下降楔形的操作要点如下：

1. 下降楔形是股价上涨一段时间后的获利回吐行情。下降楔形形态确立，持股的投资者不必急于卖出股票，可以继续观望。

2. 当股价向上突破阻力线时，形成买入信号，投资者可以买入股票。

3. 若股价下跌跌破支撑线，则形态失效，投资者应及时卖出股票。

如图5—24所示，2012年3月至6月，网宿科技（300017）的股价不断震荡，在其日K线图上出现下降楔形形态。6月13日，股价突破上方阻力线，发出买入信号。此时投资者可以积极买进股票。

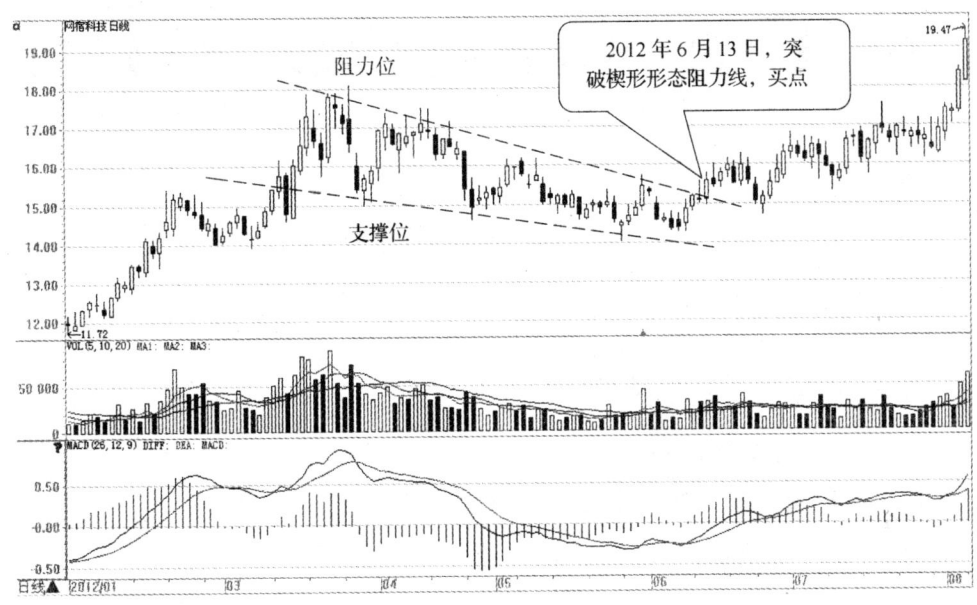

图5—24 网宿科技日K线

如图5—25所示，2012年5月至6月，凯乐科技（600260）的股价不断震荡，在其日K线图上出现下降楔形形态。2012年6月29日，股价突破上方阻力线，发出买入信号。此时投资者可以积极买进股票。

5.2.3 上升旗形整理形态

上升旗形形态在股价遇到阻力回调的时候出现。在回调过程中，股价不断波动。如果投资者将每次波动的高点和低点分别用直线连接起来，可以发现这两根直线向下倾斜且基本平行，如图5—26所示。

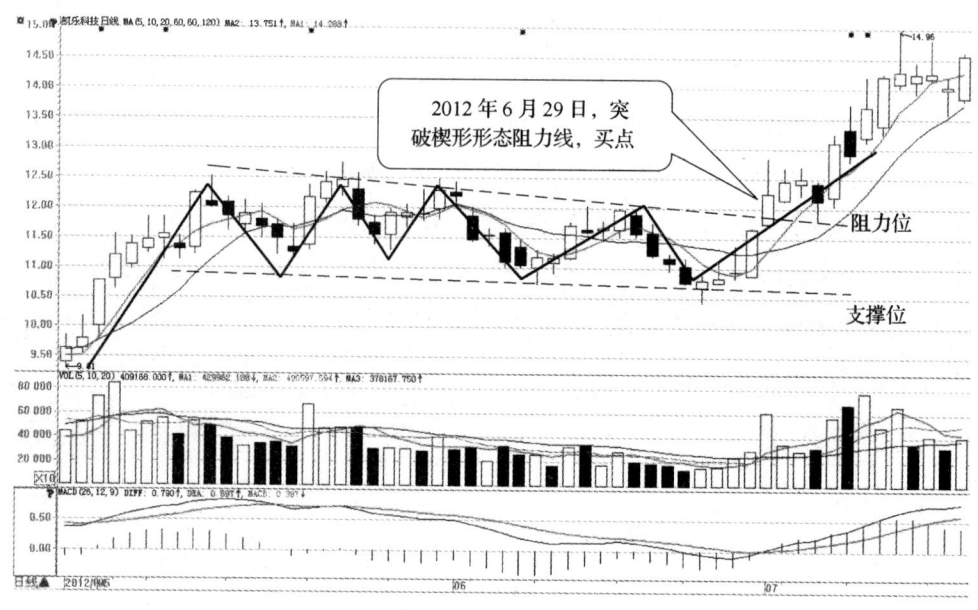

图 5—25 凯乐科技日 K 线

上升旗形作为股价上涨的中继形态，常被庄家用来洗盘。在股价上涨一段时间后，会积累一定量的获利筹码。为了继续拉升股价时不遇到太大阻力，庄家有时会制造这样一个类似下降通道的旗形，使投资者看空后市。当投资者卖出股票后，庄家将继续向上拉升股价。

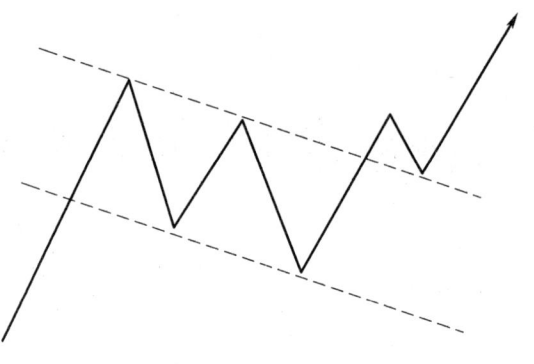

图 5—26 上升旗形

上升旗形形态的操作要点如下：

1. 上升旗形是上涨趋势将会持续的信号。当看到上升旗形时，持股的投资者不必急于卖出，可以继续观望。

2. 股价向上突破旗形上边界，表明整理结束，股价展开上涨行情的概率大，为买入信号。

如图 5—27 所示，2012 年 4 月至 5 月，汤臣倍健（300146）日 K 线图上出现上升旗形形态。在反复震荡过程中，股价上方的压力线和下方支撑线为两条平行、且向下倾斜的直线，为旗形形态的上下边界线。2012 年 5 月 3 日，股价上涨突破了旗形的上边界，形成买入信号。此时投资者可以积极买入股票。

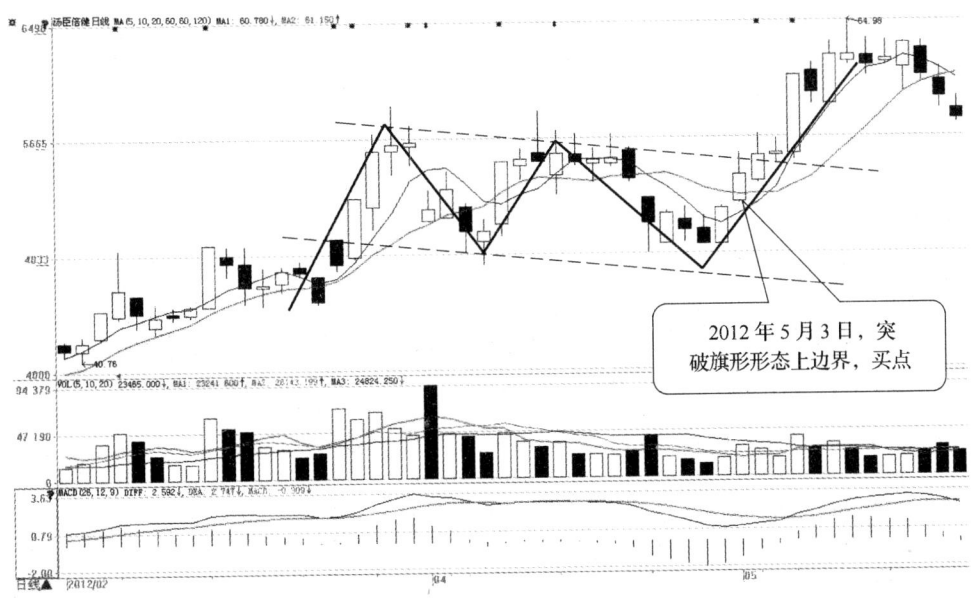

图 5—27　汤臣倍健日 K 线

如图 5—28 所示，2012 年 3 月至 4 月，长江投资（600119）日 K 线图上出现上升旗形形态。2012 年 4 月 10 日，股价放量上涨突破了旗形的上边界，形成买入信号。此时投资者可以积极买入股票。

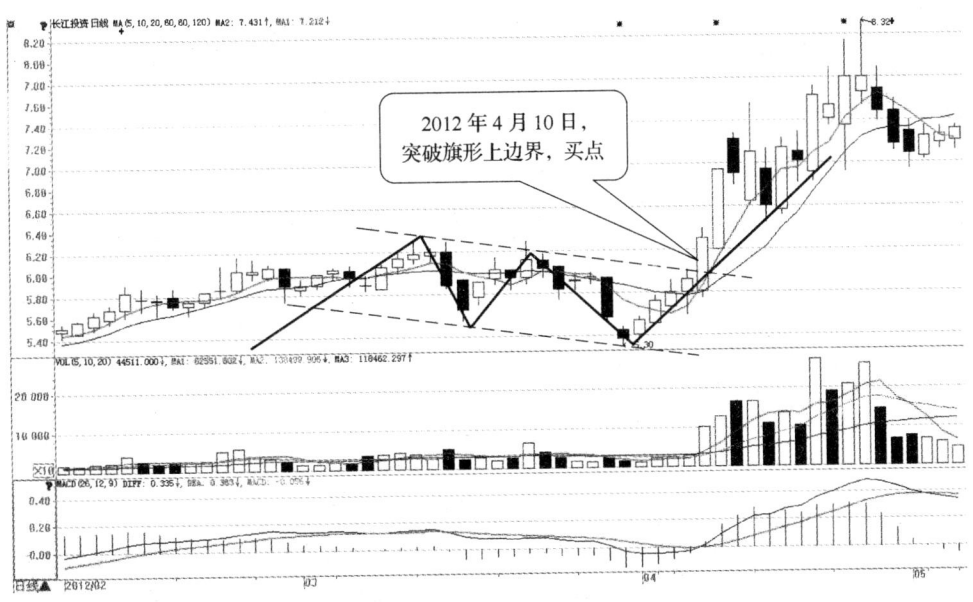

图 5—28　长江投资日 K 线

如图5—29所示，2011年11月至2012年2月，中青旅（600138）日K线图上出现上升旗形形态。2012年2月9日，股价放量上涨突破了旗形的上边界，形成买入信号。此时投资者可以积极买入股票。

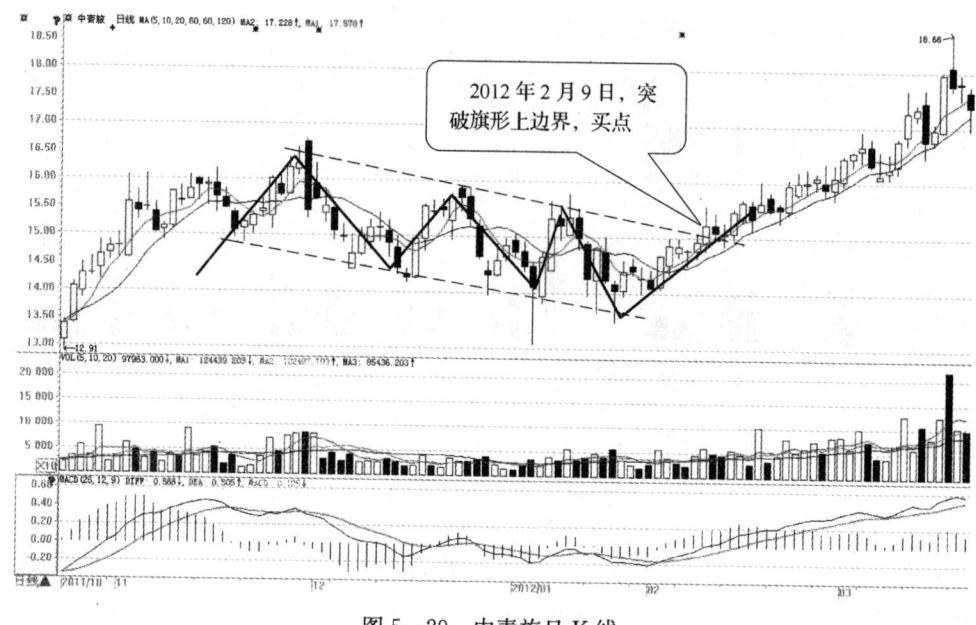

图5—29　中青旅日K线

5.2.4　三角形整理形态

三角形整理形态分为扩散三角形形态和收敛三角形形态。

扩散三角形往往出现在上涨行情尾端。股价在高位反复波动，每次上升的高点越来越高，而下跌的低点越来越低。如将高点连成直线，再将低点连成直线，即可形成一个扩散的三角形，如图5—30所示。

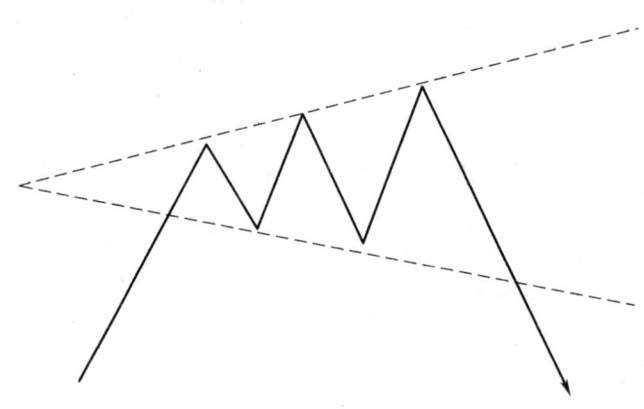

图5—30　扩散三角形

扩散三角形表示市场投机氛围较浓。当股价上升时，投资者疯狂追涨，造成高点越来越高；一旦股价有下跌迹象，投资者就盲目杀跌，使低点越来越低。最终股价的波动幅度越来越大。

扩散三角形形态的操作要点如下：

1. 扩散三角形是股价走势波动加剧的图形，其中投机气氛较浓，一旦投资者大量抛出股票，后市股价下跌的概率大。

2. 在扩散三角形中，因股价波动逐渐加大，投资者可进行短线操作，并设置好止损位。股价每次触及三角形下边界均构成短线买点，当股价上涨到三角形上边界时卖点出现。

如图5—31所示，2010年10月至12月，中科电气（300035）日K线图上出现扩散三角形形态。在反复震荡过程中，股价的高点逐渐变高，而低点逐渐变低。投资者可以在每次股价触及三角形下边界时买入该股，进行短线波段操作。而一旦股价跌破三角形下边界，形态破位，投资者则应尽快将剩余股票卖出。

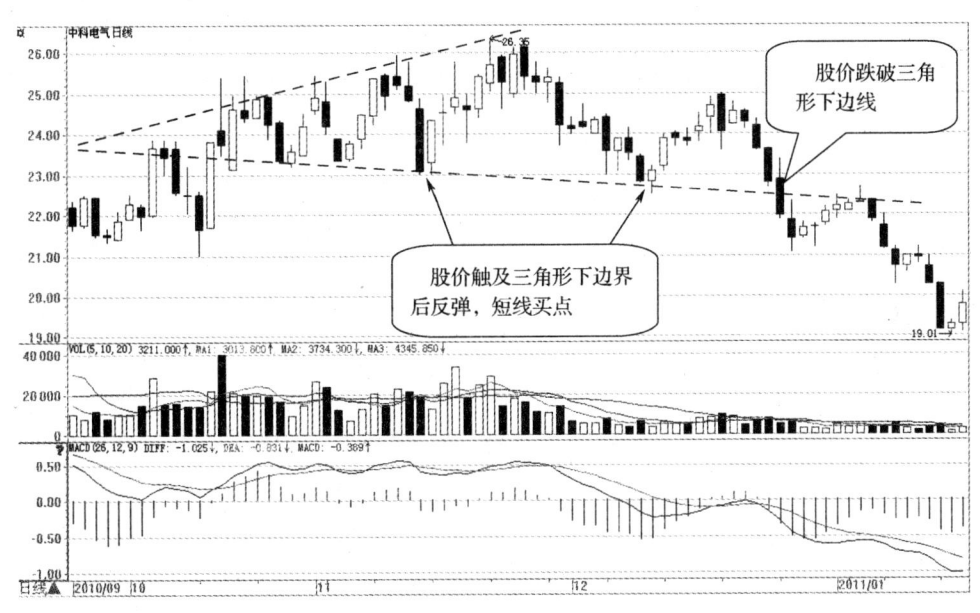

图5—31　中科电气日K线

如图5—32所示，2012年2月至3月，兴发集团（600141）日K线图上出现扩散三角形形态。发现股价形成扩散三角形的运动趋势后，投资者可以在每次股价触及下边界时买入该股，进行短线波段操作。

如图5—33所示，2012年2月至4月，东安动力（600178）日K线图上出现扩

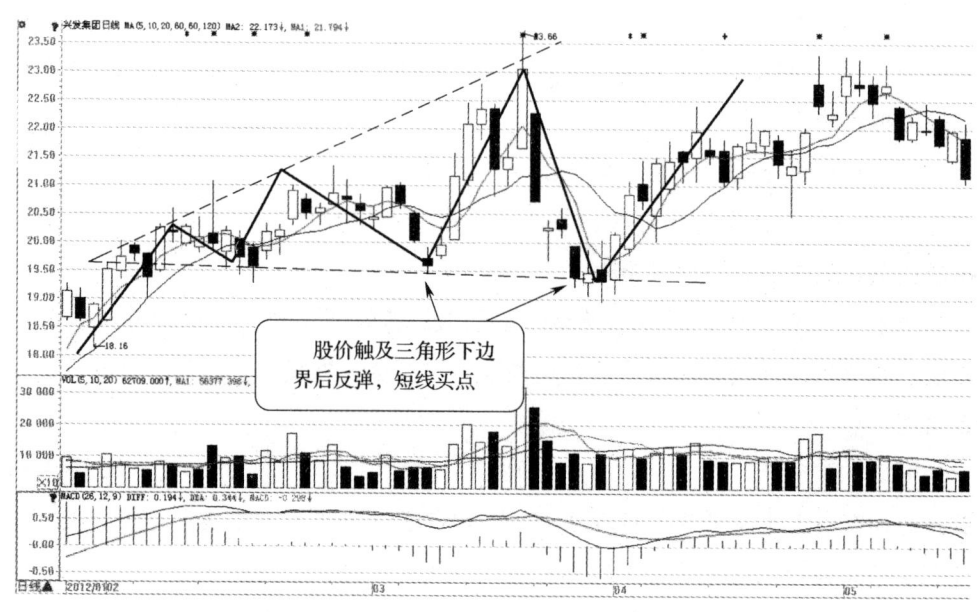

图 5—32　兴发集团日 K 线

散三角形形态。发现股价形成扩散三角形的运动趋势后，投资者可以在每次股价触及下边界时买入该股，进行短线波段操作。

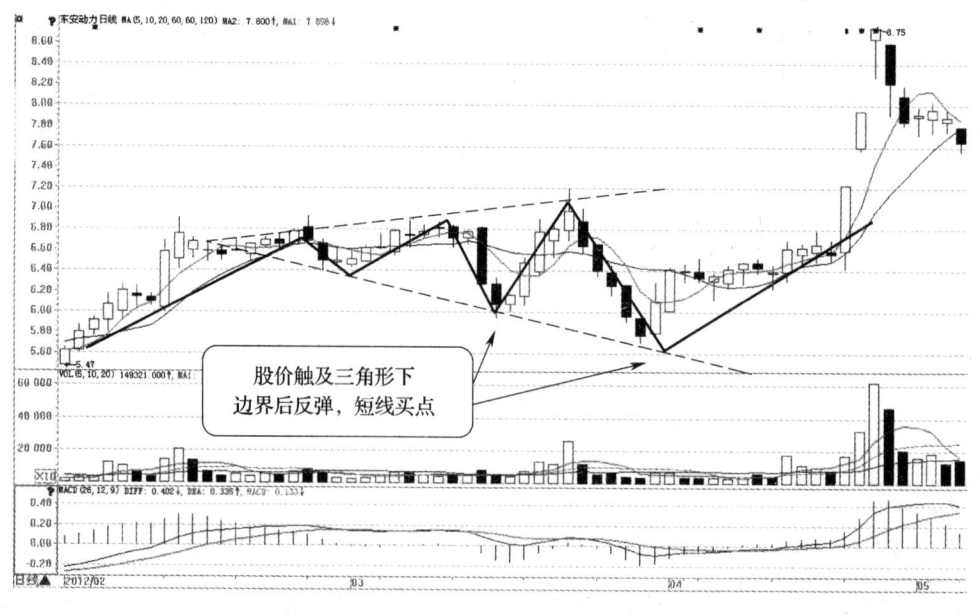

图 5—33　东安动力日 K 线

收敛三角形是上边向下倾斜，下边向上倾斜，敞口不断收敛的三角形形态。收敛三角形可能出现在任何行情中。股价在反复波动过程中,每次波动的高点逐渐降低,而低点逐渐升高。如果将这些高点和低点分别用直线连接起来,就形成一个收敛三角形形状,如图5—34所示。

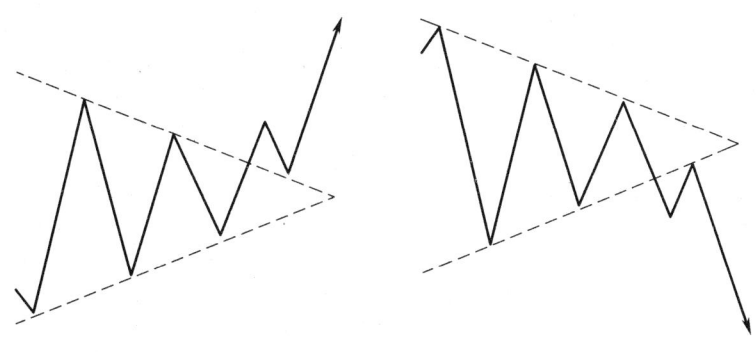

图5—34 收敛三角形

收敛三角形表示多空双方进入僵持阶段。在股价震荡的过程中,成交量通常会持续萎缩。此时只要一方能有新力量进入,股价就将突破三角形边线,进入持续的上涨或下跌行情。

收敛三角形形态的操作要点如下:

1. 收敛三角形形态是一种整理形态,整理结束后股价将选择方向展开单边走势。
2. 当股价选择向上突破时,为买入信号。投资者可以在股价突破三角形上边界时买入股票。

如图5—35所示,2012年3月至6月,中国玻纤(600176)日K线图上出现收敛三角形。该股在反复波动过程中,每次波动的高点逐渐降低,而低点逐渐升高。2012年6月25日,股价跌破三角形下边界,表明短期下跌趋势形成,走势转弱。

如图5—36所示,2011年1月至2月,凤竹纺织(600493)日K线图上出现收敛三角形。该股在反复波动过程中,每次波动的高点逐渐降低,而低点逐渐升高。2011年2月10日,股价放量突破三角形上边界,形成买入信号。此时投资者可以买入股票。

如图5—37所示,2009年9月至11月,华星化工(002018)日K线图上出现收敛三角形。该股每次波动的高点逐渐降低,而低点逐渐升高,将高点和低点分别连线,即得到收敛三角形的上下边界线。2009年11月3日,股价放量突破三角形上边界,形成买入信号。

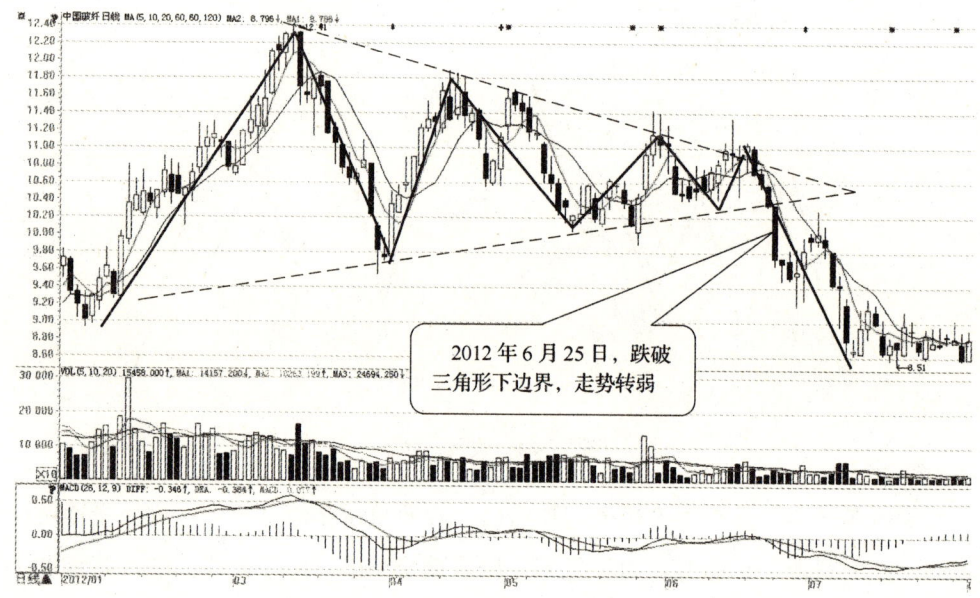

图 5—35　中国玻纤日 K 线

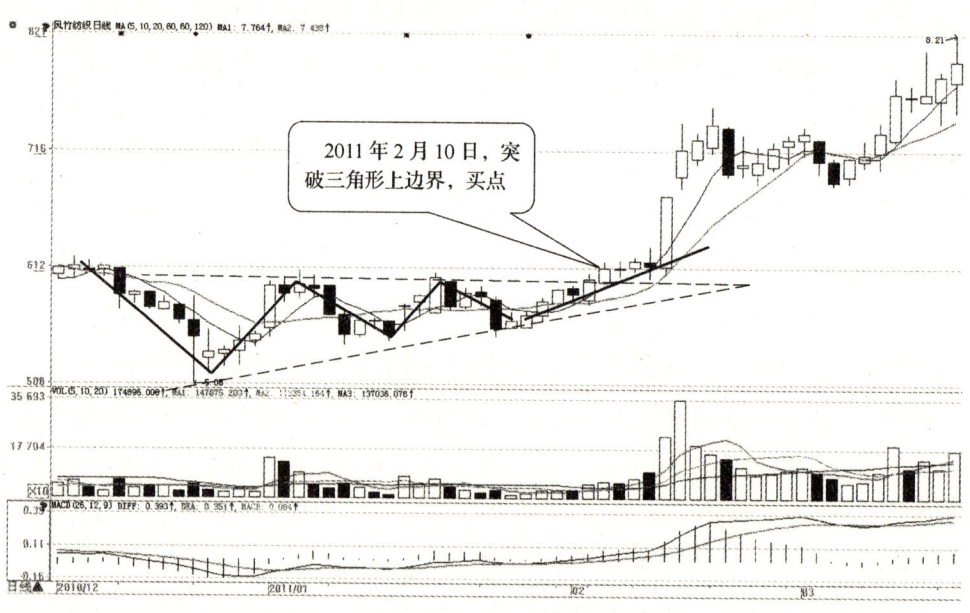

图 5—36　凤竹纺织日 K 线

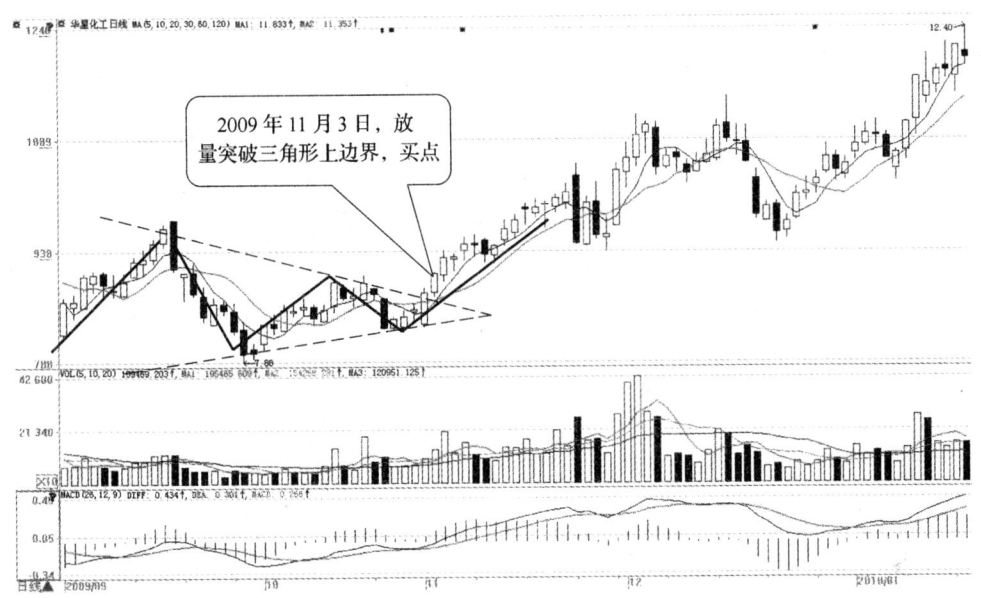

图 5—37 华星化工日 K 线

5.2.5 菱形整理形态

菱形整理形态又称钻石形态，是股价在一个菱形区域内持续整理的形态。菱形整理形态一般出现在一段上涨行情后，是一个扩散三角形后紧跟一个收敛三角形的形态，如图 5—38 所示。

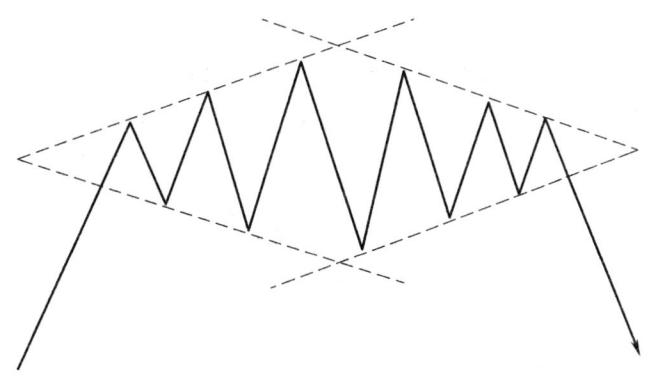

图 5—38 菱形整理

在菱形整理形态中，第一阶段，投资者的炒作心理越来越重，股价波动幅度加大。股价在加速波动的同时，市场风险越来越大。第二阶段，当风险积累到一定程度时，越来越多的投资者抛出筹码，转向观望。市场交投由活跃逐渐转向萎缩，股价波动幅度也越来越小。此后，个股交易极度萎缩，股价多数会在跌破边界后持续下跌。

菱形整理形态的操作要点如下：

1. 菱形整理表示市场交易清淡，往往是股价见顶下跌的信号。
2. 在菱形整理形态左侧的扩散三角形区域内，投资者可以尝试进行波段操作。
3. 当股价运行到菱形右侧时，波动逐渐减小，投资者则应尽量避免持股，规避风险。

如图5—39所示，2011年5月至11月，黄山旅游（600054）日K线图上出现菱形整理形态。在多个交易日内，股价的波动幅度先是逐渐变大，形成扩散三角形。随后股价波动幅度逐渐变小，形成收敛三角形。这两个三角形组成了菱形整理形态。投资者可在初期的扩散三角形内尝试进行波段操作。

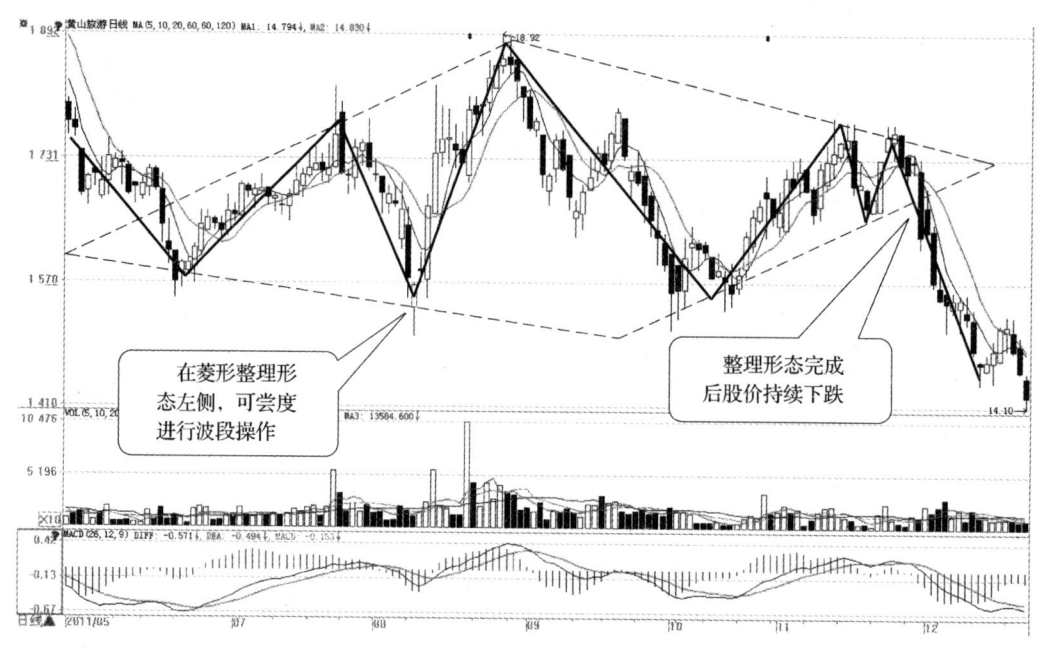

图5—39　黄山旅游日K线

第 6 章

看技术指标选股

6.1 均线指标选股

6.1.1 均线构成支撑

均线，即移动平均线，简称 MA，是将一段时间内股票的平均收盘价格连成的曲线。炒股软件中默认的均线有 5 日均线、10 日均线、20 日均线、60 日均线、120 日均线等，投资者也可以自定义均线的统计周期，如设置出 50 日均线等。在炒股软件中，均线指标附着在股票的 K 线图上，如图 6—1 所示。

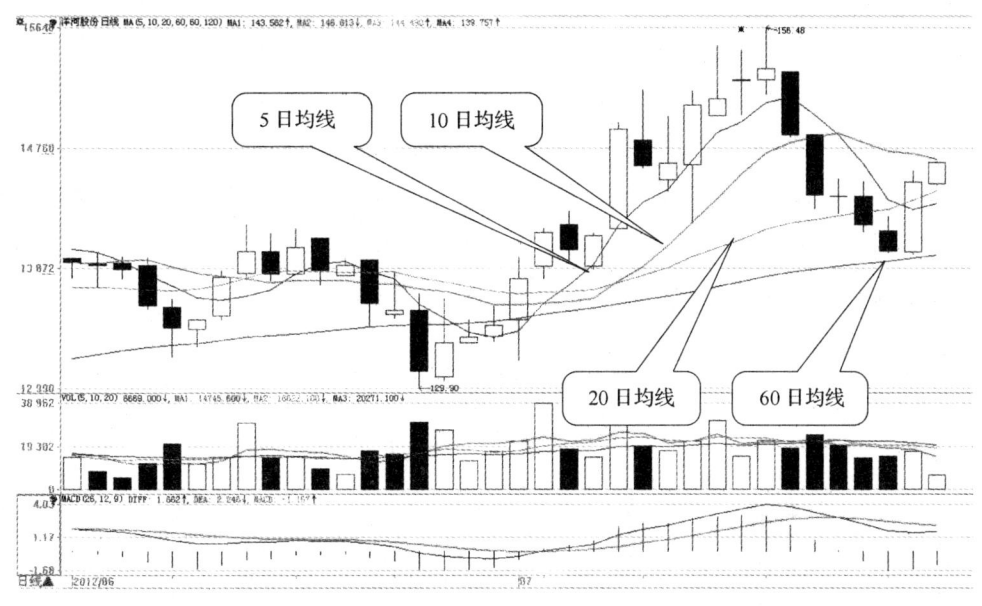

图 6—1　均线指标

均线的支撑包括两种情况，即均线对股价的支撑和中长期均线对短期均线的支撑。

1. 均线对股价的支撑

在上涨走势中，股价在均线上方运行，若股价回调到均线附近后止跌回升，表明均线对股价支撑有效，是买入时机。60 日均线是股价中期走势的代表，因而投资者可用 60 日均线作为参照标的。

如图 6—2 所示，2012 年 1 月 9 日，宇通客车（600066）的股价回调到 60 日均线附近得到支撑,买点出现。此后股价放量上涨,延续了上涨走势。投资者可以在该股股价获得60日均线支撑后积极买入。

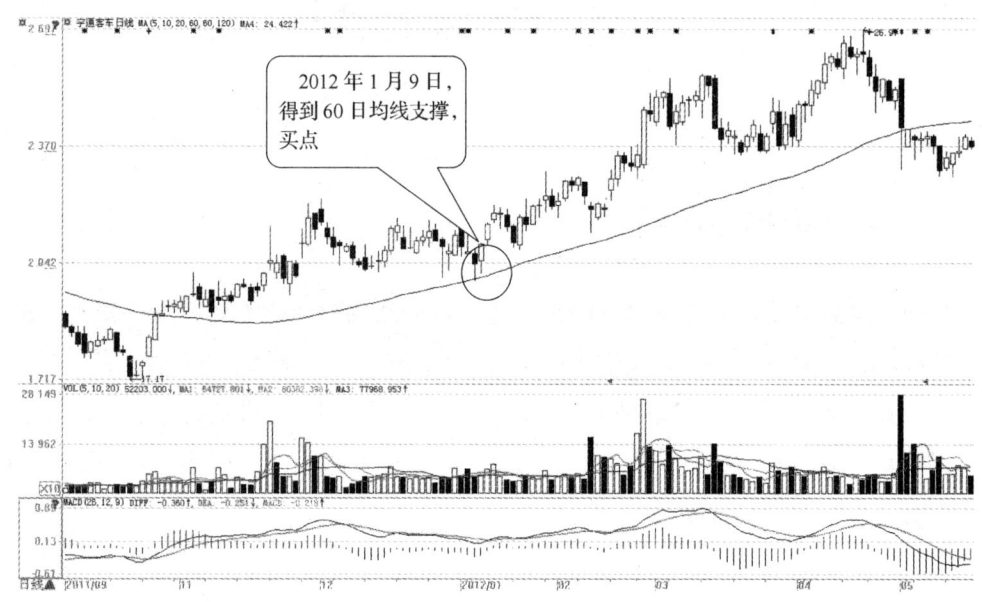

图6—2 宇通客车日K线

如图6—3所示,2012年3月,沙河股份(000014)以连续涨停的方式强势上涨后走出回调,股价回调到60日均线附近连续3次得到了强力支撑,发出买入信号。此后股价再次得到强势拉升。投资者可以在3次支撑发生时买入持股。

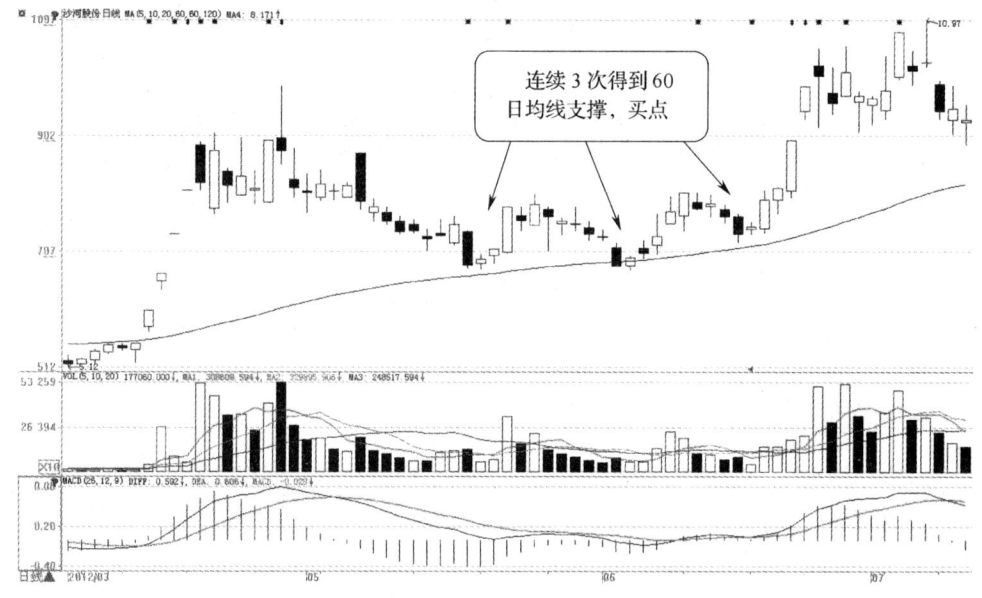

图6—3 沙河股份日K线

2. 中长期均线对短期均线的支撑

在上涨走势中，短期均线和中长期均线走势不同，若短期均线向下接触中长期均线后得到支撑（不跌破长期均线），则构成买入时机。

如图6—4所示，2012年6月20日，沙河股份（000014）的5日均线回调到10日均线附近并得到支撑，发出买入信号。此后该股连续放量上涨并走出了涨停。投资者可以在5日均线得到支撑时买入该股。

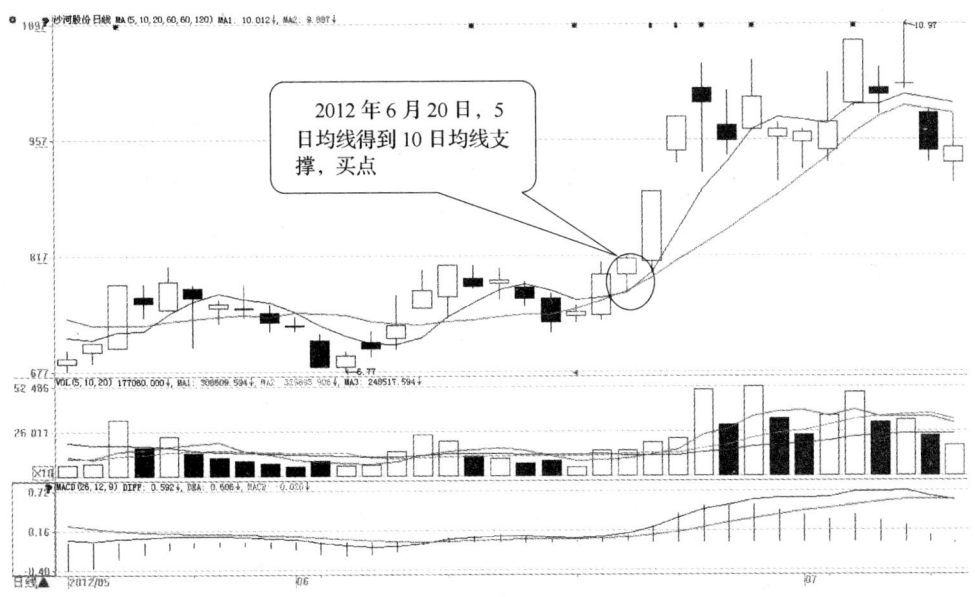

图6—4 沙河股份日K线

如图6—5所示，2012年1月9日，三一重工（600031）的5日均线回调到10日均线处后，股价放量上涨，表明5日均线得到强力支撑，发出买入信号。此时投资者可以果断买入，持股待涨。

6.1.2 均线的突破

当股价在均线之下运行，然后向上突破均线时，表明市场已经由空头走势转为多头走势，接下来有较大可能出现一波上涨走势。股价上穿均线形成买入信号。

有时股价突破均线后，会小幅回落，当回落到均线附近时会得到均线的支撑作用后再次向上。这个过程被称为回抽，是对之前突破的确认。股价回抽也是买入时机。

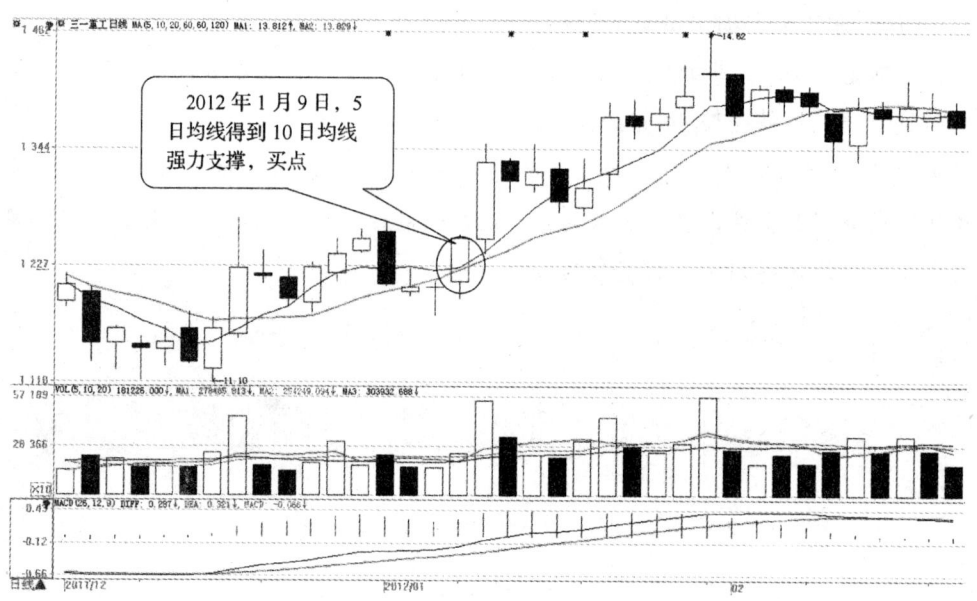

图 6—5 三一重工日 K 线

如图 6—6 所示，2012 年 2 月 24 日，巨龙管业（002619）的股价向上突破 60 日均线。这表明市场已经转为多头走势，股价上穿均线是对上涨走势的确认，买点出现。此时投资者可以积极买入股票。

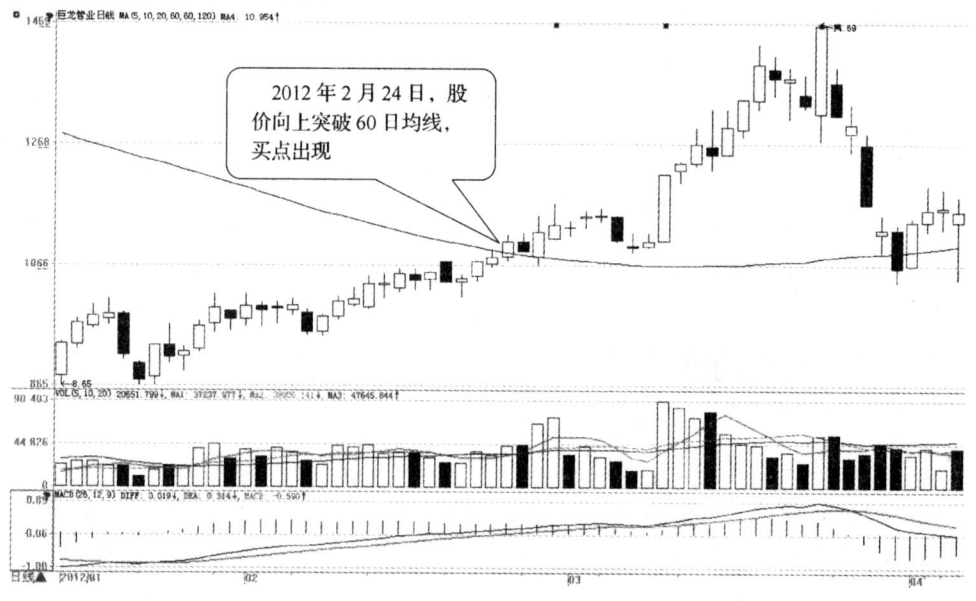

图 6—6 巨龙管业日 K 线

如图6—7所示，2012年4月16日，经过前期下跌的恒瑞医药（600276）的股价向上突破60日均线，表明市场已经由空头走势转为多头走势，买点出现。此后，股价回调2次均得到了30日均线的支撑，这是对上涨走势的确认。投资者可于突破当日积极买入股票。

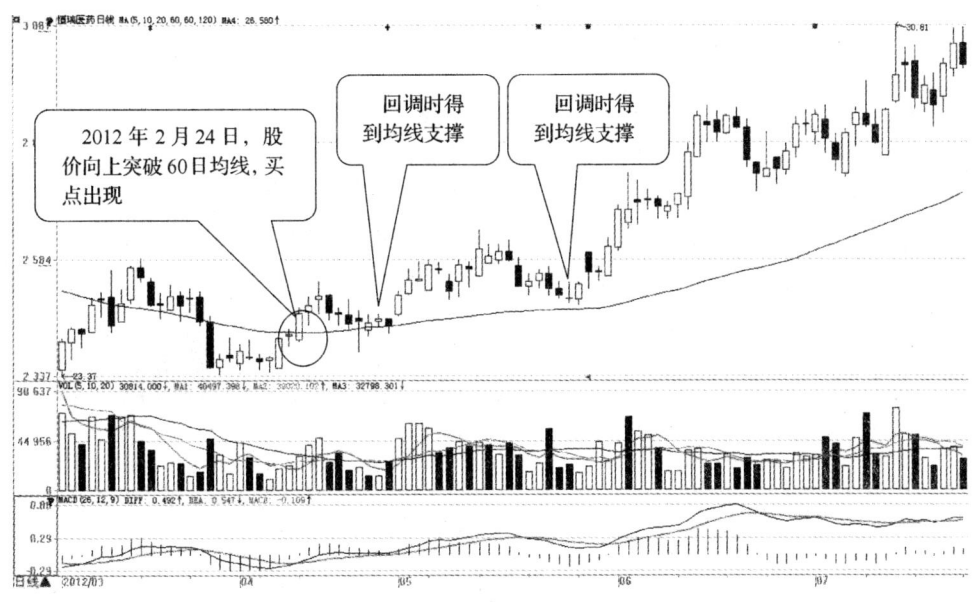

图6—7　恒瑞医药日K线

6.1.3　均线黄金交叉

短期均线向上穿越中长期均线，即形成均线的黄金交叉。通常用到的两条均线是5日与10日均线，投资者也可以根据自身操作股票的周期不同，选择不同均线作为参照标准。均线的黄金交叉表明股价短期走势转强，接下来有可能出现一波上涨走势，是看涨信号。

如图6—8所示，2012年4月12日，工大高新（600701）的5日均线向上击穿10日均线，形成黄金交叉。此信号表明市场多头开始发动攻击，短期股价走势变强，是买入信号。投资者可以在均线黄金交叉形成后积极买入持股。

如图6—9所示，2012年4月11日，民生银行（600016）的5日均线向上突破10日均线，形成均线的黄金交叉。这表明市场已经由空头走势转为多头走势，买点出现。此时投资者可以积极买入。

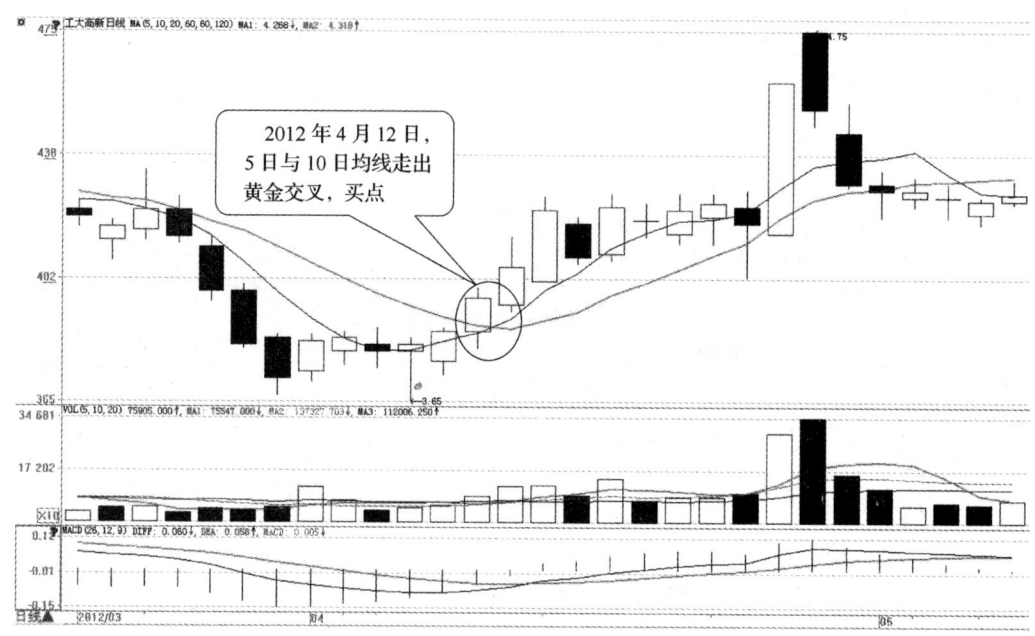

图 6—8 工大高新日 K 线

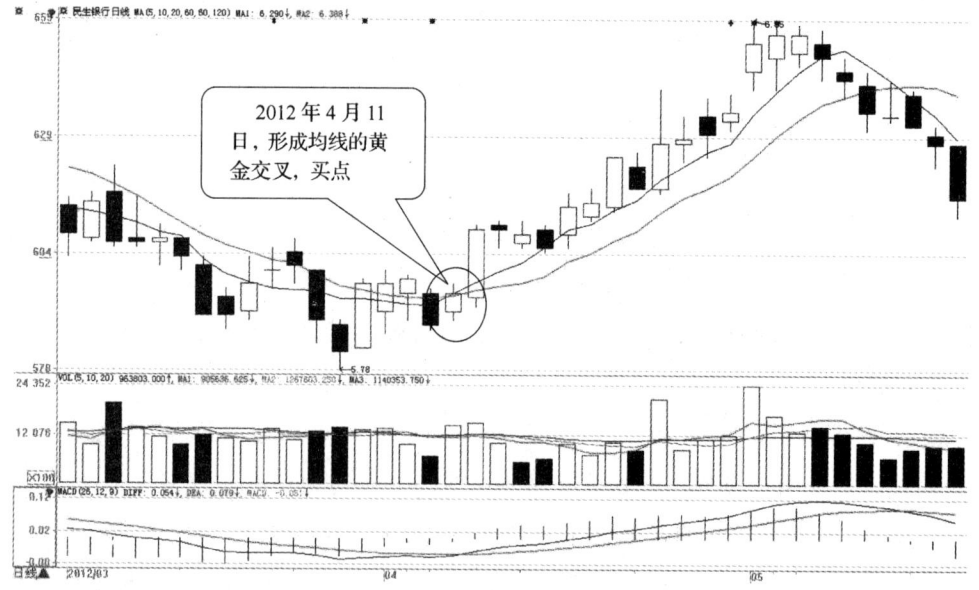

图 6—9 民生银行日 K 线

6.1.4 均线多头排列

均线多头排列是指，多条均线并排排列，且自上而下均线周期逐渐变大。这个形态表明市场上涨动能充足，股价正处于上涨走势中，如图6—10所示。

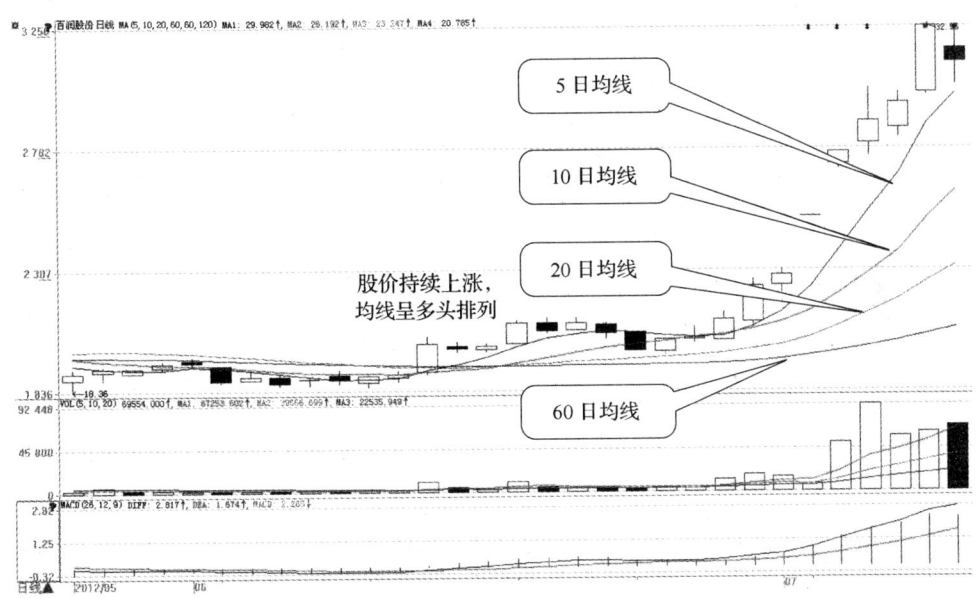

图6—10 均线多头排列

当短期均线向上突破中长期均线，形成多头排列时，表明市场上涨趋势已经形成。有时候，短期均线经过短暂上涨后可能小幅回落，回落到中长期均线附近得到支撑后再次向上。只要不跌破长期均线，这并不影响股价的上涨走势。

如图6—11所示，2012年3月1日，爱康科技（002601）的20日均线向上突破60日均线。至此四条均线形成了多头排列。这个形态表明市场上涨之势已经形成。此时投资者可以积极买入。之后股价走出了一波上涨走势。

如图6—12所示，2012年2月9日，精达股份（600577）的5日均线、10日均线、20日均线和60日均线形成了多头排列。这表明市场上涨趋势已经形成，是买入信号。此时投资者可以积极买入持股。

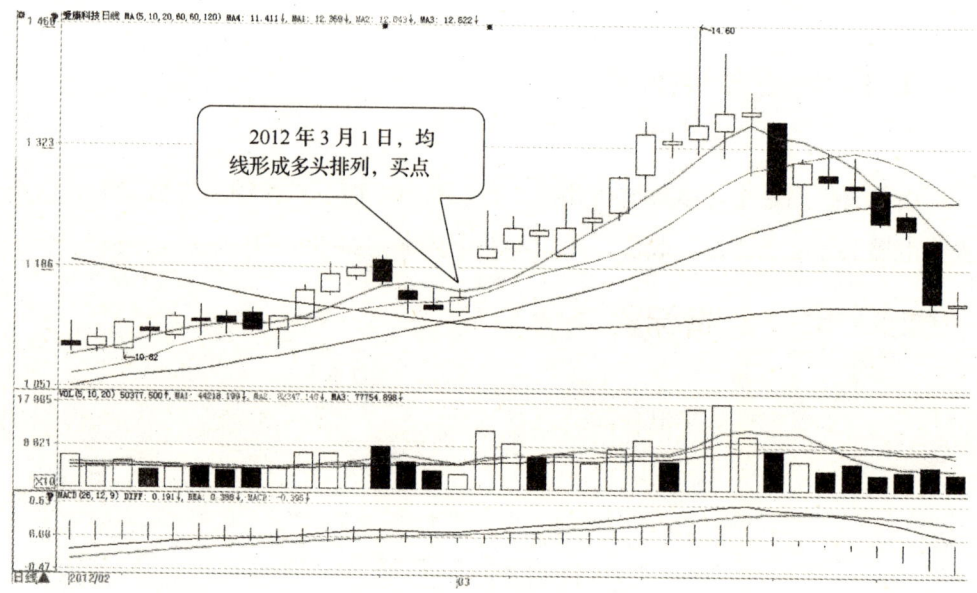

图 6—11 爱康科技日 K 线

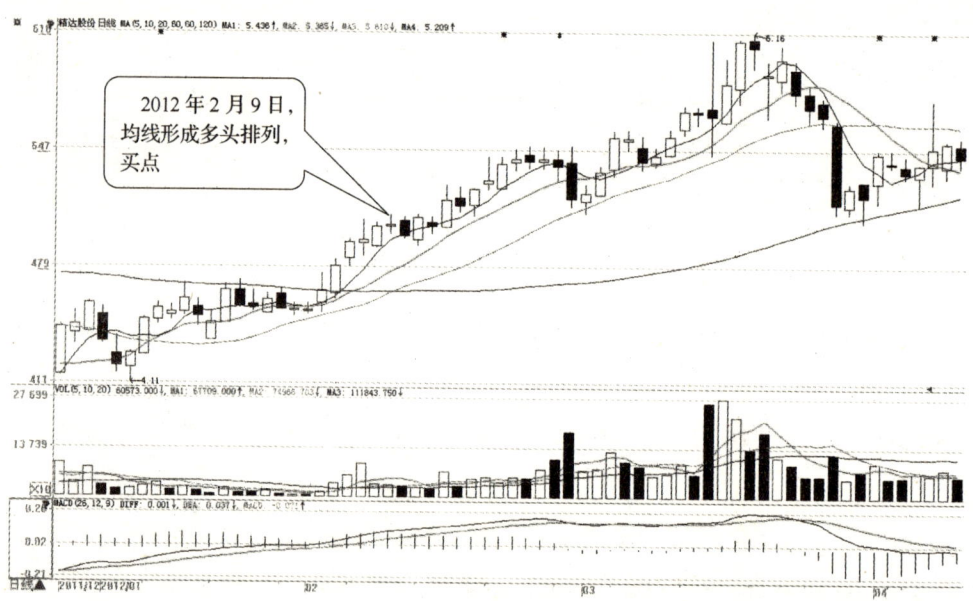

图 6—12 精达股份日 K 线

6.2 MACD 指标选股

6.2.1 MACD 指标黄金交叉

MACD 指标,即指数平滑异同移动平均线指标,是投资者最常使用的技术指标之一。它由 DIFF 线、DEA 线以及 MACD 柱线组成,通过这三条线的背离、交叉等多种方式,对股价走势进行研判。MACD 指标如图 6—13 所示。

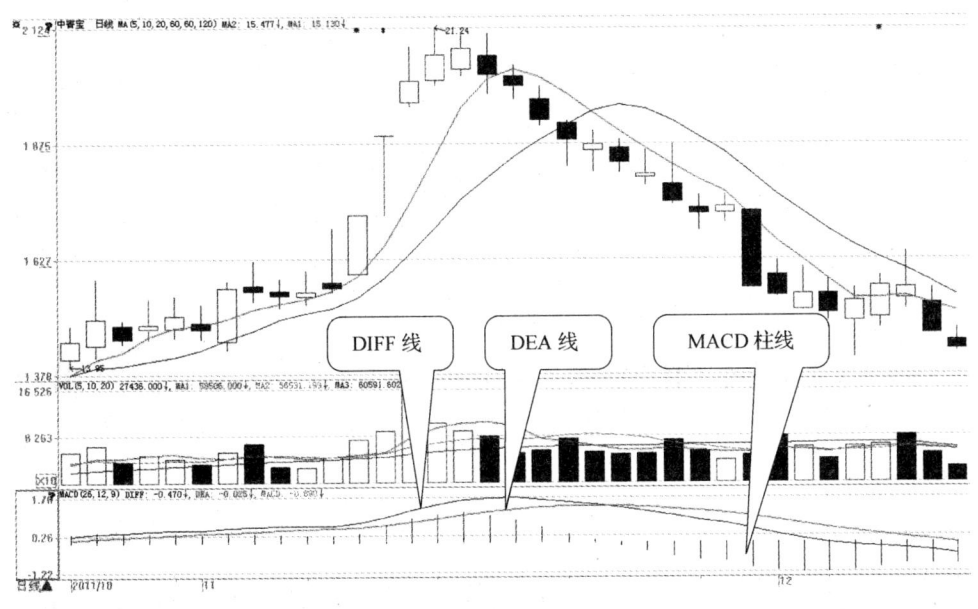

图 6—13 MACD 指标

MACD 指标的默认参数为 12、26、9。其中,DIFF 线是 12 日平滑均线和 26 日平滑均线的差值形成的,DEA 线是 DIFF 的 9 日移动平均线,MACD 柱线是 DIFF 线和 DEA 线差值的两倍。

MACD 指标的黄金交叉(以下简称金叉),是指 DIFF 线自下而上突破 DEA 线的情形。它表示市场上涨动能已经由弱转强。股价接下来有较大可能出现一波上涨走势,为买入信号。MACD 指标金叉的位置对买入信号的强度有较大的影响。按照金叉与零轴的位置关系，可以将金叉的位置分为三类，即低位金叉、零轴附近金叉和高位金叉。

1. 低位金叉

DIFF线与DEA线的金叉如果出现在零轴下方，并且远离零轴，就被称为低位金叉。DIFF线和DEA线出现在零轴下方较远的位置，说明此前股价正处于下跌趋势中。此时的金叉，仅可被视为下跌趋势中的一次短期反弹，需谨慎操作。

如图6—14所示，2011年9月至12月，ST新材（600299）的股价持续下跌。该股MACD指标出现了两次低位金叉。指标金叉后，股价只出现了小幅上涨，很快就延续原下跌趋势，因此低位金叉不构成买入条件。

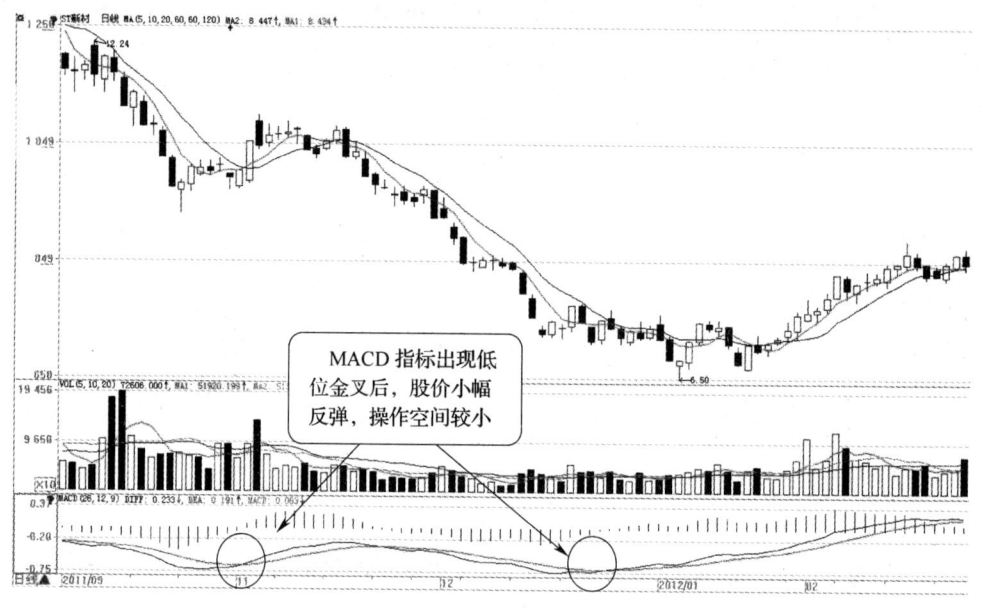

图6—14　ST新材日K线

如图6—15所示，2011年10月31日，迪威视讯（300167）的MACD指标出现低位金叉。金叉出现时，该股正走出超跌反弹的走势。反弹结束后，该股继续进入下跌走势中。该低位金叉的操作空间较小，投资者应谨慎对待。

2. 零轴附近金叉

如果DIFF线与DEA线的金叉出现在零轴附近，那么此时往往是较佳的买入时机。零轴附近的金叉往往出现在一段下跌行情尾端或者一段整理行情之后。这个位置的金叉预示着弱势行情结束，新一轮上涨即将开始。此时如果还伴随着成交量的放大，即股价上涨得到成交量的支持，则买入信号将更加可靠。

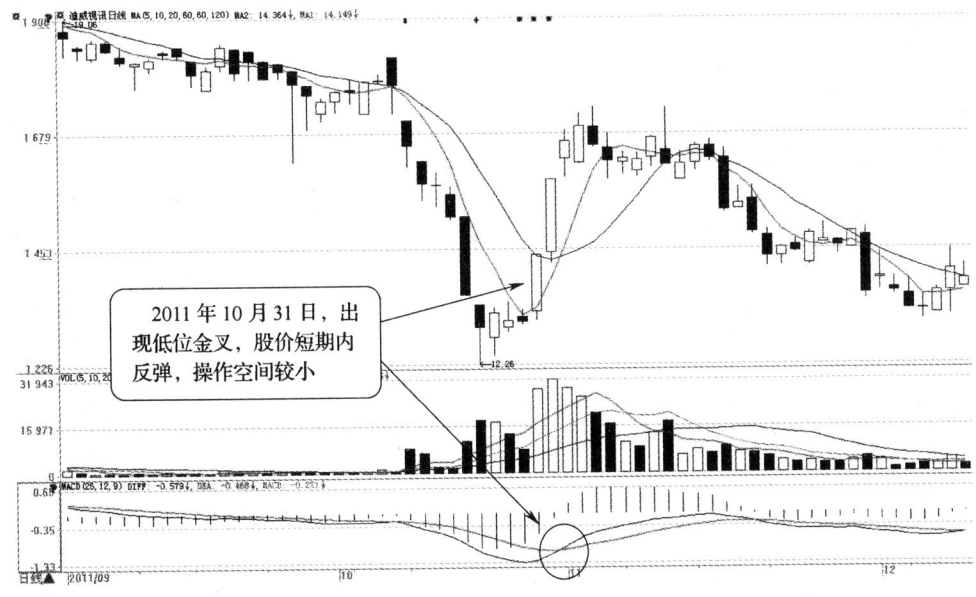

图6—15 迪威视讯日K线

如图6—16所示，2012年4月10日，罗牛山（000735）MACD指标中的DIFF线向上突破DEA线形成一个零轴附近的金叉。零轴金叉表明该股整理结束，将有进行拉升的可能性，形成买点。投资者可以在零轴金叉出现时积极买入股票。

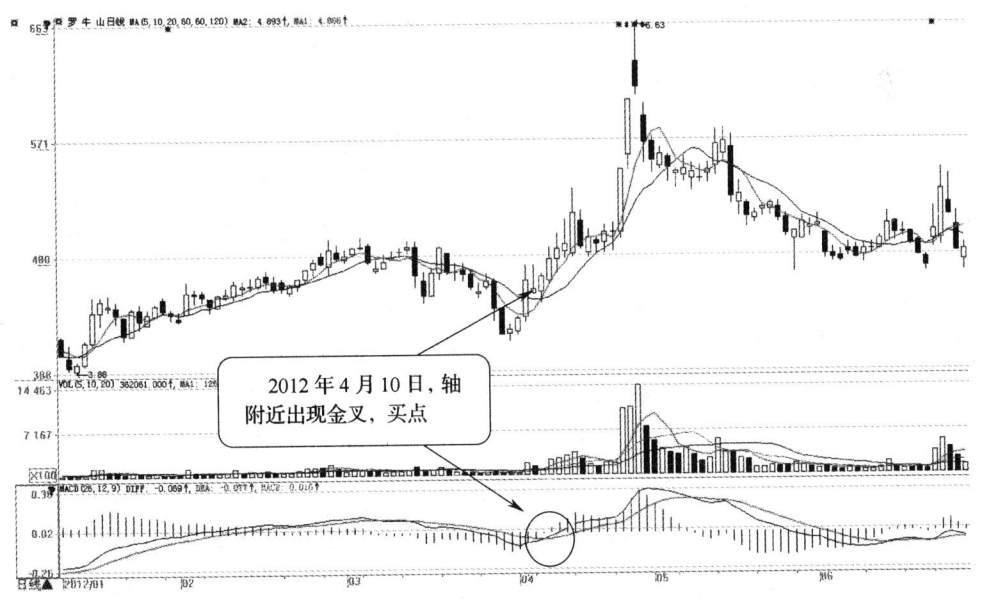

图6—16 罗牛山日K线

如图 6—17 所示，2011 年 6 月 28 日，经过一段回调整理行情的新界泵业（002532）DIFF 线向上突破 DEA 线形成金叉。这个金叉位于零轴附近，它表明市场调整阶段已经结束，接下来股价有较大可能出现一波上涨走势，为买入信号。此时投资者可以积极买入股票。

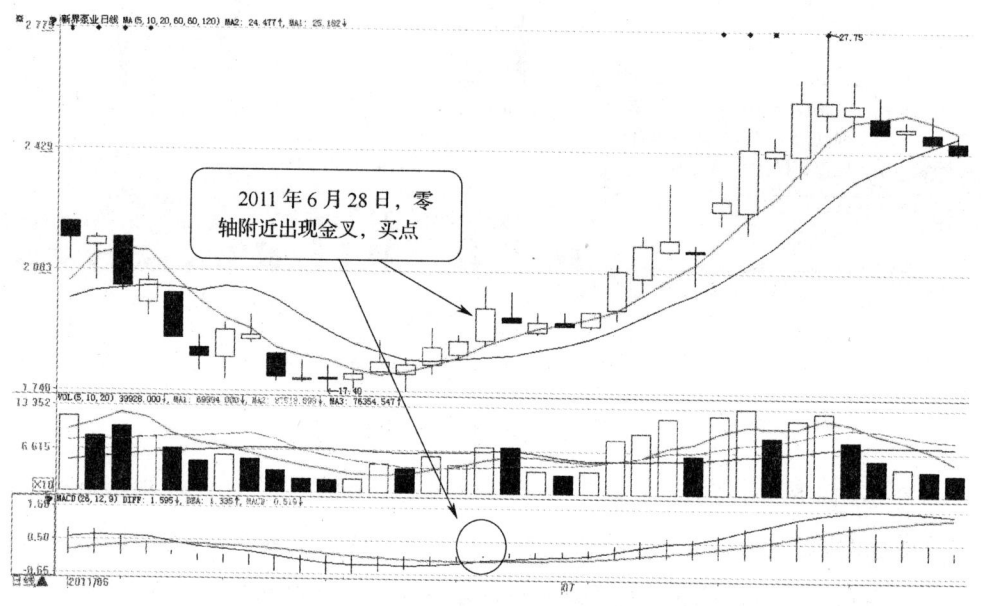

图 6—17　新界泵业日 K 线

3. 高位金叉

DIFF 线与 DEA 线的金叉如果出现在零轴上方，并且远离零轴，这个金叉就称为高位金叉。高位金叉一般出现在股价上涨一段时间后的小幅回调时。它表明股价接下来延续原上涨走势的概率大，为买入信号。

如图 6—18 所示，2010 年 11 月 2 日，永安林业（000663）的 DIFF 线向上突破 DEA 线形成高位金叉，同时伴随着成交量的放大，股价强势上涨走出涨停。这表明市场上涨动能很强，股价调整后将走出新的一波拉升，为买入信号。

如图 6—19 所示，2011 年 1 月至 5 月，ST 东盛（600771）一直处于上涨趋势中。2011 年 3 月 20 日，该股 MACD 指标出现高位金叉，同时伴随着成交量的放大。它表明市场上涨动能很强，小幅回调后股价再次强势上涨，形成买入条件。投资者可以在高位金叉出现时积极买入。

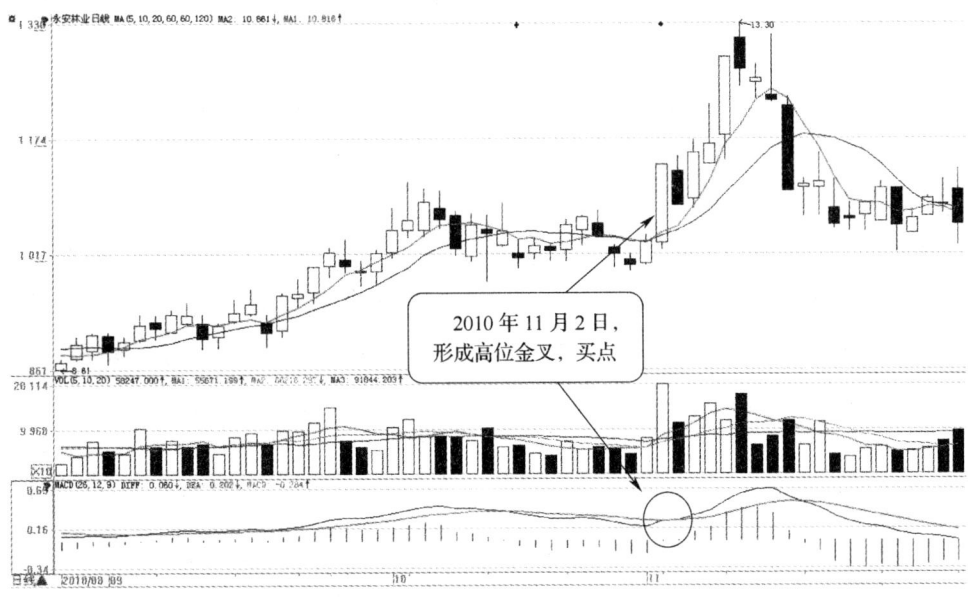

图 6—18 永安林业日 K 线

图 6—19 ST 东盛日 K 线

6.2.2 DIFF 线底背离

在一波下跌走势中，如果股价连创新低，而 DIFF 线却没有创新低，则 DIFF 线与股价形成底背离形态。这个形态表明市场上涨动能正在积聚，股价接下来有较大可能出现一波上涨走势，为买入信号。

如图 6—20 所示，2010 年 7 月，刚泰控股（600687）的股价创出新低，但 DIFF 线却没有创出新低，形成了 DIFF 线与股价的底背离。该形态表明上涨动能正在积聚，是看涨信号。2010 年 7 月 9 日，该股均线出现黄金交叉，买点出现。此时投资者可以买入持股。

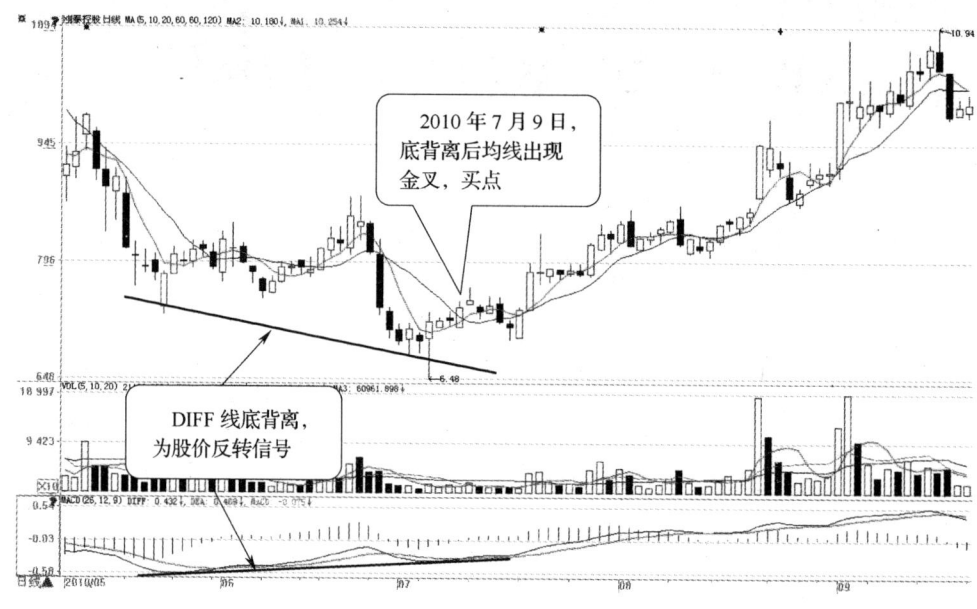

图 6—20　刚泰控股日 K 线

如图 6—21 所示，2012 年 6 月，飞利信（300287）的股价创出新低，MACD 指标出现了 DIFF 线与股价的底背离形态。该形态表明股价出现反转的概率大，为买入信号。2012 年 6 月 13 日，该股均线形成金叉，投资者要注意把握这个买点。

6.2.3 柱线底背离

柱线的底背离是指，在下跌走势中，股价连创新低，而 MACD 柱线却没有创新低的情形。它表明市场上涨动能正在积聚，接下来出现上涨走势的概率较大，为买入信号。投资者可以结合其他技术指标确立买入时机。

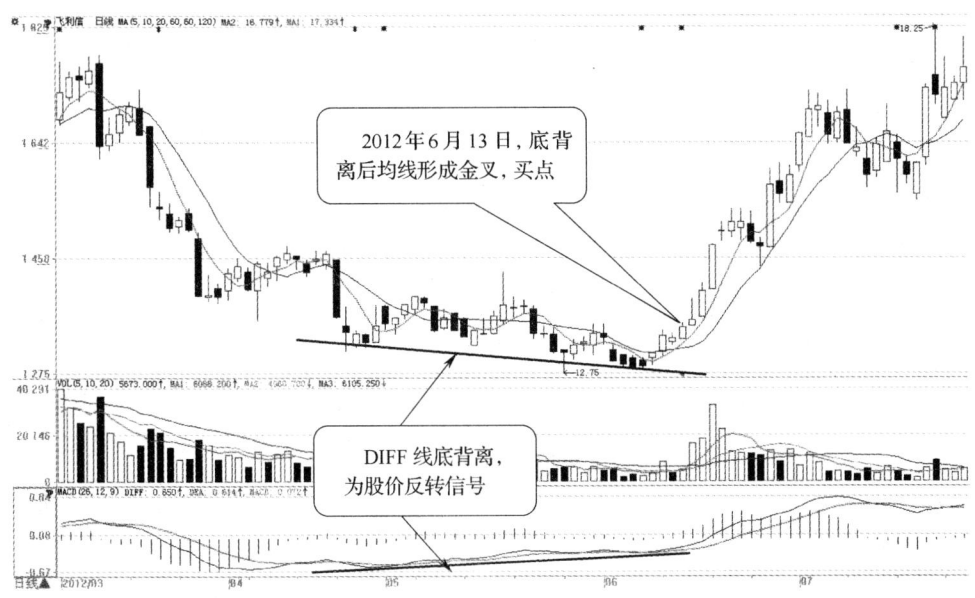

图 6—21　飞利信日 K 线

如图 6—22 所示，2011 年 2 月，华东电脑（600850）的股价创下了新低，与 MACD 柱线形成了底背离形态。这个形态表明市场上涨动能正在积聚，股价走势接下来有较大可能出现反转，是看涨信号。2011 年 2 月 1 日，该股股价放量上涨，均线形成黄金交叉，买点出现。

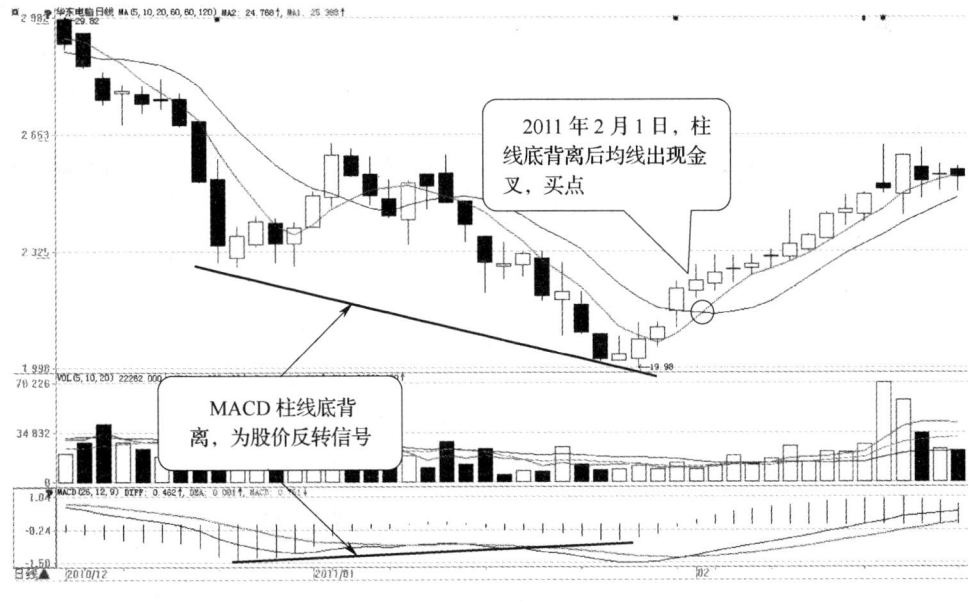

图 6—22　华东电脑日 K 线

6.2.4 DEA 线对 DIFF 线的支撑

当股价上涨动能强于下跌动能时，DIFF 线在 DEA 线之上运行。如果此时 DIFF 线向 DEA 靠拢，受到 DEA 线的支撑作用再次向上，即是 DEA 线对 DIFF 线产生了支撑。当 DIFF 线受到 DEA 线的支撑再次向上时，表明市场上涨动能再次发动，股价有较大可能走出一波上涨走势，为买入时机。

如图 6—23 所示，2012 年 5 月 28 日，中化岩土（002542）的 MACD 指标中，DIFF 线回调但没有跌破 DEA 线，受到 DEA 线的支撑作用后再次向上，同时伴随着成交量的放大。该形态表明市场上涨动能再次发动，发出买入信号。此时投资者可以积极买入。

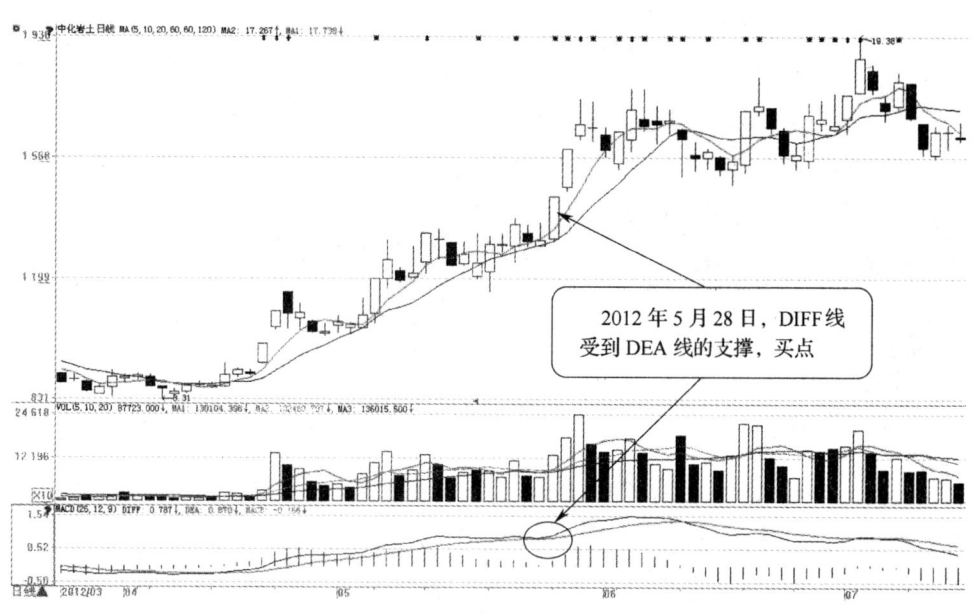

图 6—23　中化岩土日 K 线

如图 6—24 所示，2012 年 6 月 28 日，同仁堂（600085）的 MACD 指标中，DIFF 线回调得到 DEA 线支撑后再次向上。在 DIFF 线得到支撑的同时，该股股价放量上涨。该形态表明市场上涨动能再次发动，形成短线买点。此时投资者可以积极买入。

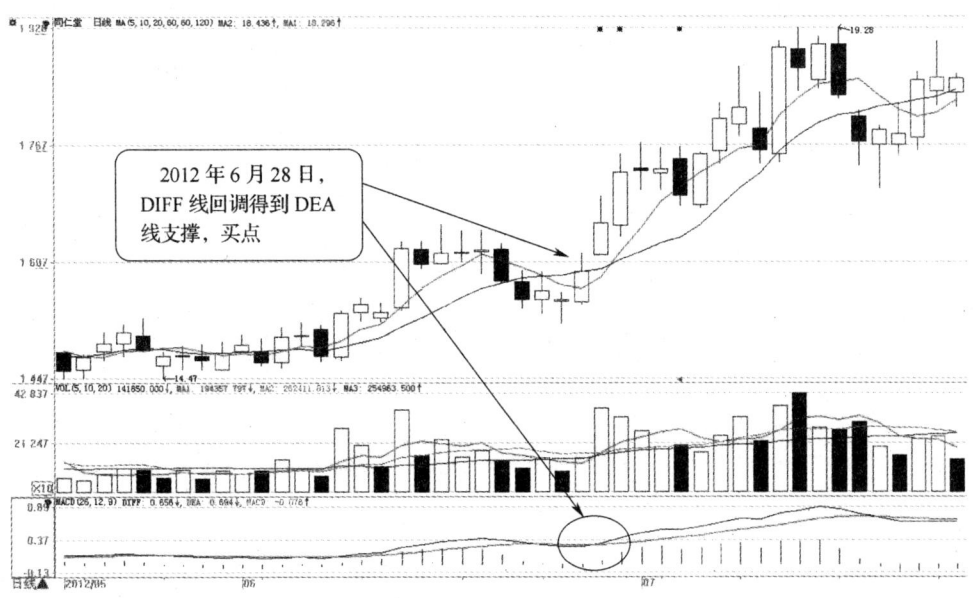

图6—24 同仁堂日K线

6.3 KDJ 指标选股

6.3.1 KDJ 指标黄金交叉

KDJ 指标，即随机指标，属于超买超卖类指标。它根据当前股价在近期股价分布中的相对位置，来评估市场的超买超卖程度，进而预测市场的走势。这一指标在短线投资者中应用非常广泛。KDJ 指标如图 6—25 所示。

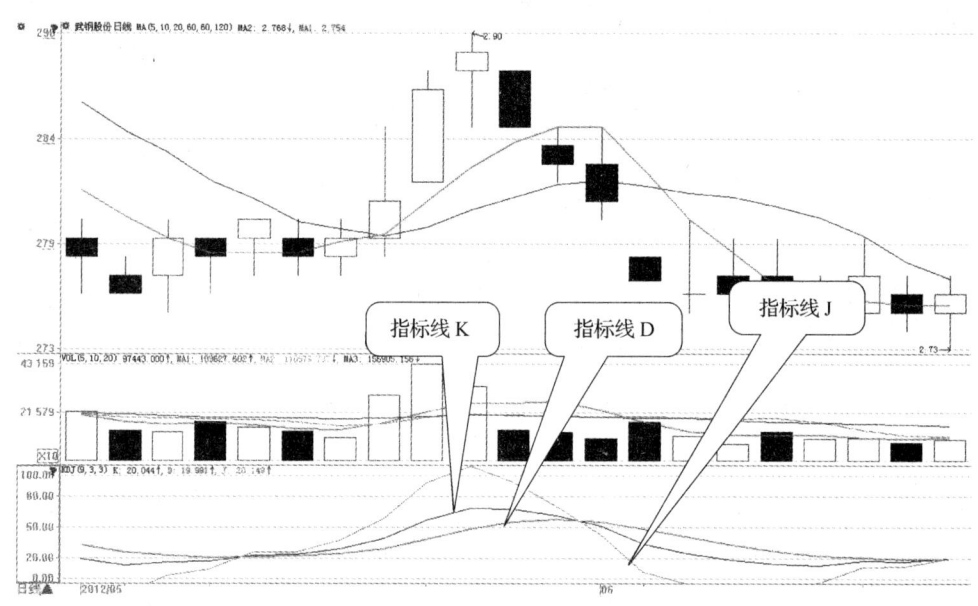

图 6—25　KDJ 指标

如图 6—25 所示，KDJ 指标包含指标线 K、指标线 D 和指标线 J，取值范围由 0～100。这三条曲线中，指标标线 J 最为灵敏，指标线 K 次之，指标线 D 最为平滑。KDJ 指标的交叉、背离等信号可以帮助投资者判断股价未来的走势。

当指标线 K 由下向上突破指标线 D 时，KDJ 指标形成黄金交叉，该信号表明多方力量聚集，是看涨买入信号。

如图 6—26 所示，2012 年 3 月 30 日，中原高速（600020）KDJ 指标中，指标线

K向上突破指标线D形成金叉。这个形态表明市场上涨动能较强，为买入信号。投资者可以进行短线买入。

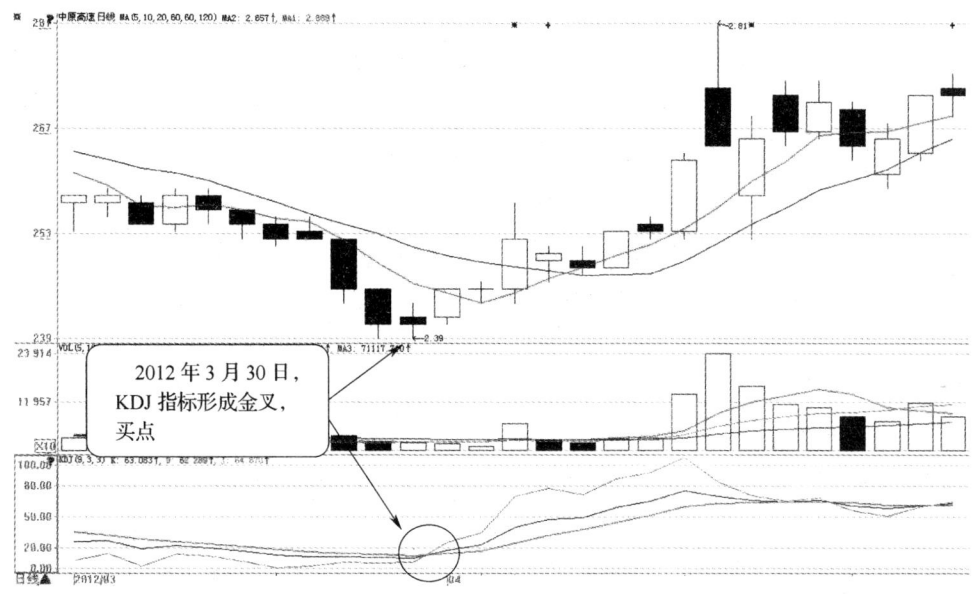

图6—26 中原高速日K线

如图6—27所示，2012年3月28日，经过前期整理的新时达（002527）KDJ指标形成黄金交叉，发出短线买入信号。看到这个信号，投资者可以买入持股。

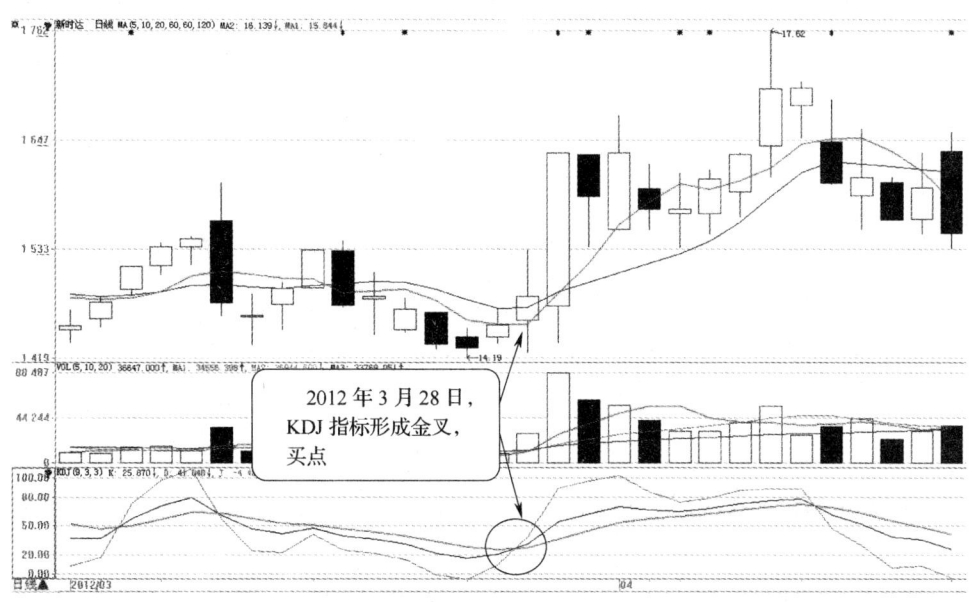

图6—27 新时达日K线

6.3.2 KDJ 指标超卖

当指标线 K 向下跌破 20 时，该指标进入超卖区域，表明市场进入空方极度强势的行情。这种强势往往难以持续，一旦空方力量衰竭，股价将见底反弹。当指标线 K 再次向上突破 20，脱离超卖区间时，发出买入信号。此时投资者可以买入股票。

如图 6—28 所示，2012 年 3 月中旬，浙江东方（600120）的 KDJ 指标中，指标线 K 向下越过 20 进入超卖区域。这表明市场进入空方极度强势的行情。2012 年 3 月 30 日，该股 KDJ 指标脱离超卖区，且出现金叉，买点出现。

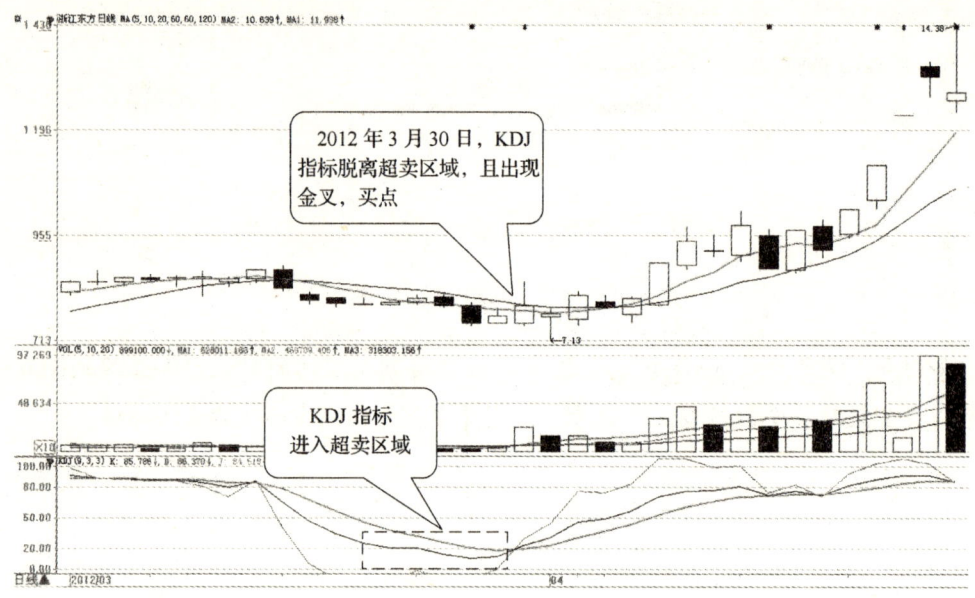

图 6—28　浙江东方日 K 线

如图 6—29 所示，2012 年 7 月，创兴资源（600193）的 KDJ 指标进入超卖区域。此信号表明市场进入空方极度强势的行情，这种行情是难以持续的。2012 年 7 月 3 日，指标线 K 突破 20。这表明多空力量已经转换，多方逐渐主导行情。此时投资者可以积极买入股票。

6.3.3 KDJ 指标底背离

指标线 D 的底背离是指，当股价在下跌走势中创新低的时候，指标线 D 却没有创新低的情形。这个形态表明市场上涨动能正在集聚，股价接下来有较大可能出现一

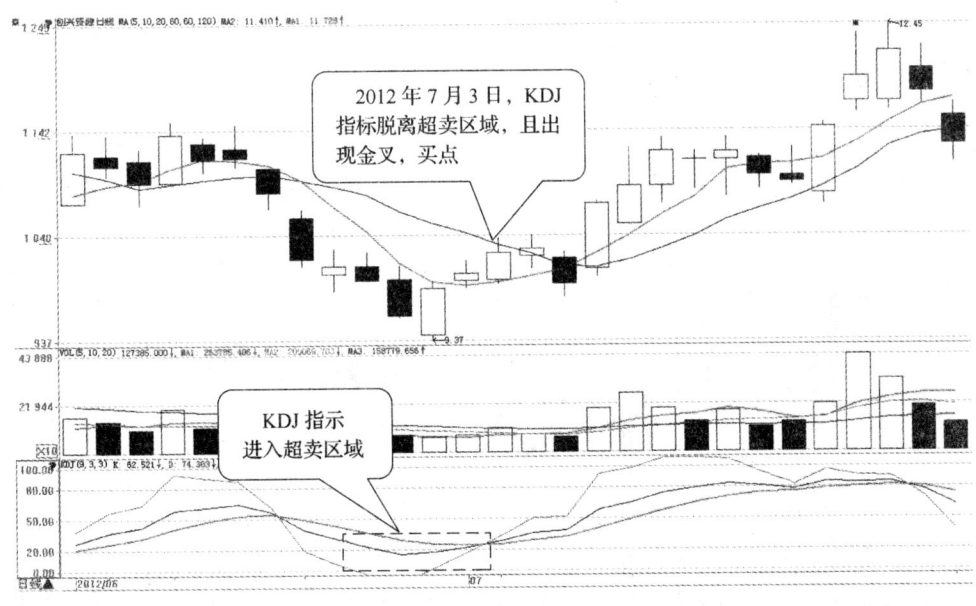

图 6—29　创兴资源日 K 线

波上涨走势，形成买入信号。

如图 6—30 所示，2011 年 11 月至 12 月，兰花科创（600123）股价创新低的同时，其 KDJ 指标中的指标线 D 没有创新低，形成了指标线 D 与股价的底背离，发出反转信号。2012 年 1 月 7 日，该股收盘后 K 线形成上升三法的变形形态，买点出现。此时投资者可以果断买入。

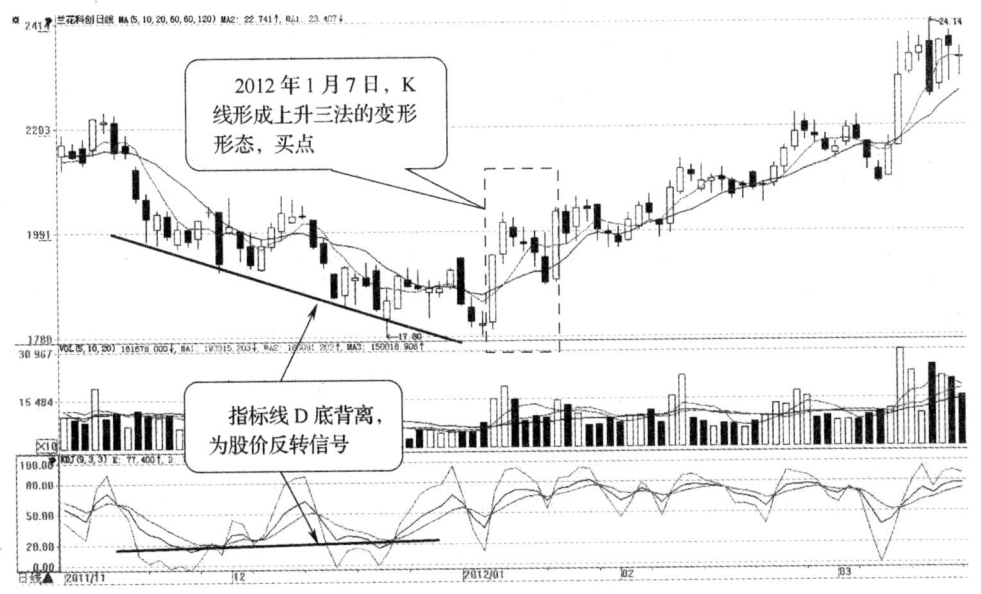

图 6—30　兰花科创日 K 线

如图6—31所示，2011年12月至2012年1月，福建南纸（600163）的股价创出新低，但KDJ指标中的指标线D却没有创出新低。二者形成底背离，发出买入信号。此后该股股价企稳后持续走出小幅上涨，投资者可以在该股企稳后买入股票。

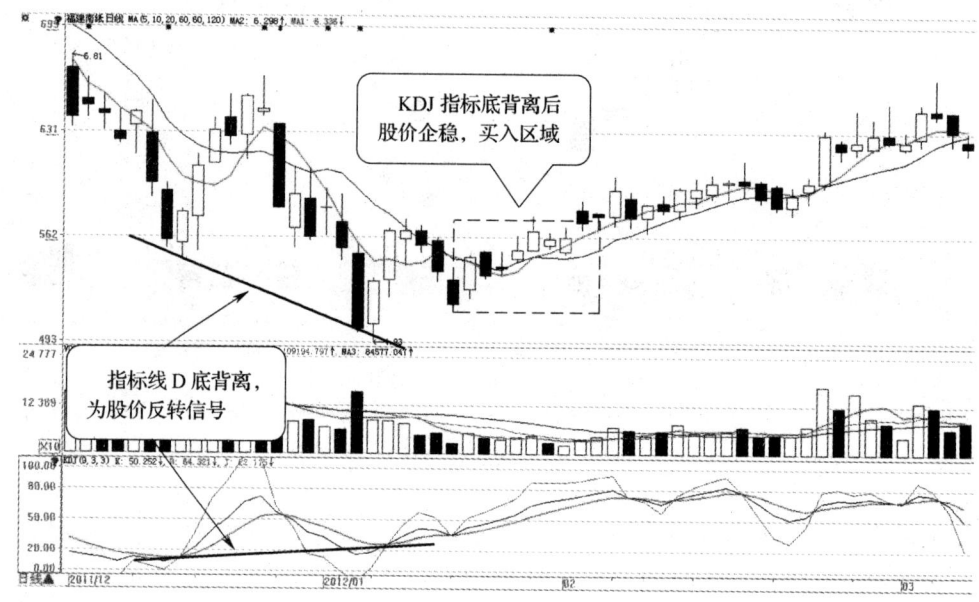

图6—31　福建南纸日K线

6.4 BOLL 指标选股

6.4.1 BOLL 指标下轨支撑

BOLL 指标，又称布林线指标，是一种路径类指标，是根据统计学中的标准差原理设计出来的技术分析工具。BOLL 指标如图 6—32 所示。

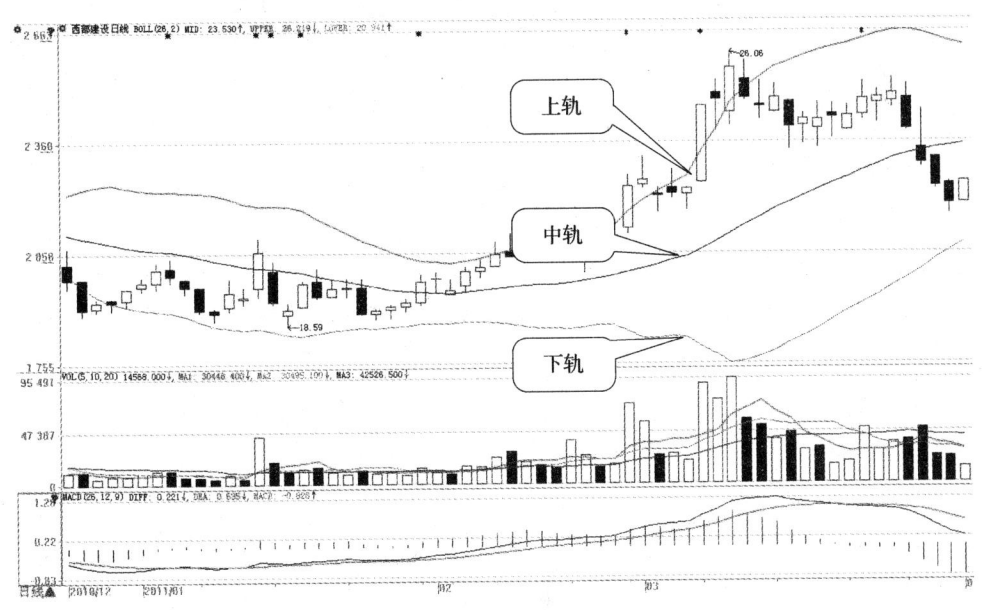

图 6—32　BOLL 指标

如图 6—32 所示，BOLL 指标由上轨线、中轨线、下轨线组成。它通过股价和三条曲线之间的运动关系来研判股价的未来变化。

BOLL 指标的下轨对股价具有支撑作用。在震荡走势中，股价在布林带之间上下波动。每一次股价触及到下轨线时，都有较大概率受到下轨线支撑，股价将可能再次向上。因此，股价得到 BOLL 指标下轨支撑为买入信号。

如图 6—33 所示，2012 年 2 月至 6 月，澄星股份（600078）的股价一直处于盘整走势中。这期间，股价两次下跌至 BOLL 指标下轨线处均得到支撑，形成买入信号。

投资者可以在股价得到支撑时短线买入，进行波段操作。

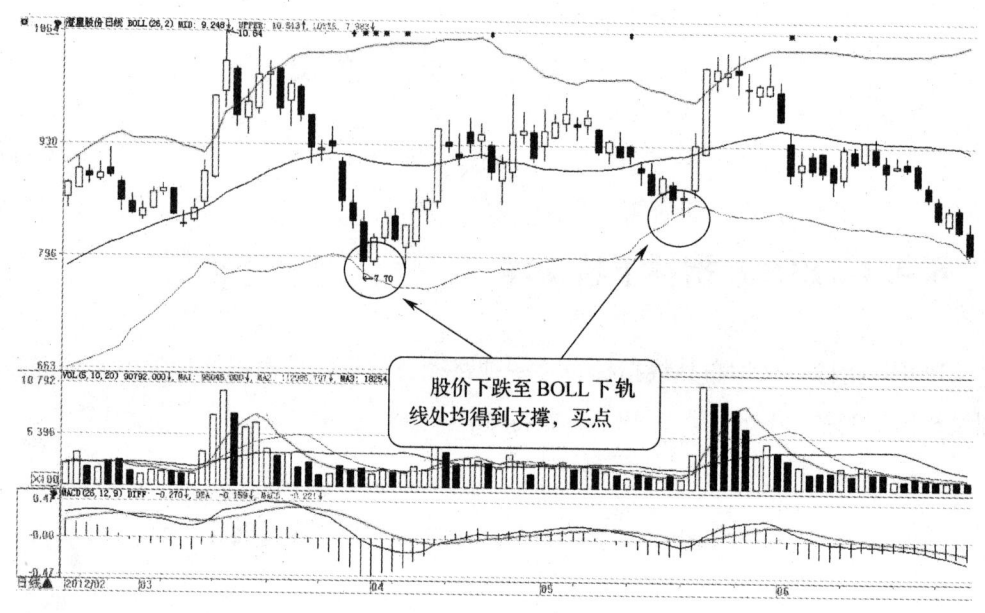

图6—33 澄星股份日K线

如图6—34所示，2012年4月5日，经过前期回调整理后，深华发A（000020）的股价下跌至BOLL指标下轨线处均得到支撑，形成买入信号。投资者可以在股价得到支撑时短线买入，进行波段操作。

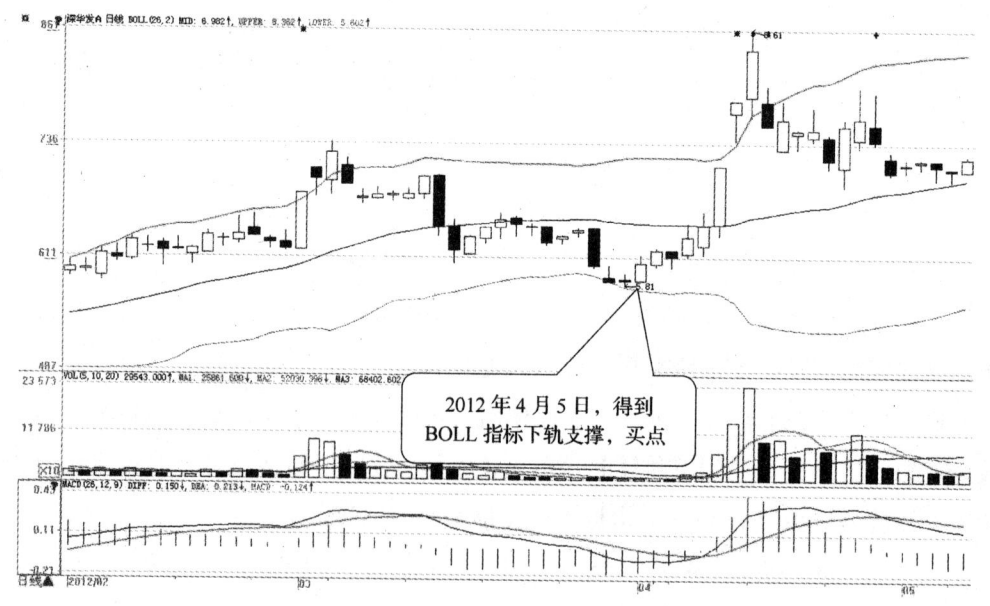

图6—34 深华发A日K线

6.4.2　BOLL 指标中轨突破

BOLL 指标中轨实际为股价的移动平均线，在炒股软件中的默认值是 26 日移动平均线，它具有衡量股价中短期走势的作用。在上涨走势中，若股价上涨有效突破中轨线，则表明涨势较强。投资者可以买入股票，突破日即为买入时机。

如图 6—35 所示，2010 年 10 月 8 日，经过前期调整的华夏银行（600015）股价放量上涨，突破了 BOLL 指标中轨。这表明股价短期内上涨动能较强。看到这个形态，投资者可以积极买入股票。

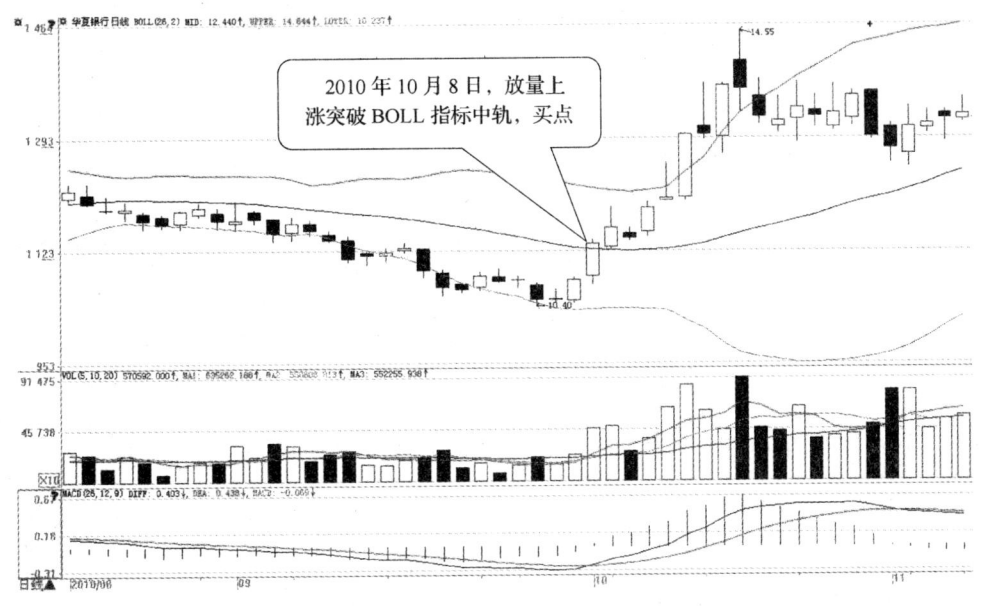

图 6—35　华夏银行日 K 线

如图 6—36 所示，2012 年 5 月 2 日，经历了上涨过程中的调整后，华润双鹤（600062）的股价跳空放量上涨，突破了 BOLL 指标中轨，表明股价短期内上涨动能较强。投资者可以在股价突破 BOLL 指标中轨时积极买入股票。

6.4.3　BOLL 指标开口放大

当股价处于长时间盘整状态时，BOLL 指标的上轨线和下轨线将逐渐靠拢，看起来就像收缩的喇叭口一样。这个形态表明市场正在不断积聚向上或向下的动能，一旦抉择出方向之后，股价将会出现一波较大的上涨或下跌走势。

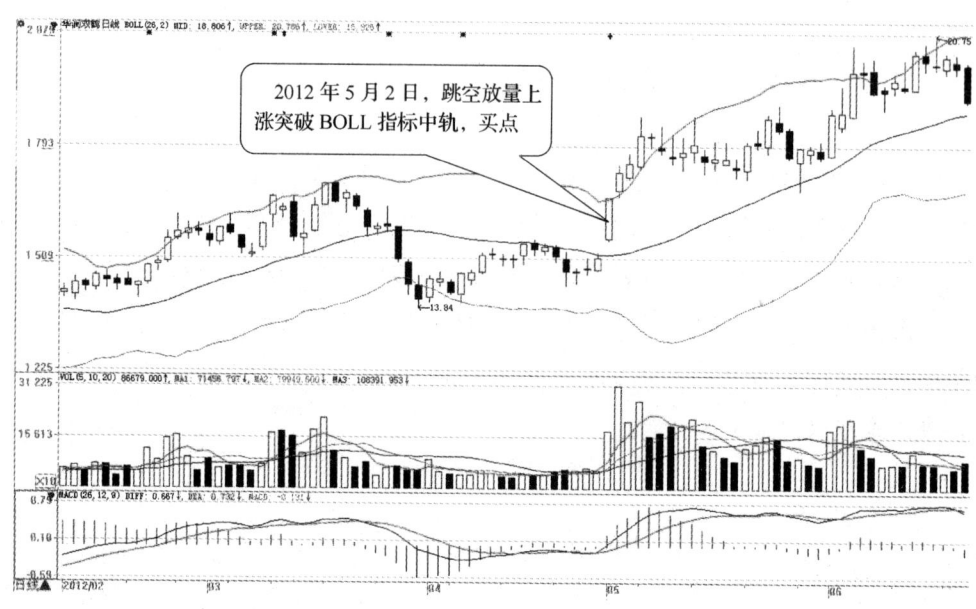

图 6—36　华润双鹤日 K 线

投资者一旦发现 BOLL 指标的上轨线和下轨线逐渐收缩，且布林带长时间窄幅震荡时，要保持密切关注。当股价上涨，喇叭口向上扩张时，就是买入时机。

如图 6—37 所示，2012 年 2 月 1 日，招商地产（000024）的股价放量上涨，同时 BOLL 指标也开始向上发散，开口逐渐扩大，发出买入信号。此时投资者可以果断买入。此后股价走出了一波短期上涨走势。

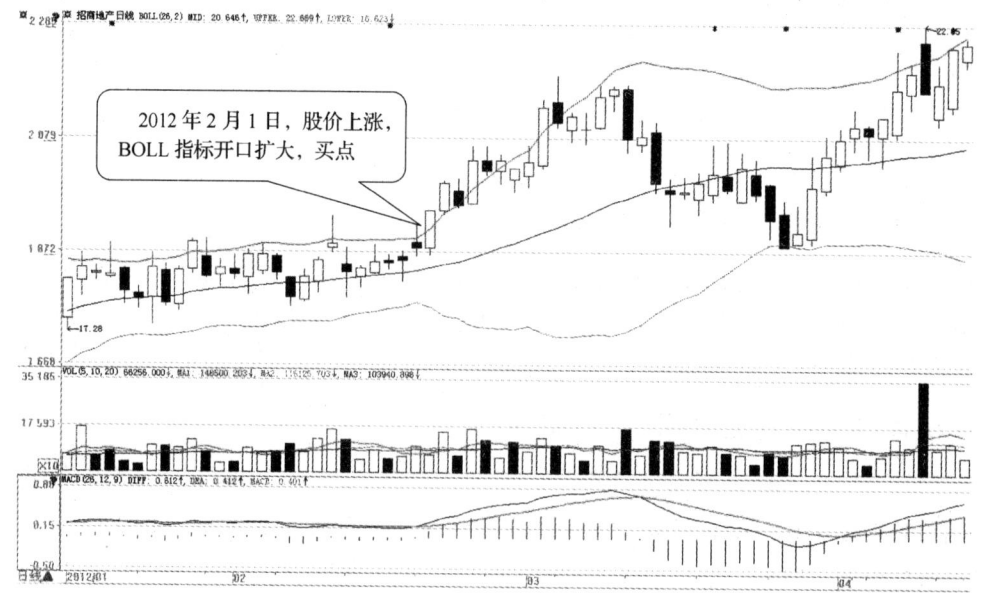

图 6—37　招商地产日 K 线

如图6—38所示，2012年6月5日，华能国际（600011）的股价放量上涨，其BOLL指标的上轨线和下轨线由靠拢迅速发散，BOLL指标开口迅速扩大。这个形态表明短期股价上涨走势来临，发出买入信号。投资者可以积极买入。

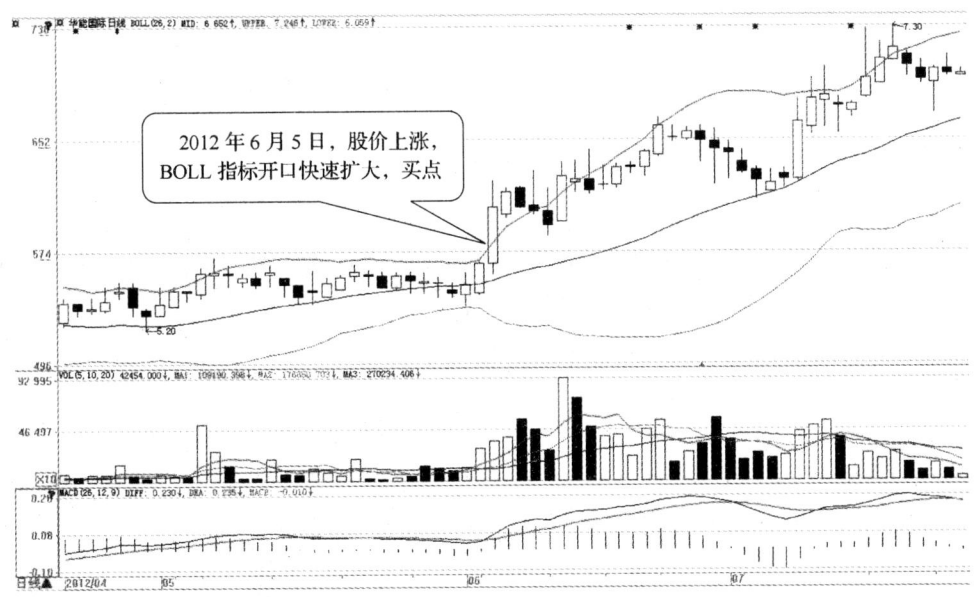

图6—38 华能国际日K线

6.5 CCI 指标选股

6.5.1 CCI 指标突破 100

CCI 指标，即顺势指标，是测量股价特殊运动趋势的指标。CCI 指标数值由股价当日开盘价、收盘价、最高价、最低价与前一个交易日的开收盘价、最高最低价的关系计算得出，用来描述非常态走势的一种指标，如图 6—39 所示。

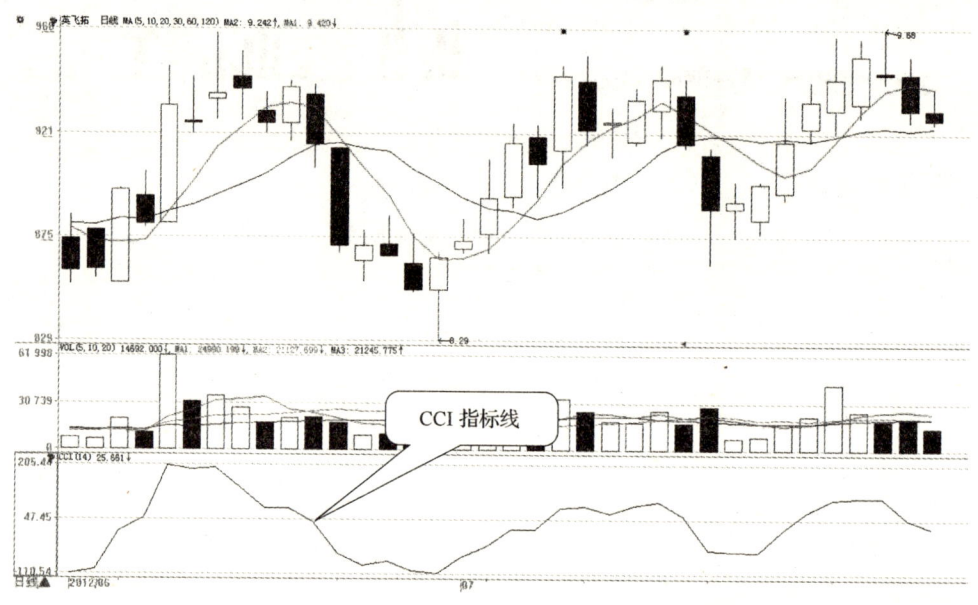

图 6—39　CCI 指标

CCI 指标的波动范围无限大，从正无穷到负无穷。该指标以＋100 和－100 作为衡量标准，当指标超过＋100 或者低于－100 时，就表明股价进入了非常态走势。当指标在＋100 和－100 之间时，指标位于常态区间，此时指标没有实际的参考意义。

当 CCI 自下而上穿过＋100 时，表明股价进入一个非常态的上涨区间，预示股价上涨速度加快，此时投资者可以适当介入。

如图 6—40 所示，2012 年 4 月 19 日，金洲管道（002443）的 CCI 指标向上突破了100，说明该股很可能进入了快速上涨阶段，买点出现。随后该股股价连续上攻。投资者可以在CCI指标向上突破100时买入该股。

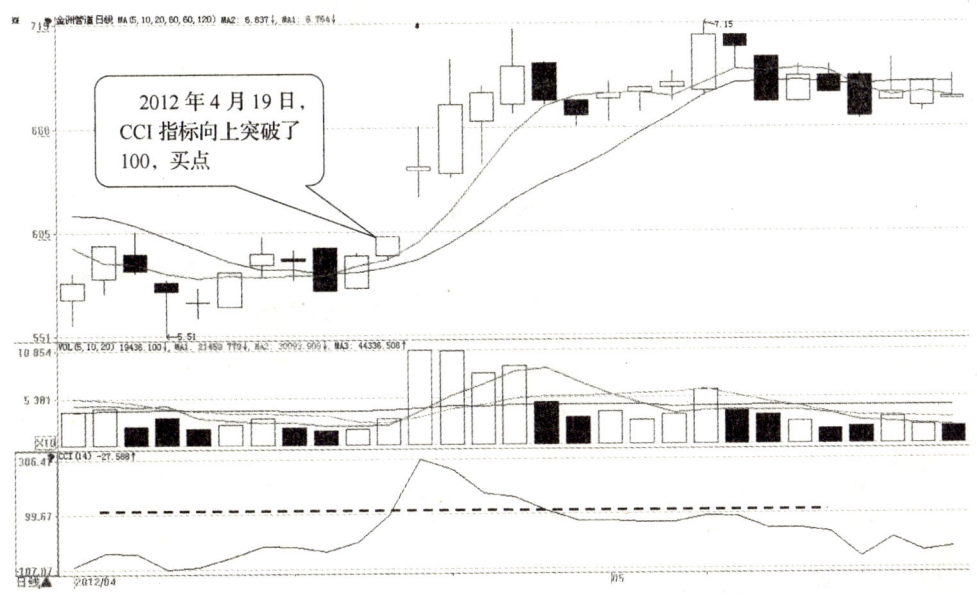

图6—40　金洲管道日K线

如图6—41所示，2012年6月12日，三六五网（300295）的CCI指标向上突破了100，表明该股短期走势爆发，买点出现。随后该股股价连续放量走出大阳线上涨。投资者可以在CCI指标向上突破100时买入该股。

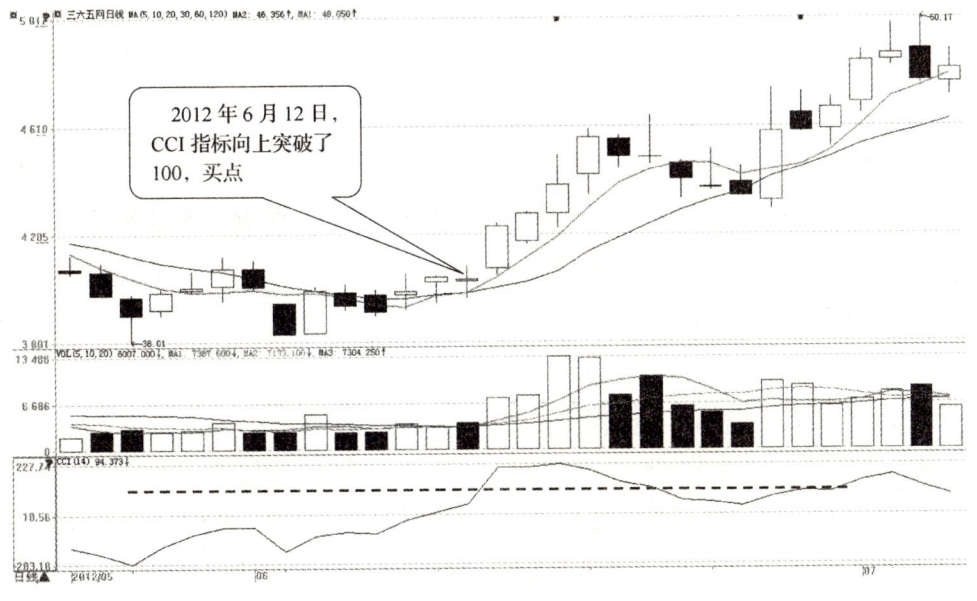

图6—41　三六五网日K线

6.5.2 CCI指标突破-100

当CCI指标处于-100以下时，表明股价处于非常态的下跌走势中。当CCI指标回升，自下而上穿过-100时，表明股价走势进入正常状态，是股价见底的信号。后市有可能出现较大的反弹行情，此时投资者可以适当介入。

如图6—42所示，2012年1月20日，乐视网（300104）的CCI指标向上突破了-100，表明该股股价走势回归常态，是股价见底的信号，买点出现。投资者可以在CCI指标向上突破-100时买入该股。

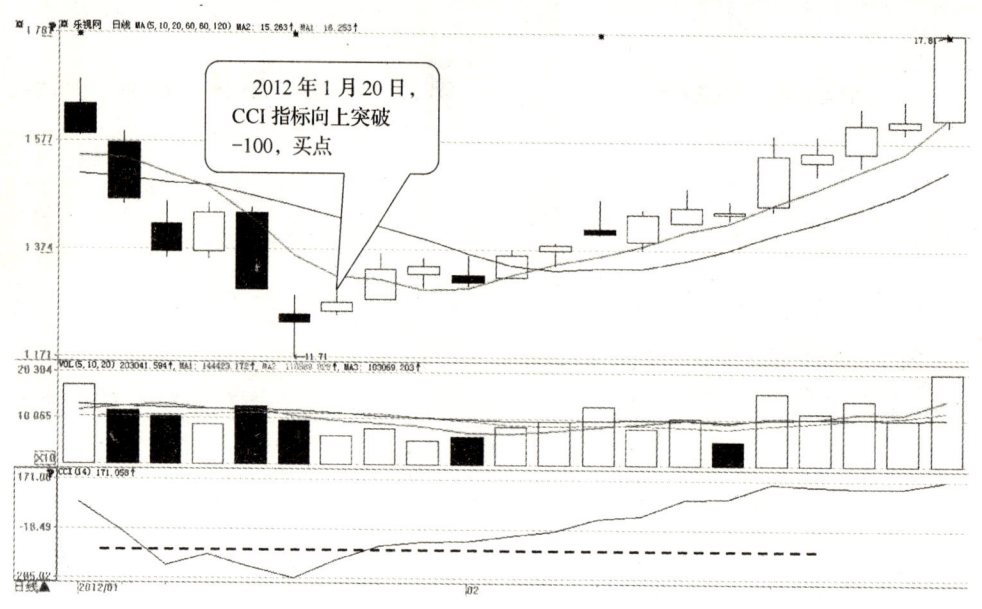

图6—42　乐视网日K线

如图6—43所示，2012年4月5日，仪电电子（600602）的股价放量上涨，而该股CCI指标向上突破了-100，是股价见底信号，买点出现。投资者可以在CCI指标向上突破-100时买入该股。

6.5.3 CCI指标与股价背离

CCI指标与股价的底背离是指当股价创出新低，而CCI没有同步创出新低的走势。在股价下跌过程中，CCI指标底背离是趋势转强的信号。当CCI指标出现底背离

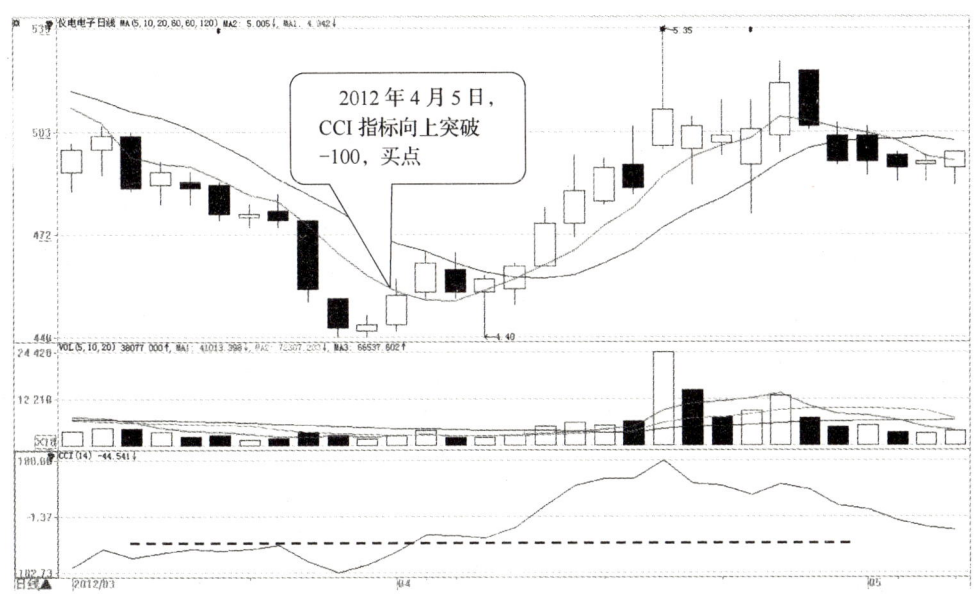

图6—43 仪电电子日K线

形态时，投资者可适当买入股票。

如图6—44所示，2011年9月，美锦能源（000723）的股价创出新低，而CCI指标却没有同步创出新低，形成了CCI指标与股价的底背离。2011年9月13日，该股CCI指标底背离后，均线形成金叉，买点出现。

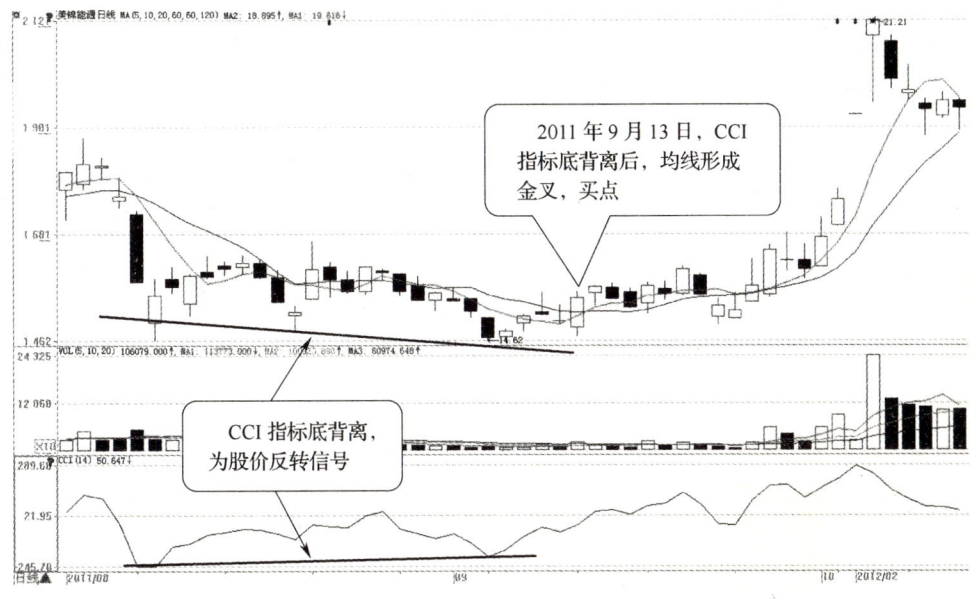

图6—44 美锦能源日K线

如图6—45所示，2011年10月，敦煌种业（600354）的股价走势与CCI指标走势形成底背离。2011年10月25日，底背离后该股成交量开始放大，股价放量上涨。此时投资者可适当买入持股。

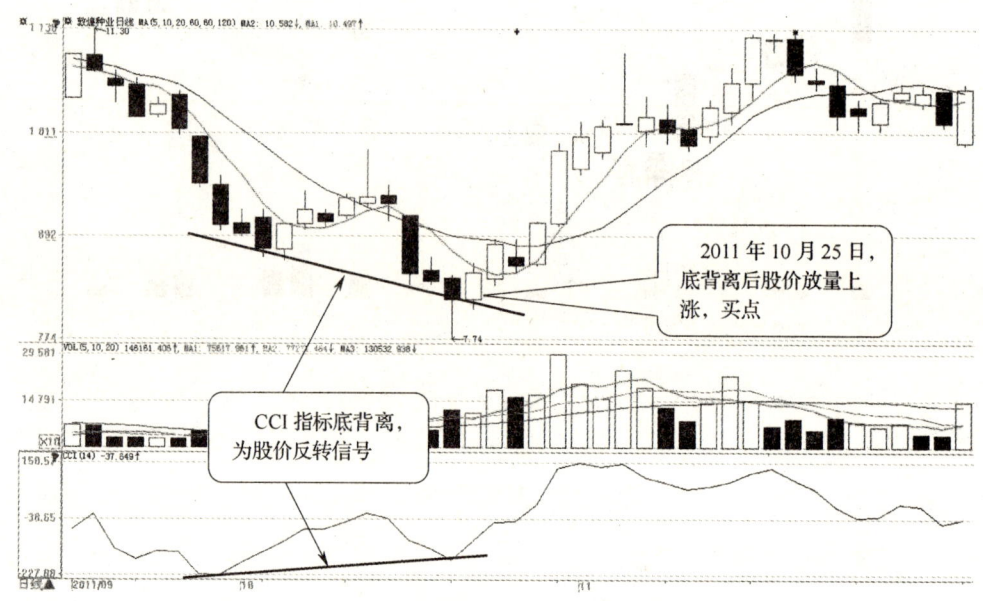

图6—45　敦煌种业日K线

6.6 W&R指标选股

6.6.1 W&R指标高位死亡交叉

W&R指标，即威廉指标，是一种短期指标。该指标通过分析一段时间内股价最高价、最低价和收盘价之间的关系，来判断股市的超买超卖程度，进而判断多空双方力量的大小，如图6—46所示。

图6—46　W&R指标

如图6—46所示，W&R指标包括两条不同周期的W&R线，分别是6日W&R线和10日W&R线，6日W&R线的走势较10日W&R线更为灵敏。

W&R指标与股价走势处于相反方向，当W&R指标处于高位时，表明市场处于超卖状态。此时，若6日W&R线向下击穿10日W&R线，形成W&R指标高位死亡交叉，往往是股价见底反弹的信号。投资者可于信号出现时及时买入持股。

如图6—47所示，2012年3月30日，华远地产（600743）的6日W&R线在高位下穿 10 日 W&R 线，形成 W&R 指标高位死亡交叉，为短线买入信号。投资者此时可以买入该股进行持股。

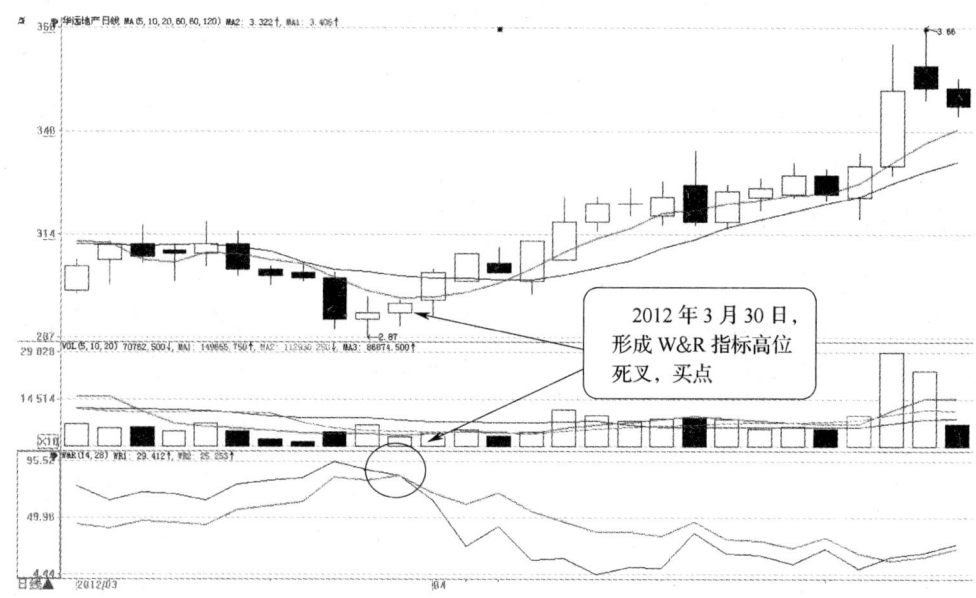

图 6—47 华远地产日 K 线

如图 6—48 所示，2012 年 6 月 7 日，山东如意（002193）的 6 日 W&R 线在高位下穿 10 日 W&R 线，形成 W&R 指标高位死亡交叉。该信号为个股超卖后的反弹信号，为短线买入信号。投资者此时可以买入该股进行持股。

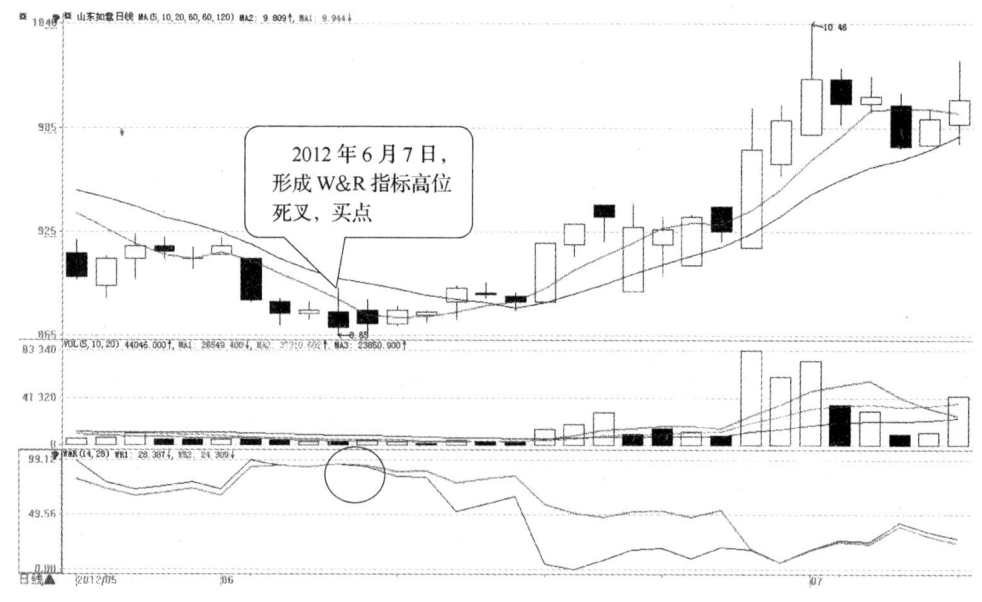

图 6—48 山东如意日 K 线

6.6.2　W&R指标的顶部形态

当W&R指标处于高位时，表明个股处于超卖状态。而当6日W&R线形成了顶部形态后快速向下移动时，往往表明股价逐渐脱离超卖状态，反弹即将开始，形成短线买点。投资者可于6日W&R线形成顶部形态后买入持股。

如图6—49所示，2011年10月25日，经过前期持续下跌的红日药业（300026）股价放量上涨，而该股6日W&R线在高位形成了M头形态。W&R指标顶部形态的出现，是股价触底反弹的信号之一，此时投资者可以果断买入股票。

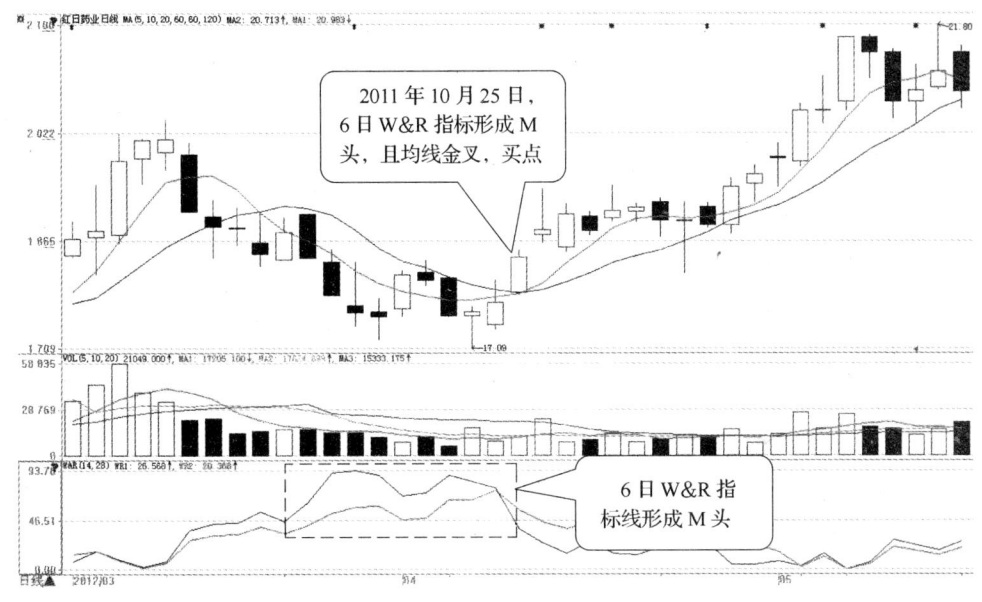

图6—49　红日药业日K线

如图6—50所示，2012年6月，方兴科技（600552）经历了一轮急跌急涨的走势。2012年6月26日，该股股价放量上涨，而6日W&R线在高位形成了倒V形顶形态。W&R指标顶部形态的出现，是股价触底反弹的信号，此时投资者可以果断买入股票。

如图6—51所示，2012年4月，三一重工（600031）经历了前期的持续下跌后开始放量上涨。该股前期持续下跌，而W&R指标处于高位，表明该股已经处于超卖区间。2012年4月5日，该股6日W&R线在高位形成了三重顶形态，而该股股价放量上涨，形成买入信号。

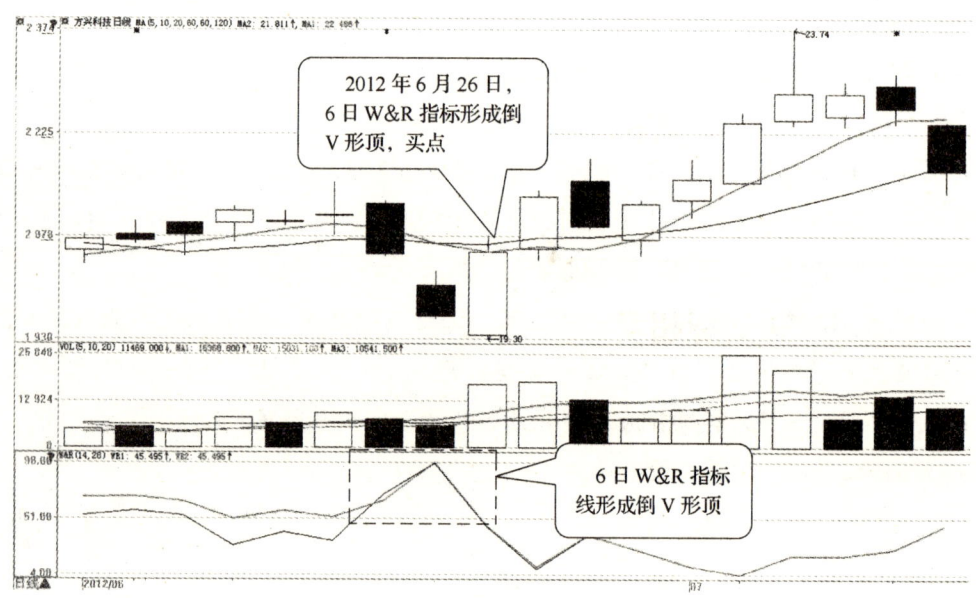

图 6—50 方兴科技日 K 线

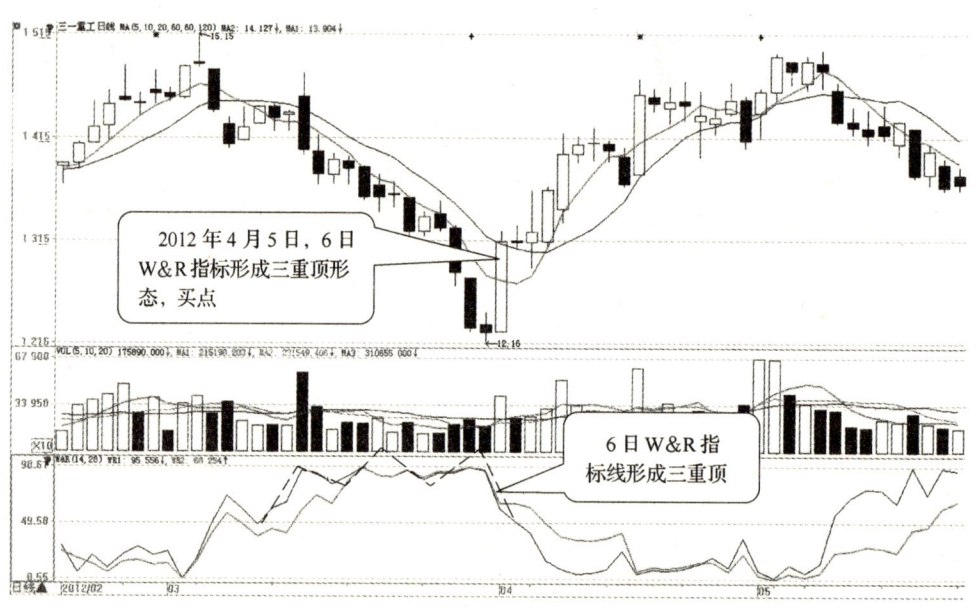

图 6—51 三一重工日 K 线

6.7 RSI 指标选股

6.7.1 RSI 指标超卖

RSI 指标，即相对强弱指标，属于超买超卖类技术指标。该指标根据市场供求关系平衡的原理，通过比较一段时间内股价涨跌幅度，来评估市场多空双方力度大小。RSI 指标如图 6—52 所示。

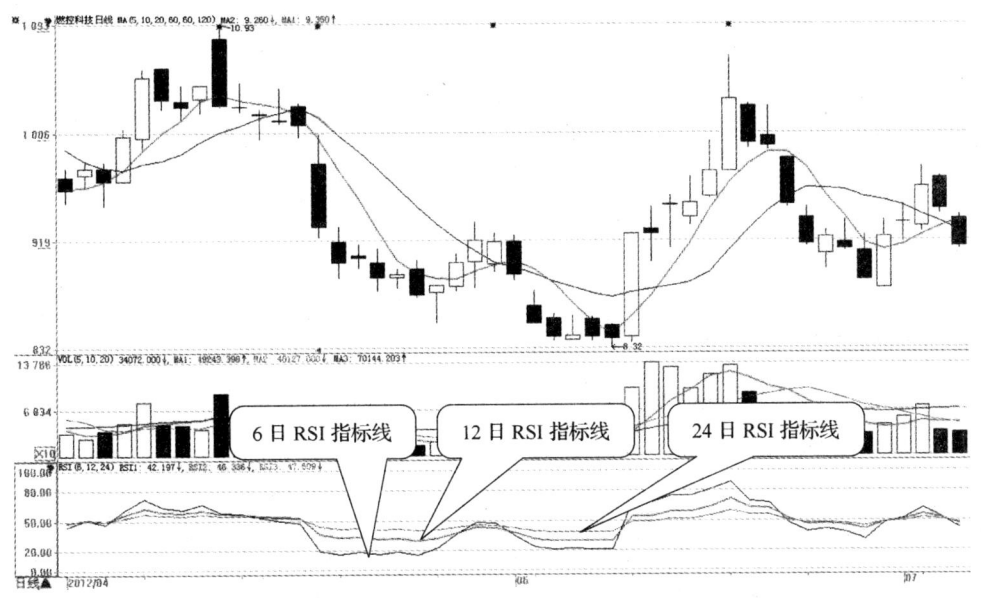

图 6—52 RSI 指标

如图 6—52 所示，在大多数炒股软件中，RSI 指标的默认参数为 6、12、24，即 RSI 指标由 6 日、12 日、24 日这三条 RSI 指标线组成。

RSI 指标取值范围从 0 至 100。其中，20 以下为超卖区间，80 以上为超买区间。当 RSI 指标小于 20 时，表明市场处于超卖状态；而当 RSI 指标向上超越 20 时，指标恢复到正常区间，表明超卖结束，股价产生反弹的概率大，为买入信号。

如图 6—53 所示，2012 年 6 月 11 日，前期 RSI 指标超卖的众和股份（002070）的股价上涨，6 日 RSI 线越过 20，脱离了超卖区间，后市看涨，形成买入信号。投资者可在该股 6 日 RSI 指标向上穿越 20 时买入持股。

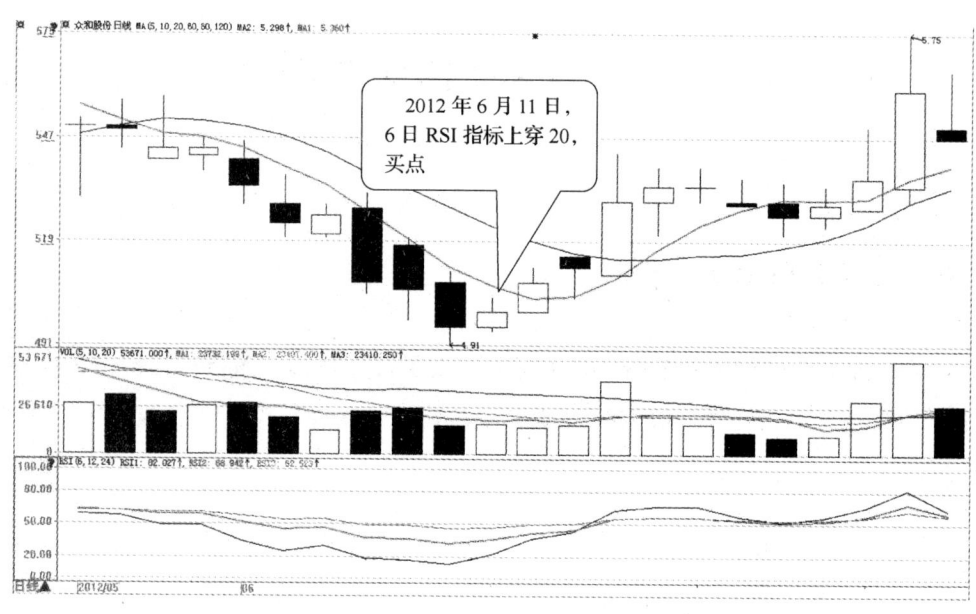

图 6—53　众和股份日 K 线

如图 6—54 所示，2012 年 2 月至 3 月，雅本化学（300261）的股价持续下跌，6 日 RSI 线跌破 20，进入超卖区间。2012 年 3 月 29 日，该股放量上涨，6 日 RSI 线越过 20，脱离了超卖区间，且 RSI 指标形成黄金交叉，形成买入信号。投资者可在该股 6 日 RSI 指标向上穿越 20 时买入持股。

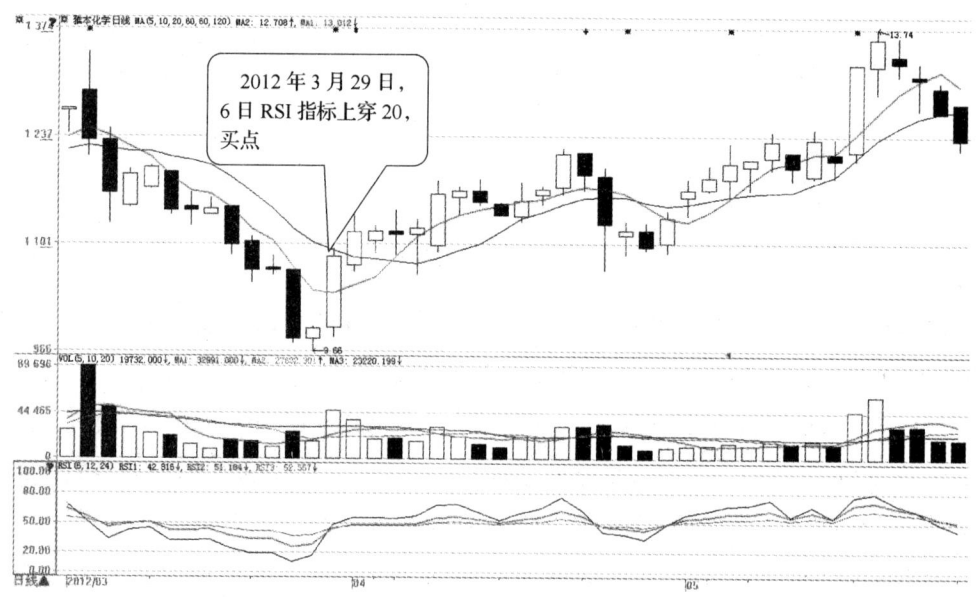

图 6—54　雅本化学日 K 线

6.7.2 RSI指标黄金交叉

RSI指标形成黄金交叉是指，6日RSI线自下而上穿越12日RSI线。当RSI指标处于50以下的低位区时，黄金交叉表明股价走势短期内转强，发出买入信号。若金叉发生在超卖区20附近，则买入信号更为强烈。

如图6—55所示，2012年6月至7月，麦捷科技（300319）的股价不断下跌，该股的6日RSI线和12日RSI指标逐渐跌至20以下，出现超卖。2012年7月19日，该股6日RSI线上穿12日RSI线，形成低位金叉，同时成交量放大，为较强的买入信号。投资者要注意及时买入。

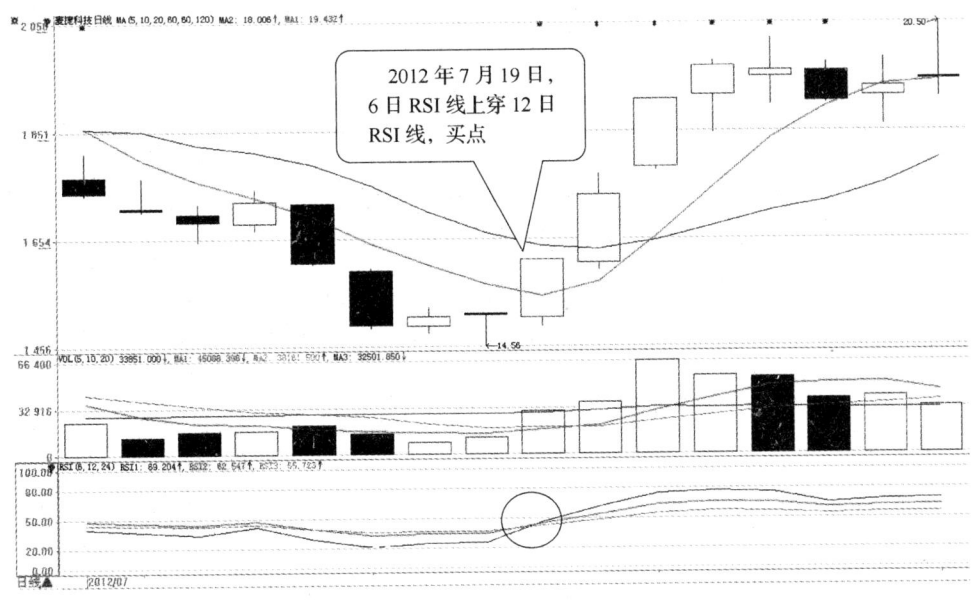

图6—55　麦捷科技日K线

如图6—56所示，2012年5月2日，经过前期整理的德赛电池（000049）股价放量上涨。同时，该股6日RSI线上穿12日RSI线，形成黄金交叉，买点出现。投资者可以在RSI指标出现金叉时买入该股。

6.7.3 RSI指标底背离

RSI指标底背离，即股价持续下跌创下新低，而6日RSI线却没有创下新低的情形。它表示市场已经积聚了较强的上涨动能，接下来出现上涨走势的概率较大，为买入信号。

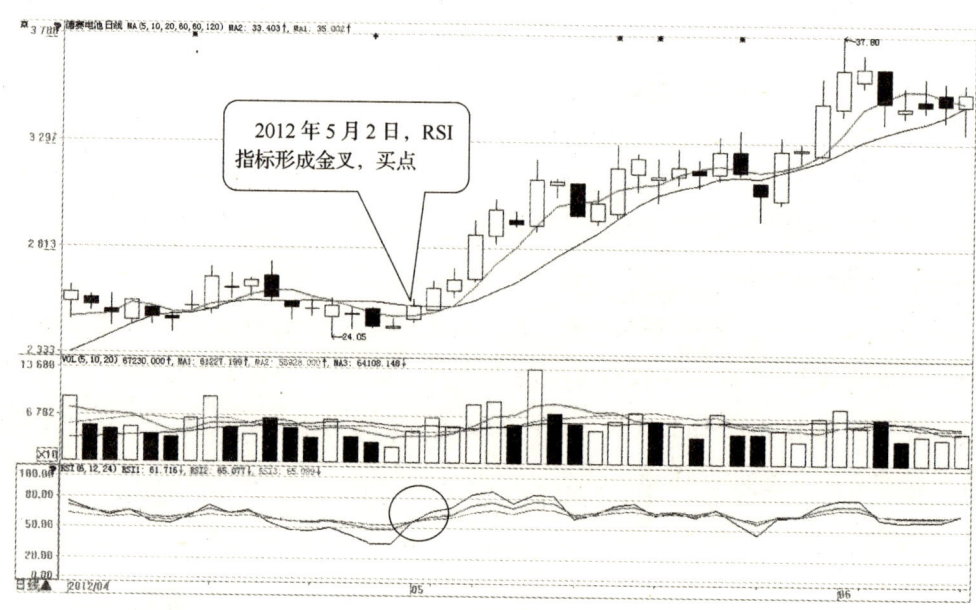

图 6—56 德赛电池日 K 线

当 6 日 RSI 线形成底背离时，如果此时 RSI 指标也同时处于 20 以下的超卖区，那么两个信号叠加，买入信号更为强烈。

如图 6—57 所示，2011 年 1 月，盐田港（000088）的股价创下新低，但 6 日 RSI 线却没有创下新低，形成了 RSI 与股价的底背离，表明股价即将出现一波较大的上涨走势。投资者可以在 RSI 指标底背离出现后选择买入持股。

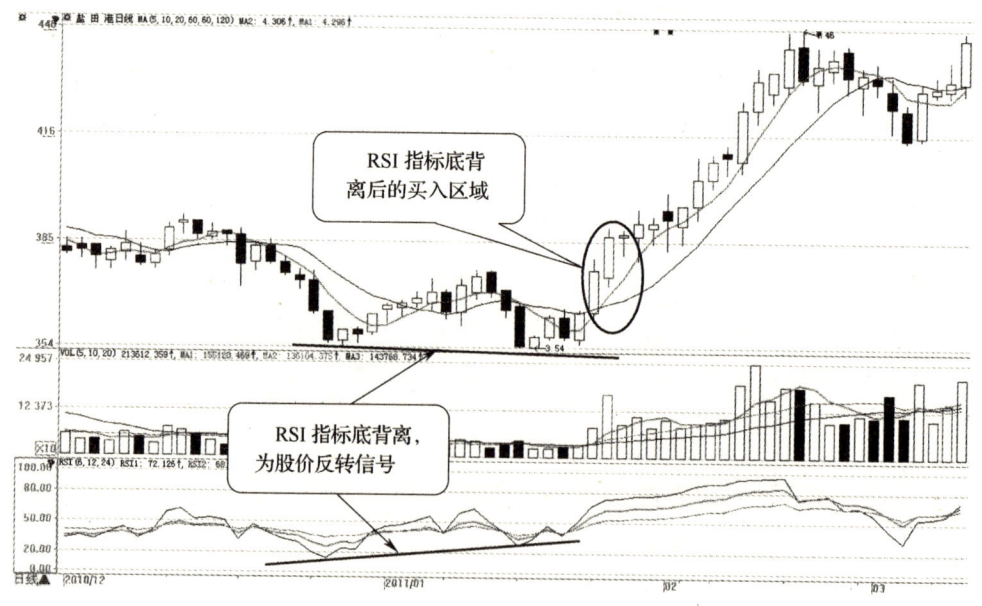

图 6—57 盐田港日 K 线

如图6—58所示，2012年1月至2月，电科院（300215）的股价创出了新低，但6日RSI线却没有创出新低，形成6日RSI线与股价的底背离，表示市场短期内即将出现一波上涨走势。投资者可以在该股RSI指标底背离后短线买入。

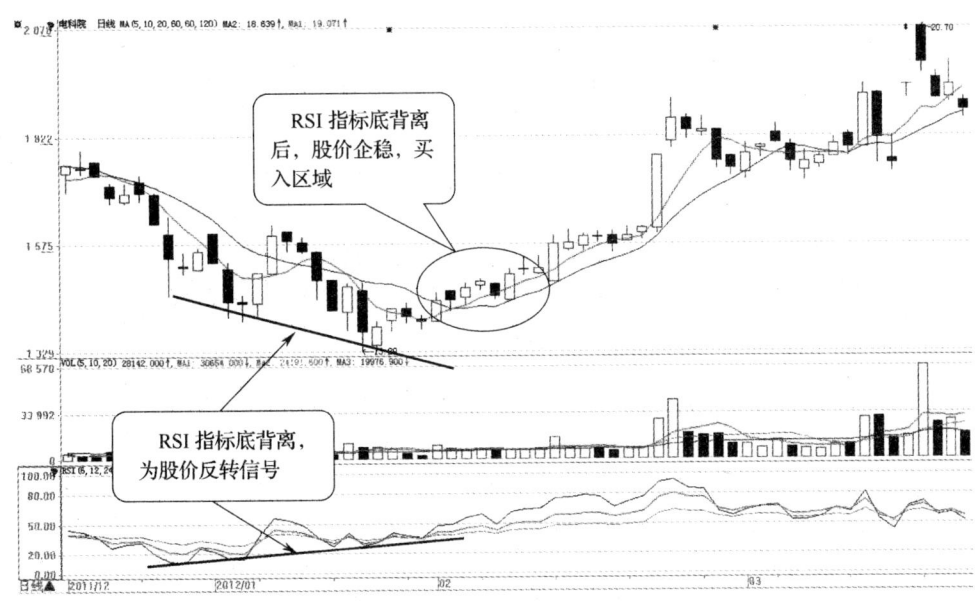

图6—58　电科院日K线

6.7.4　RSI指标的底部形态

从长期来看，多空双方的力量处于相对平衡的状态。当RSI指标在超卖区20附近形成底部形态后，会向中央值回归，表明多方力量逐渐增强。RSI指标形成底部形态后向上，即形成短线买点。

如图6—59所示，2011年11月至2012年1月，网宿科技（300017）的股价持续下跌。而该股RSI指标在超卖区20附近形成了头肩底形态，完成形态后RSI指标值升高，为买入信号。投资者可以在该股RSI指标形成底部形态后短线买入。

如图6—60所示，2012年5月，勤上光电（002638）的股价连续多个交易日走出回调。而该股RSI指标在超卖区20附近形成了W形底形态。RSI指标在低位形成底部形态后上升，表明股价短期走势变强，后市股价上涨的概率大，为买入信号。投资者可以在该股RSI指标形成底部形态后短线买入。

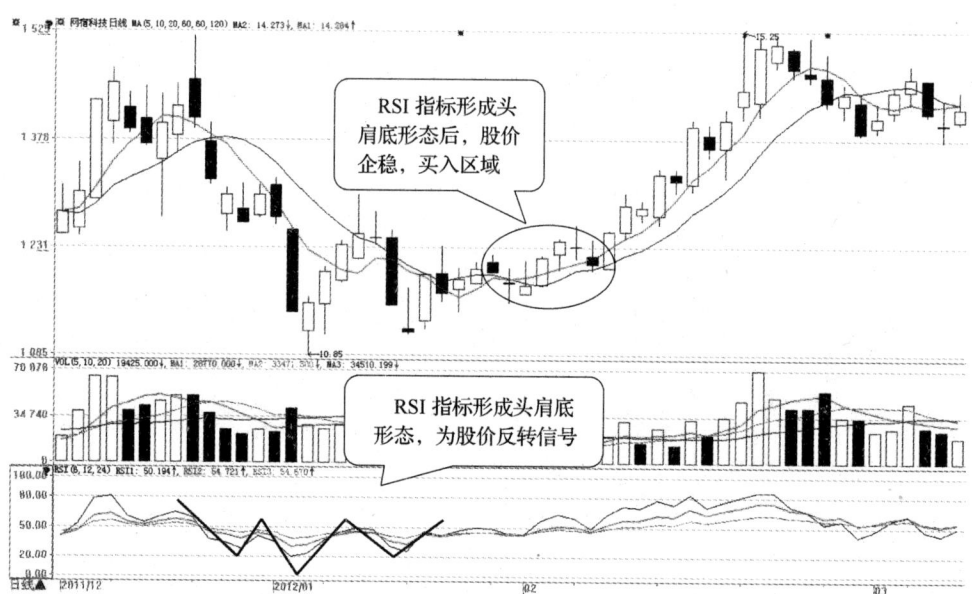

图 6—59 网宿科技日 K 线

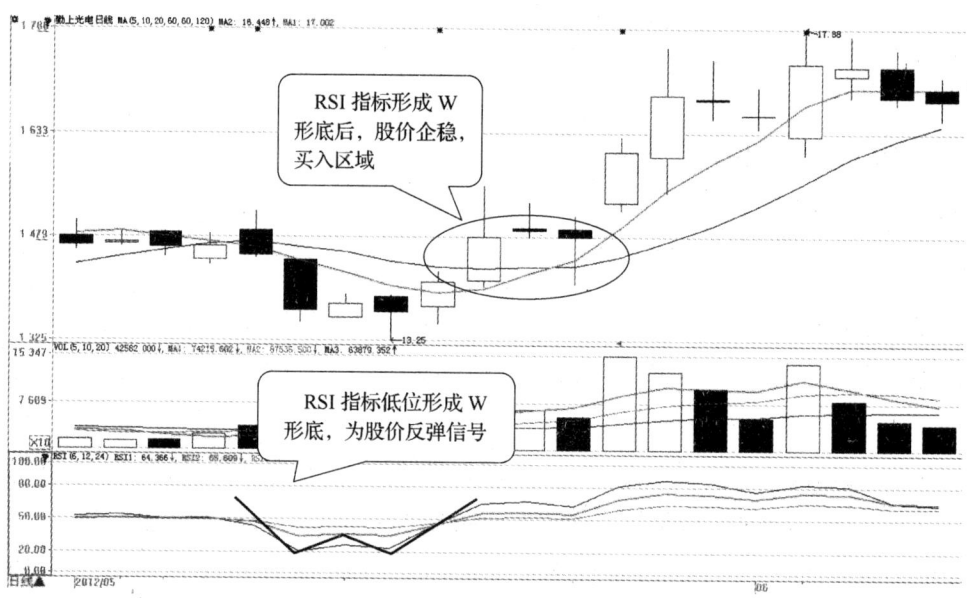

图 6—60 勤上光电日 K 线

6.8 OBV 指标选股

6.8.1 OBV 指标快速上升

OBV 指标即平衡交易量指标，它通过一条曲线来对市场的动能强弱进行评估，进而预测接下来的市场走势。这条曲线是连接无数个成交量的统计值而得到的。OBV 指标如图 6—61 所示。

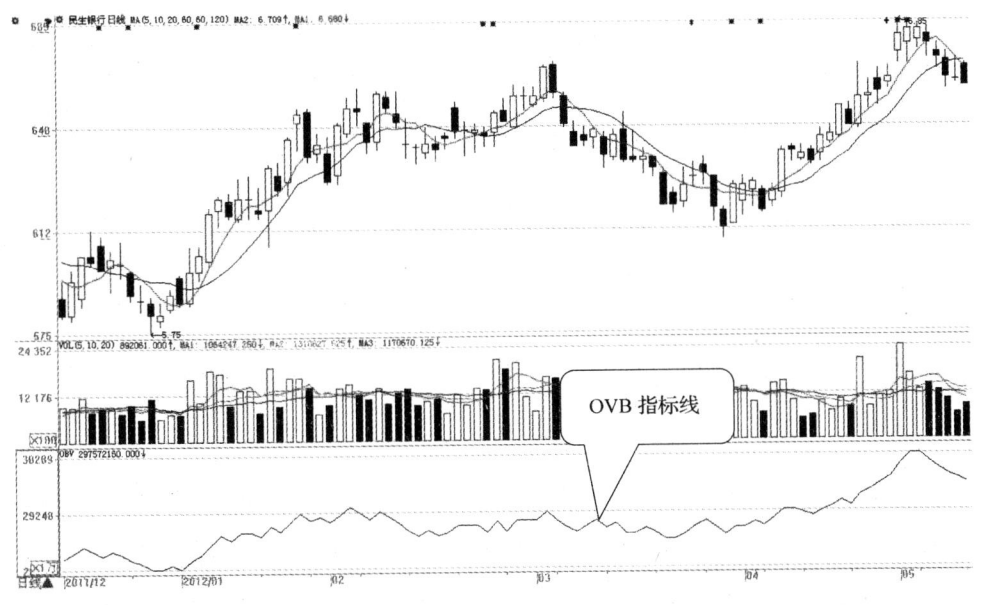

图 6—61　OBV 指标

如图 6—61 所示，OBV 指标为一条不断波动的曲线。其计算方法为：当日 OBV＝前一日 OBV±当日成交量。

在计算中，当本日收盘价高于前一交易日收盘价，则加上当日的成交量；反之，若本日收盘价低于前一交易日收盘价，则减去当日的成交量；如果本日收盘价和前一交易日收盘价持平，则当日成交量计为 0。

当 OBV 指标快速上升时，个股股价通常放量上涨。OBV 指标的快速上升，常是经过前期小幅上涨的个股开始加速上涨的信号，构成买入信号。当 OBV 指标停止快速上升趋势时，投资者则应注意把握卖出时机。

如图 6—62 所示，2012 年 7 月 11 日，经过前期整理的金花股份（600080）股价放量上涨，而该股 OBV 曲线从前期走平的形态开始快速上升，表明股价上涨加速，形成短线买点。投资者可以在 OBV 指标由平缓开始快速上升时买入持股。

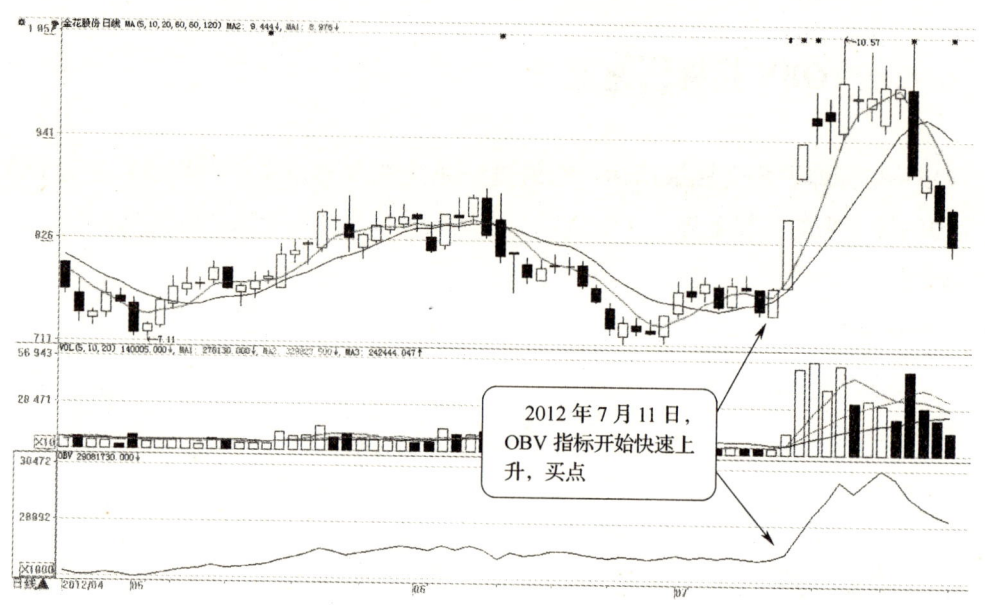

图 6—62　金花股份日 K 线

如图 6—63 所示，2012 年 5 月 23 日，首航节能（002665）股价放量上涨，而该股 OBV 指标由平缓移动开始快速上升，表明股价上涨加速，形成短线买点。投资者可以在 OBV 指标由平缓开始快速上升时买入持股，并在 OBV 指标掉头向下时卖出。

如图 6—64 所示，2011 年 12 月 8 日，经过前期整理的恒信移动（300081）股价放量上涨，当日走出涨停，而该股 OBV 曲线也开始快速上升，表明短期股价上涨加速，形成短线买点。投资者可以在 OBV 指标由平缓开始快速上升时买入持股。

6.8.2　OBV 指标的底部形态

当 OBV 指标出现双重底、头肩底或三重底等底部形态时，表明股价下跌动能逐渐减弱，后市随时有可能企稳回升，走出一波上涨走势。因此，OBV 指标的底部形态为买入信号。

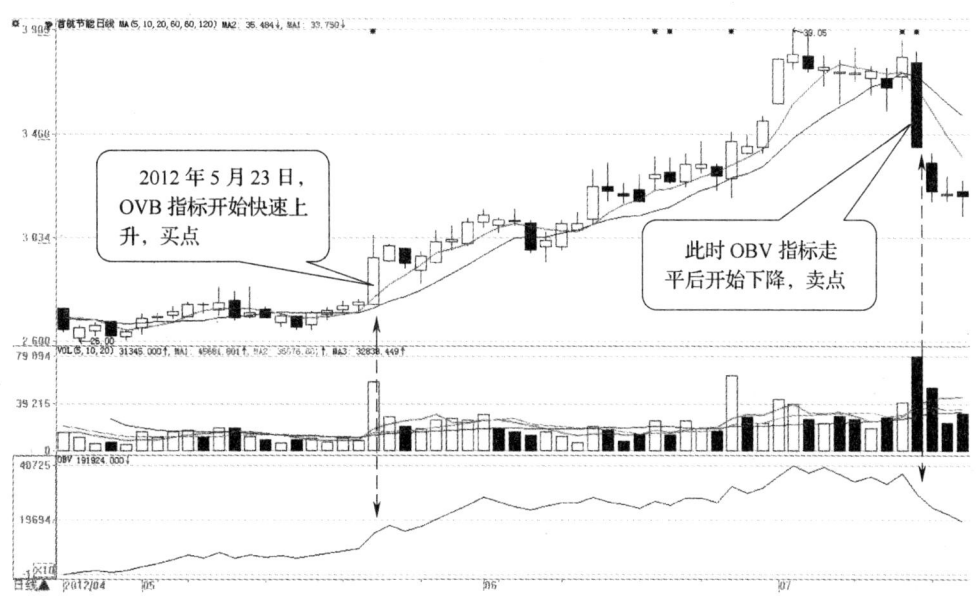

图 6—63　首航节能日 K 线

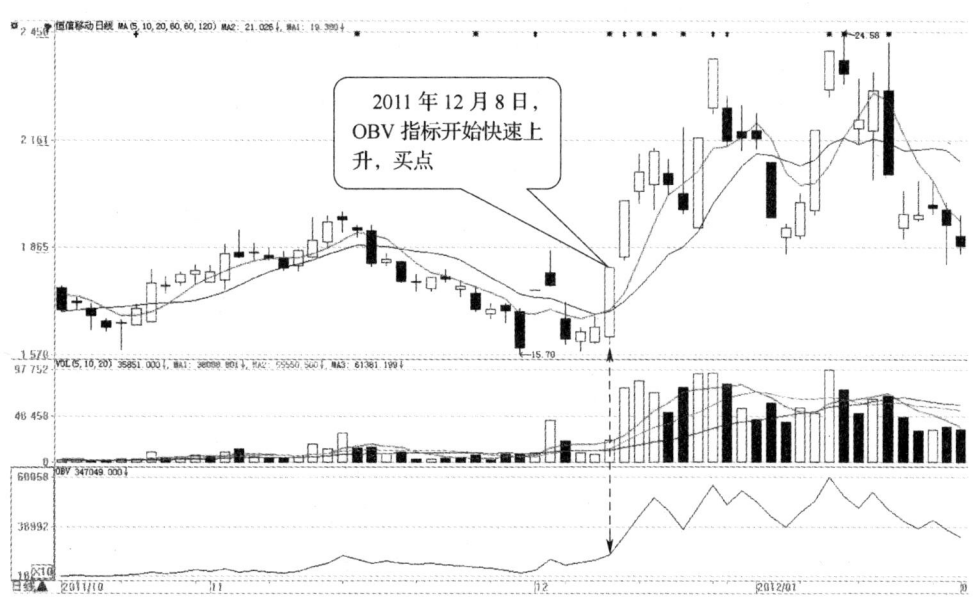

图 6—64　恒信移动日 K 线

如图 6—65 所示，2012 年 2 月至 3 月，在国药一致（000028）的日 K 线图中，OBV 指标曲线形成了 W 形底的形态。此形态是股价持续下跌后的底部形态，是股价将要触底反弹的信号。此后，该股股价企稳回升。投资者可以在股价企稳后买入持股。

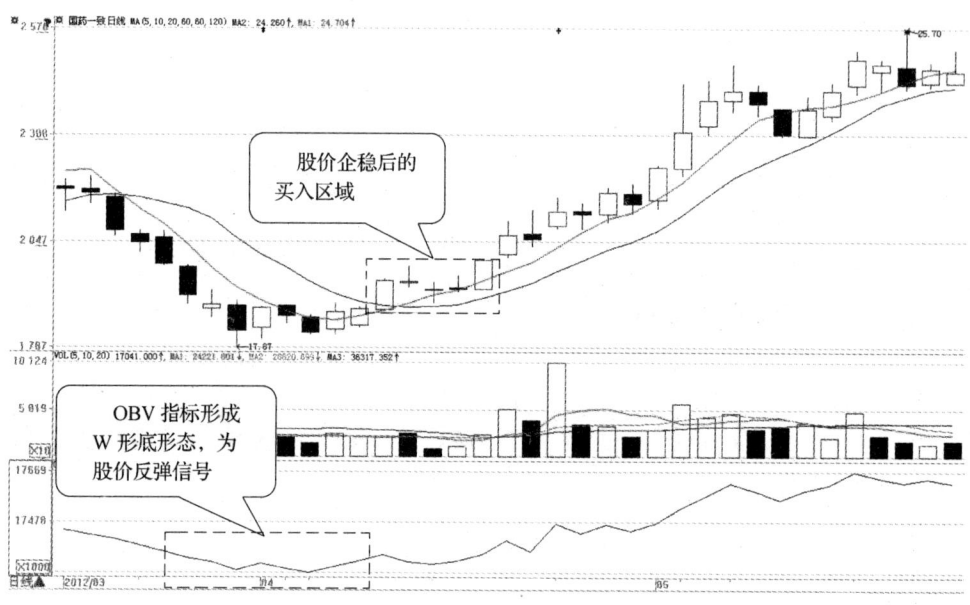

图 6—65　国药一致日 K 线

如图 6—66 所示，2011 年 10 月，尤洛卡（300099）的股价下跌放缓，而该股 OBV 指标形成了 W 形底形态。2011 年 10 月 27 日，W 形底形态完成，OBV 指标再次上升，是股价触底反弹的信号。投资者可以在 OBV 指标底部形态完成，再次上升时买入持股。

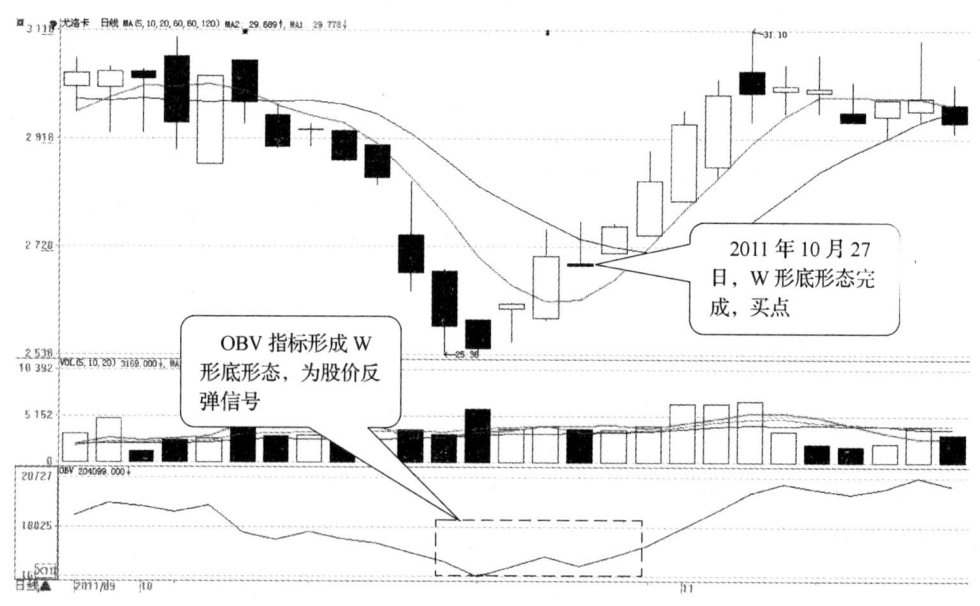

图 6—66　尤洛卡日 K 线

6.9 BIAS 指标选股

6.9.1 BIAS 指标超卖

BIAS指标，即乖离率指标，属于超买超卖类技术指标。该指标对个股当日收盘价与多个交易日的平均收盘价进行比较，从而体现个股的超买超卖程度，如图6—67所示。

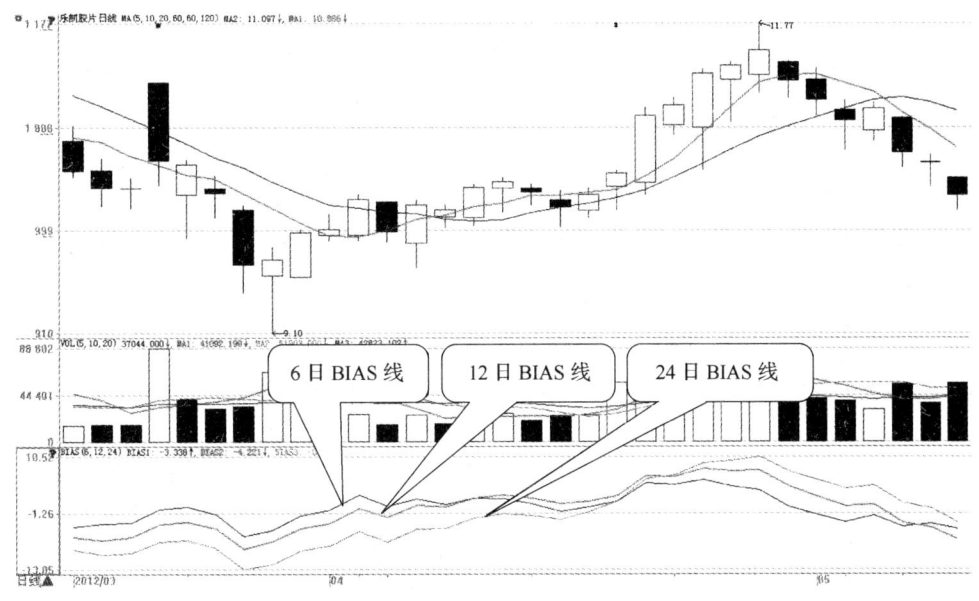

图6—67 BIAS指标

如图6—67所示，BIAS指标中共有三条指标线，即6日BIAS线、12日BIAS线和24日BIAS线。其中，24日BIAS线波动最为灵敏。

BIAS指标以0轴为中轴线。指标线向下偏离0轴越远，则个股超卖程度越大，后市反弹概率越大。实际操作中认为，当个股24日BIAS指标低于－7时，个股处于明显的超卖区间，发出买入信号。

如图6—68所示，2011年8月，经过前期的持续下跌，华夏银行（600015）的

24日BIAS线下降到-7以下，处于超卖区间，表明短期内股价有较强的反弹动能。投资者可以在该股24日BIAS线进入超卖区间后买入股票。

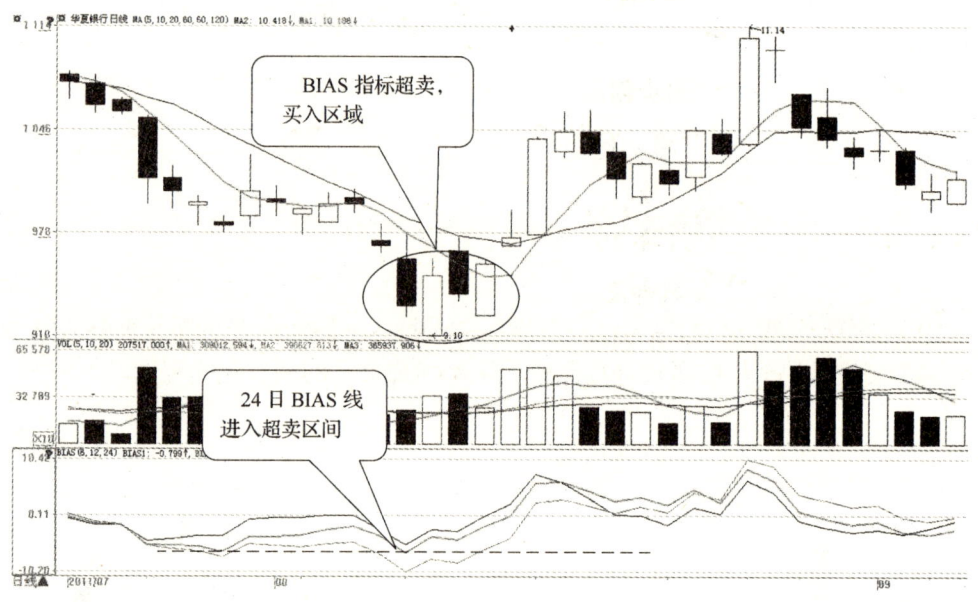

图6—68 华夏银行日K线

如图6—69所示，2012年3月，皖维高新（600063）的24日BIAS线下降到-7以下，进入超卖区间，表明短期内股价有较强的反弹动能。2012年4月9日，该股放量上涨，而24日BIAS线脱离了超卖区间，表明股价反弹开始。投资者可于当日及时买入股票。

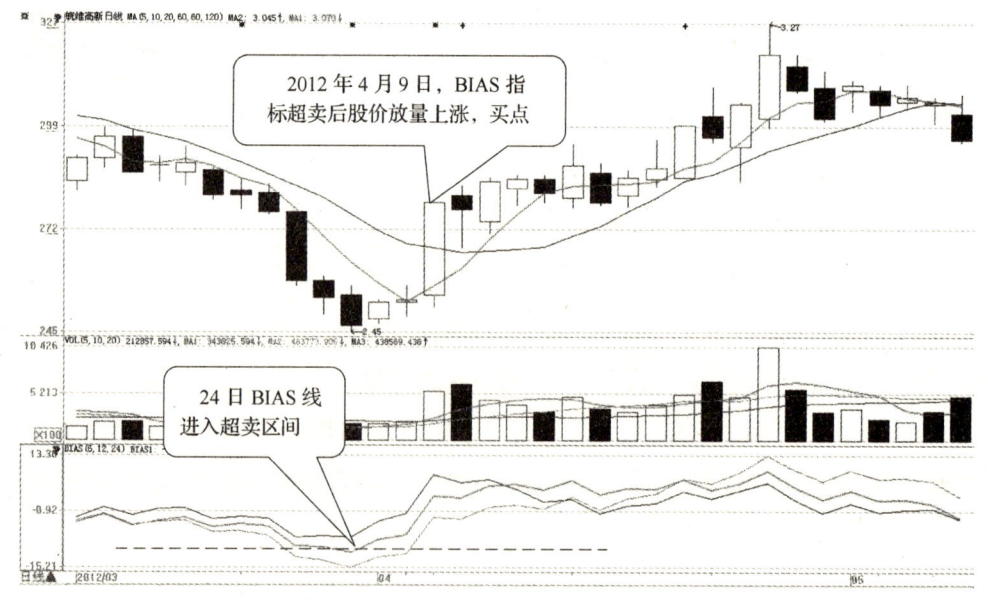

图6—69 皖维高新日K线

6.9.2　BIAS 指标底背离

当股价在下跌走势中逐步创出新低的时候，BIAS 指标线却没有创新低，这就是 BIAS 指标线与股价的底背离。它表示上涨动能正在积聚，股价接下来有较大概率出现一波上涨走势，为买入信号。

如图 6—70 所示，2011 年 10 月，冠城大通（600067）的股价持续下跌，创出新低，而该股 12 日 BIAS 曲线却没有创出新低，形成了 BIAS 曲线与股价的底背离，为股价反弹信号。2011 年 10 月 24 日，该股形成了早晨之星的 K 线看涨形态，投资者可及时买入持股。

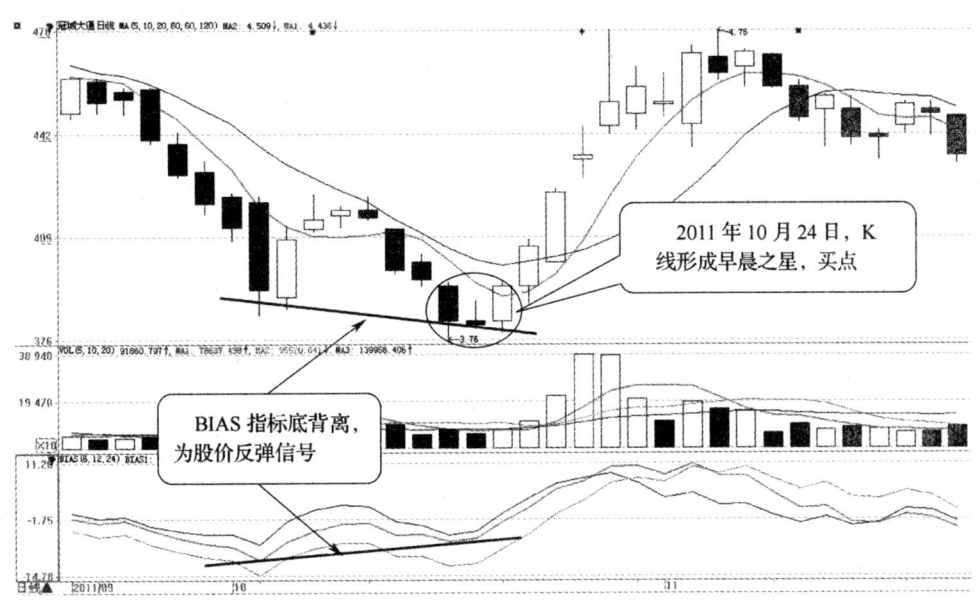

图 6—70　冠城大通日 K 线

如图 6—71 所示，2011 年 1 月，东湖高新（600133）的股价持续下跌，而该股 12 日 BIAS 曲线却没有创出新低，形成了 BIAS 曲线与股价的底背离，为股价反弹信号。2011 年 2 月 1 日，该股均线形成黄金交叉，投资者可及时买入持股。

如图 6—72 所示，2011 年 12 月，中青宝（300052）的股价持续下跌，而该股 12 日 BIAS 曲线却没有创出新低，形成了 BIAS 曲线与股价的底背离，为股价反弹信号。2012 年 2 月 2 日，该股均线形成黄金交叉，投资者可及时买入持股。

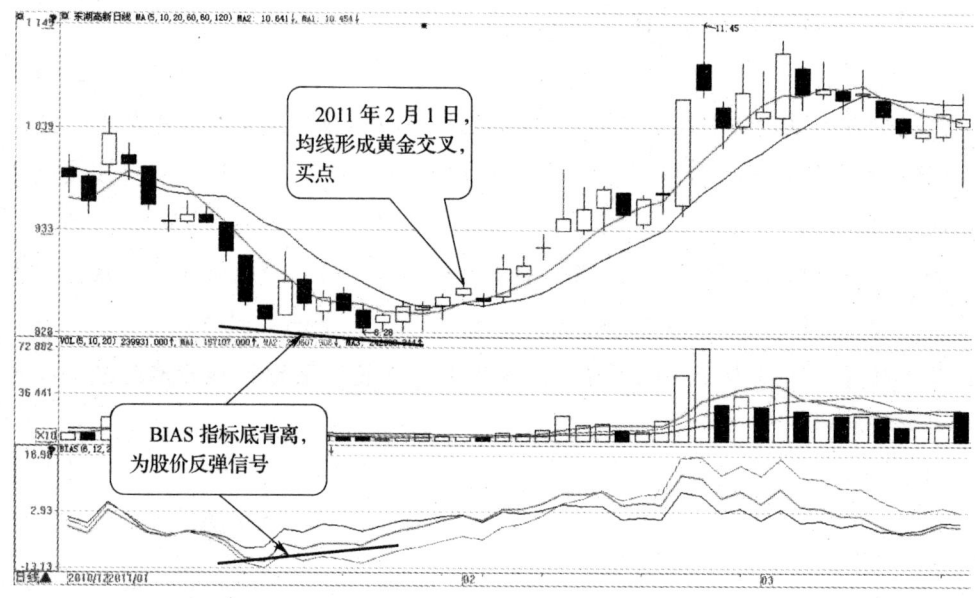

图 6—71　东湖高新日 K 线

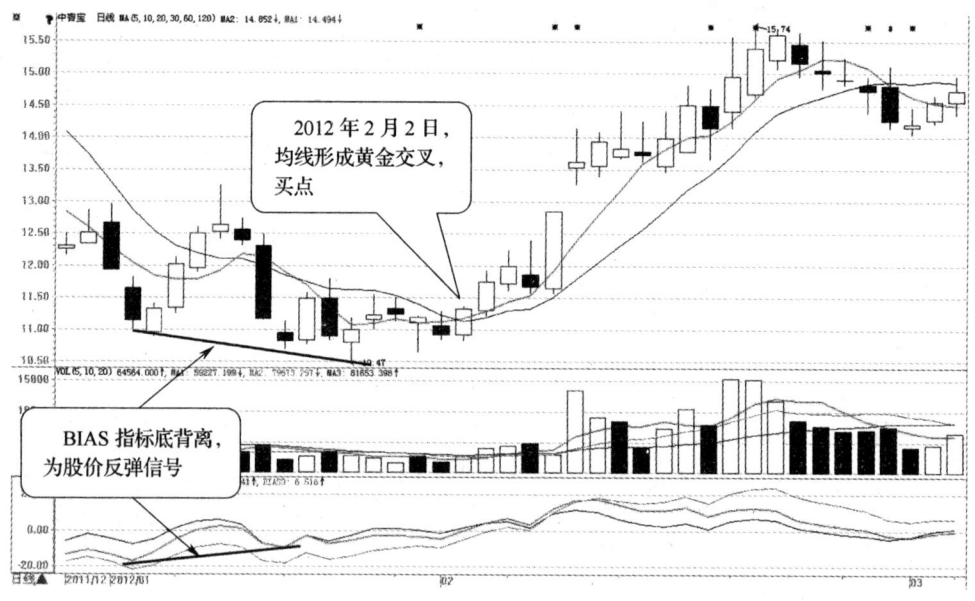

图 6—72　中青宝日 K 线

6.9.3 BIAS 指标的底部形态

当 BIAS 指标线在低位形成 W 形底或三重底等底部形态的时候，预示市场即将由弱势转化为强势，股价将有一波上涨走势。BIAS 指标底部形态的出现为买入信号。

如图 6—73 所示，2011 年年底，包钢股份（600019）的股价持续下跌，24 日 BIAS 曲线进入超卖区域。2011 年 12 月，该股 24 日 BIAS 曲线在低位形成头肩底形态，为股价反弹信号。此后，该股走出持续上涨的反弹走势。投资者可以在该股 BIAS 指标出现底部形态，且股价企稳后买入持股。

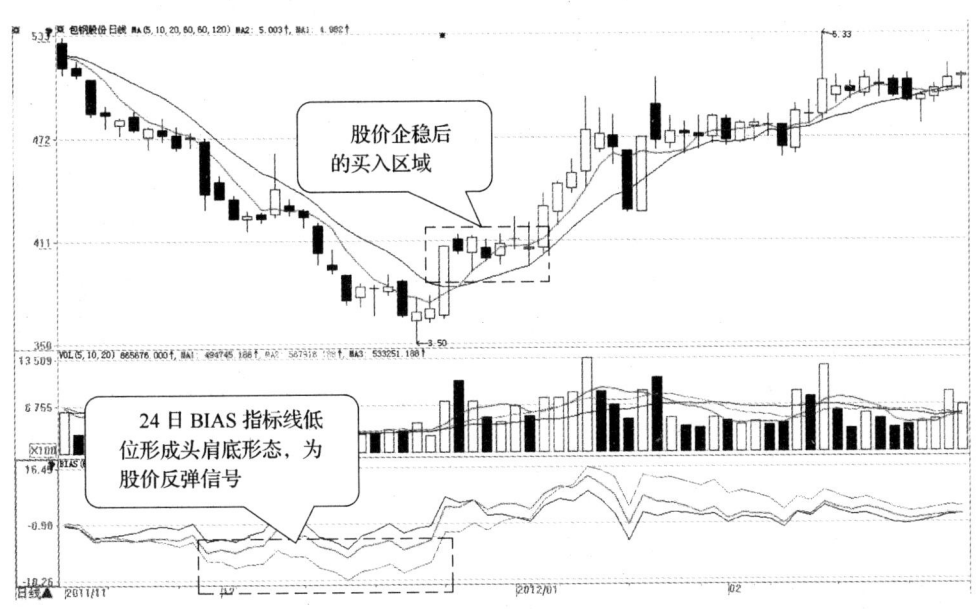

图 6—73 包钢股份日 K 线

如图 6—74 所示，2011 年 11 月至 12 月，大名城（600094）的股价持续下跌。该股 24 日 BIAS 曲线进入超卖区域，并在低位形成 W 形底形态，为股价反弹信号。此后，该股连续放量上涨，走出反弹走势。投资者可以在该股 BIAS 指标出现底部形态，且股价企稳后买入持股。

如图 6—75 所示，2011 年 11 月至 2012 年 1 月，亚威股份（002559）的股价持续下跌。该股 24 日 BIAS 曲线进入超卖区域，并在低位形成 W 形底形态，为股价反弹信号。2012 年 2 月 6 日，该股 K 线形成红三兵形态，买点出现。

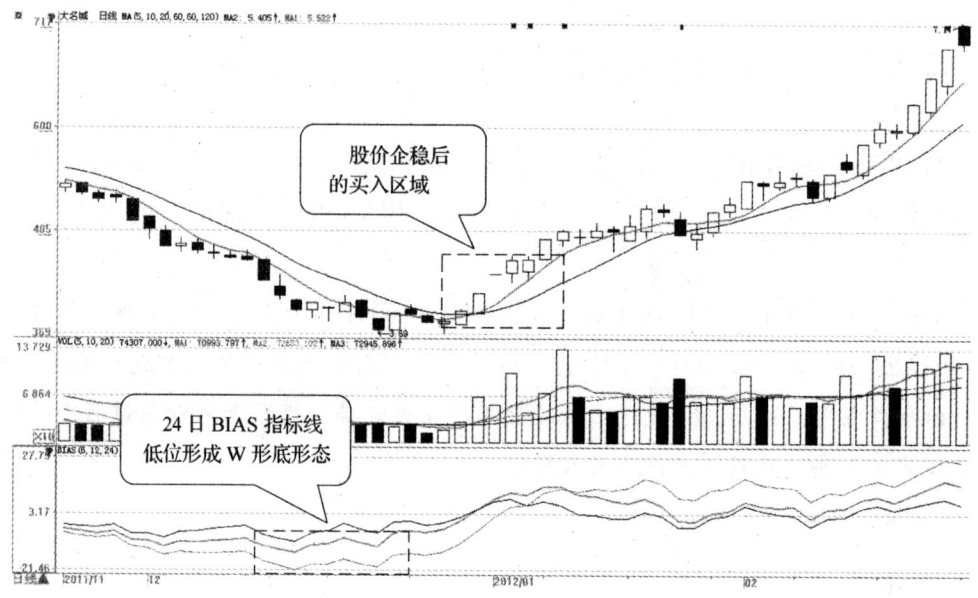

图 6—74 大名城日 K 线

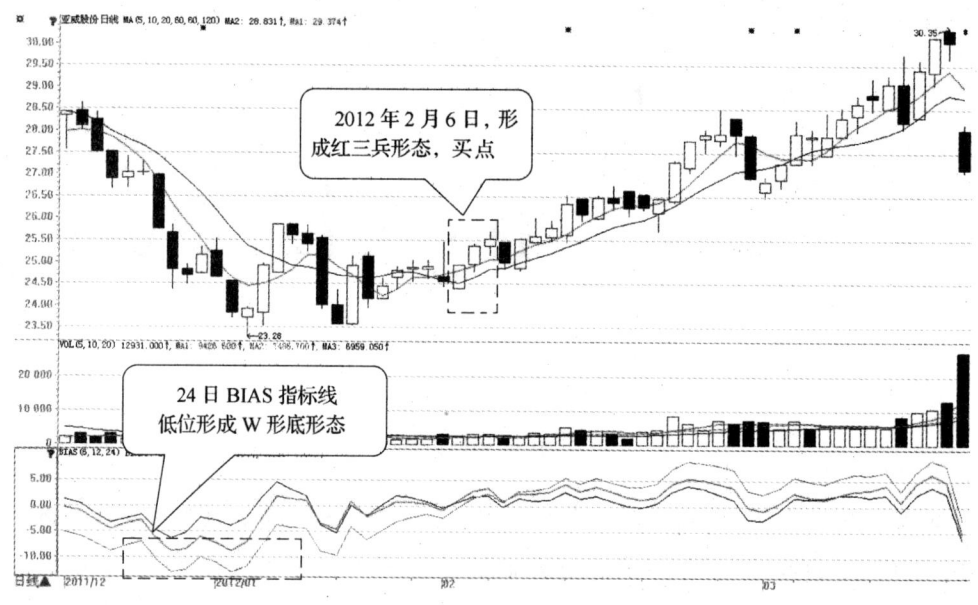

图 6—75 亚威股份日 K 线

如图 6—76 所示，2011 年 11 月至 12 月，洋河股份（002304）的股价持续下跌。该股 24 日 BIAS 曲线在低位形成头肩底形态，为股价反弹信号。2012 年 2 月 2 日，该股 K 线形成红三兵形态，买点出现。

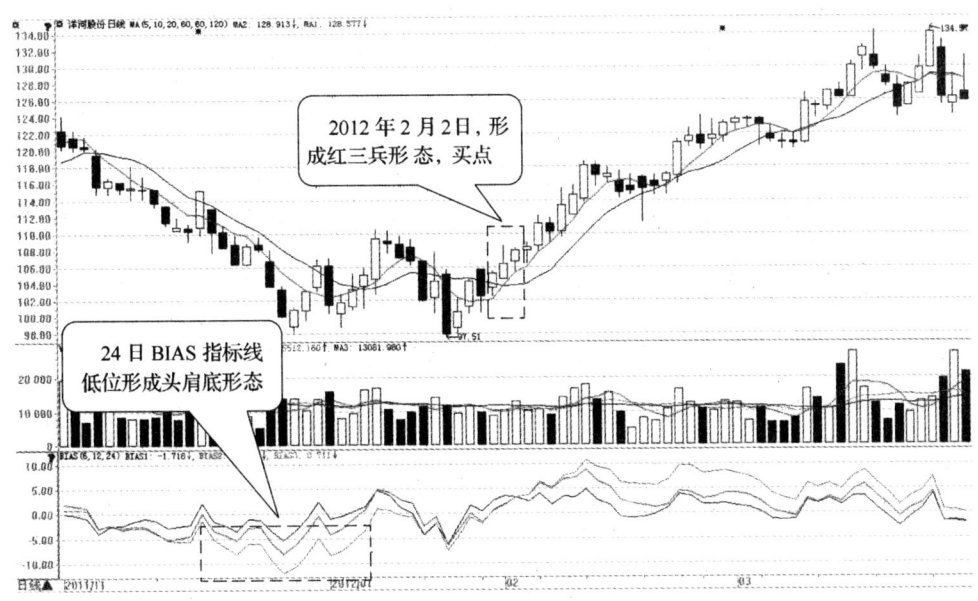

图 6—76 洋河股份日 K 线

第 7 章

看庄家动向选股

7.1 庄家建仓

庄家常分四个步骤运作一只股票,即建仓、洗盘、拉升和出货四个步骤。在拉升阶段,股价每个交易日涨幅大、拉升快,在短期内股价产生明显的增长。投资者若在个股拉升初期介入,则可以获利丰厚。而要想准确把握庄家拉升股价的时机,则投资者需要充分了解庄家运作股票的全过程。本章分别介绍建仓、洗盘、拉升和出货这四个阶段的特点,以供参考。

7.1.1 横盘建仓

当股价经过一段时期的下跌后,开始止跌回稳,但又不立即上涨,而是在一个窄幅区间内波动,股价的运行方向呈现横向运动,或者略微向上倾斜,则有庄家横盘建仓的可能性。投资者还需进一步确认。

横盘建仓具有以下两个特征:

1. 横盘整理的时间长

横盘建仓的时间通常持续数月,有时甚至超过一年。充分的建仓时间,说明庄家建仓充分,控盘程度高,为日后拉升打下基础。

2. 间断出现不规则的放量

在横盘建仓期间,股价有时呈现先拉升、再大幅下跌的走势,并伴随着较大的成交量。庄家通过拉高,引诱跟风盘入场,再通过打压让跟风筹码抛出,以此加速收集筹码。

如图7—1所示,2010年5月至9月,方大炭素(600516)的股价始终在小范围内横盘波动,成交量整体上保持较低的水平。2010年8月31日,该股放巨量上涨,股价突破了此前的横盘区间,表明股价上涨加速,是建仓完毕开始拉升的信号,形成买点。投资者可以尝试买入持股。

如图7—2所示,2010年9月至2011年2月,迪康药业(600466)的股价始终在小范围内横盘波动,成交量保持较低水平。这期间,股价有一次持续的放量上涨,但持续时间较短,不久股价即放量跌回。2011年2月11日,该股再次放量上涨,股价

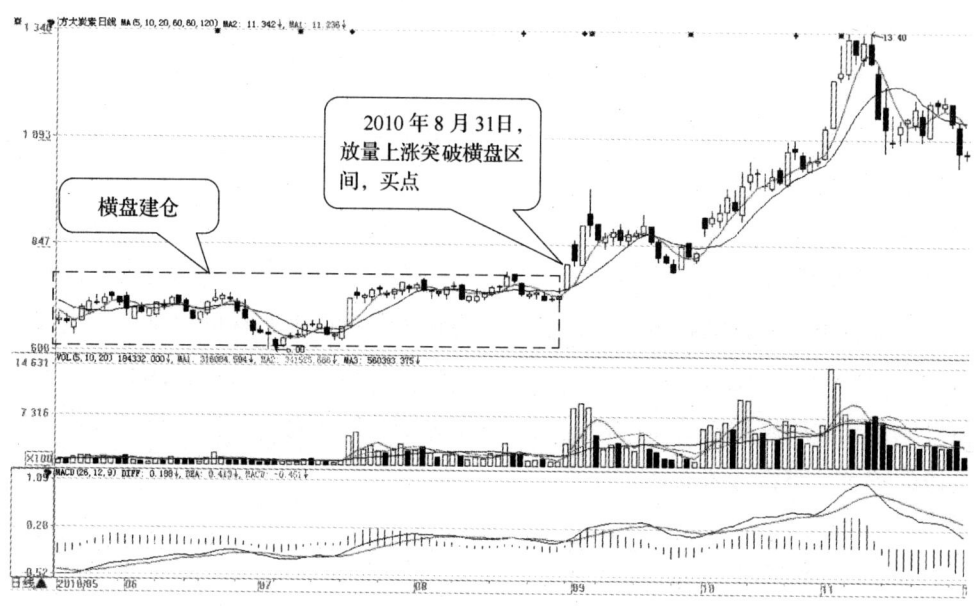

图 7—1　方大炭素日 K 线

突破了此前的横盘区间，是建仓完毕开始拉升的信号，形成买点。投资者可于当日买入持股。

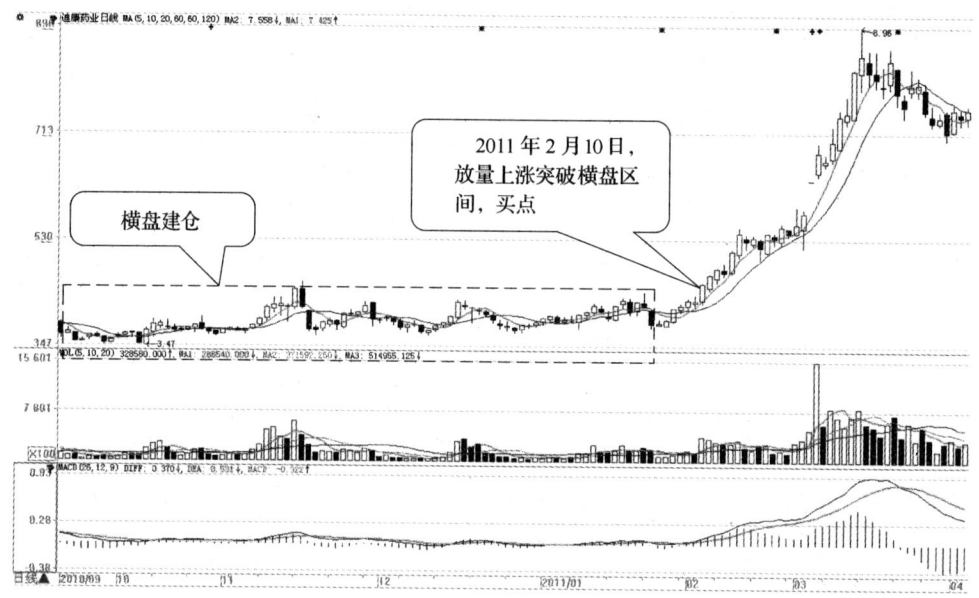

图 7—2　迪康药业日 K 线

7.1.2 推高建仓

当庄家在低位建仓一段时期之后,卖盘逐步减少,低位吸筹难度加大。此时庄家便开始推高股价,向上逐渐寻找卖盘。推高建仓有时候也因为大盘转好而出现,庄家为防止其他资金抢筹,逐步推高股价继续建仓。

推高建仓具有以下两个特征:

1. 股价每个交易日涨幅小

股价每个交易日涨幅小,上涨往往特立独行,有其固定的趋势。

2. 推高建仓后出现洗盘

推高建仓股价波动较小,浮筹较多。因此庄家在真正拉升之前,往往会进行比较猛烈的洗盘,将推升过程中买入的浮筹清洗出局。

如图7—3所示,2010年6月至10月,南方汇通(000920)的股价出现缓步推升的走势,股价持续缓步攀升,成交量整体上保持平稳,庄家推高建仓的迹象明显。此后,该股经历一轮洗盘后开始拉升。快速拉升阶段的开始,预示着庄家推高建仓阶段的结束。此时是投资者的入场时机。

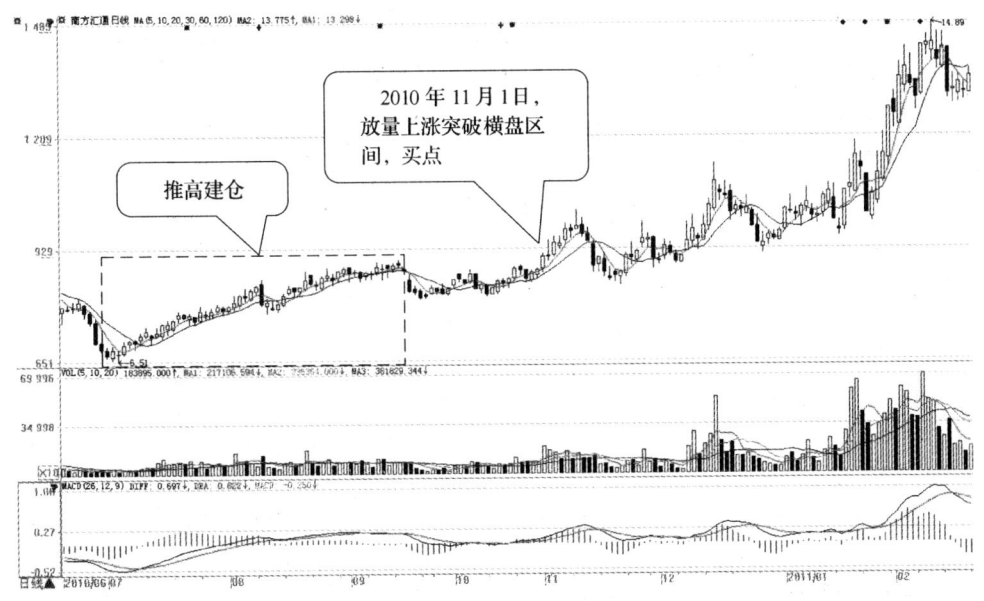

图7—3 南方汇通日K线

如图7—4所示，2010年7月至8月，江西水泥（000789）的股价出现缓步推升走势，庄家推高股价达到逐步建仓的目的。该股在建仓后的价格区间先进行横盘整理，然后开始持续拉升。

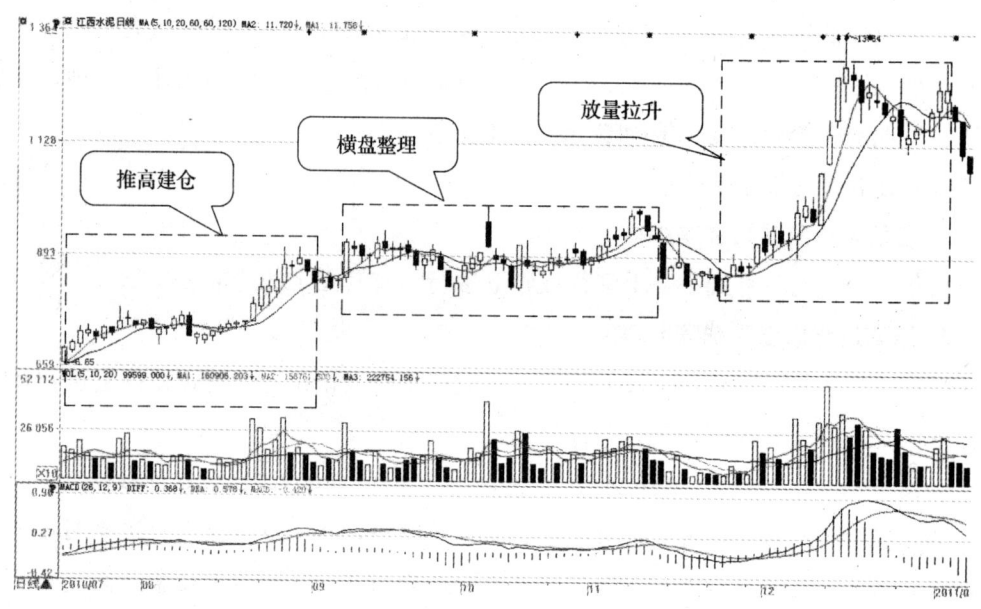

图7—4　江西水泥日K线

如图7—5所示，2012年2月至3月，经过前期的下跌后，永清环保（300187）的股价持续缓步攀升，成交量整体上保持平稳。2012年5月初，该股经历一轮洗盘后开始拉升。投资者可以在该股推高结束，且经过洗盘后再次放量上涨时买入持股。

7.1.3　打压建仓

在熊市尾声，或市场人气低迷的时候，庄家往往会采用打压建仓的方式。庄家不用费太大劲就可以把股价打下去，同时可以引出许多恐慌性抛盘，庄家可以顺势收入囊中。

打压建仓一般具有如下特点：

1. 大盘走势较弱

打压建仓一般发生在大势较弱，人气低迷的时候，或者个股出现利空消息的时候，庄家借势向下打压，吓出里面的持股者。

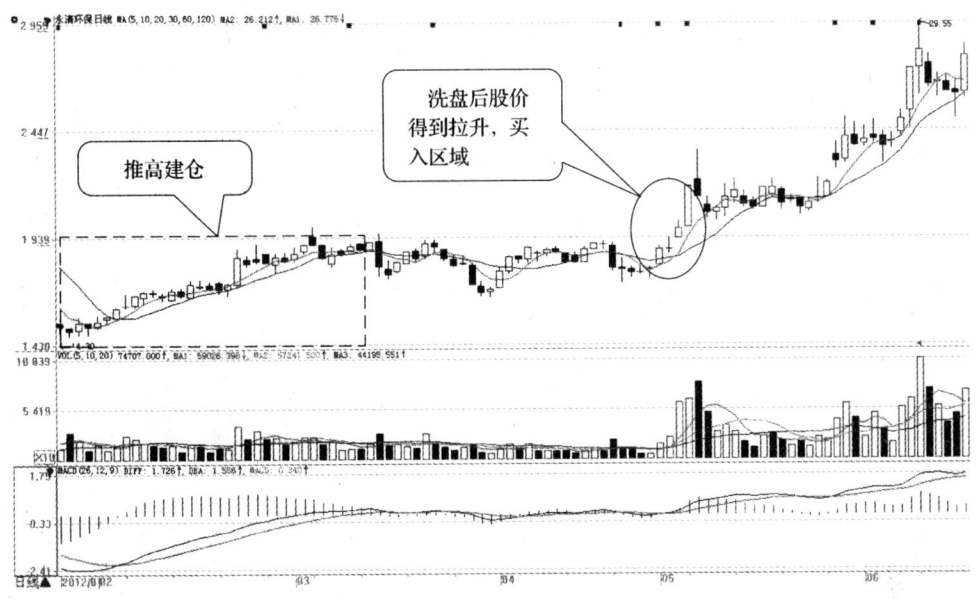

图 7—5　永清环保日 K 线

2. 股价变化突然

庄家打压的个股股价变化突然，盘中分时图走势往往是股价随大盘大幅跳水，然后在低位横盘震荡。

3. 股价放量下跌

在打压建仓的当日，成交量一般都会放大，在打压之后又会很快缩量。

如图 7—6 所示，2011 年 5 月 27 日，天齐锂业（002466）的股价连续第三个交易日走出长阴线下跌，跌幅较大。此后，股价持续在三根阴线产生的价格区间内整理。2011 年 6 月 30 日，该股放量上涨，是打压建仓结束、股价开始拉升的信号。投资者可以及时买入持股。

如图 7—7 所示，2012 年 3 月至 6 月，大连国际（000881）的股价经历了由打压建仓开始至拉升出货的全过程。庄家首先打压股价，股价连续走出长阴线下跌，跌幅大，走势吓人。此后，股价保持在一定的价格区间内整理。2012 年 5 月 17 日，该股放量上涨，表明整理建仓结束，股价开始拉升。投资者在股价拉升时可以及时买入持股。

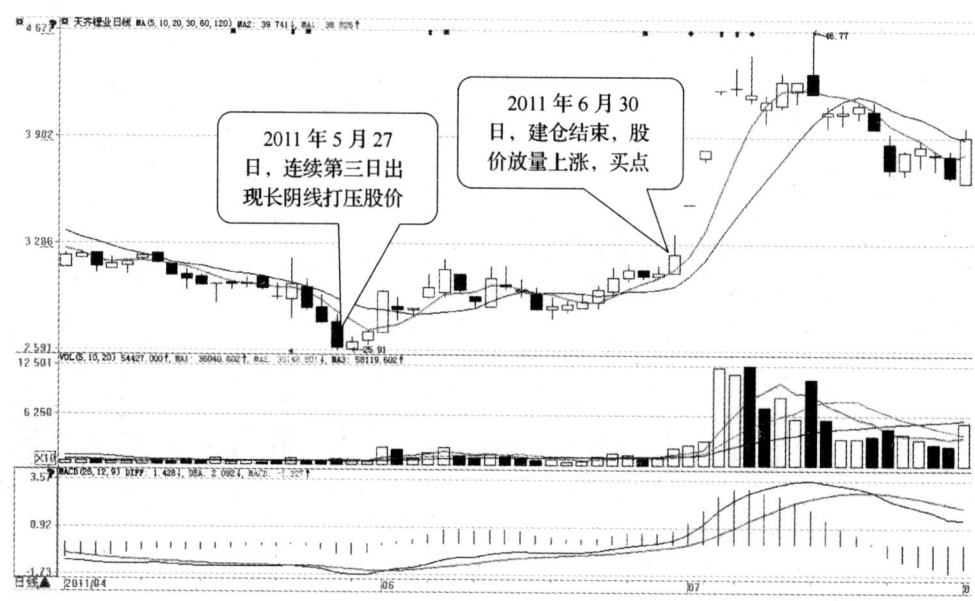

图 7—6 天齐锂业日 K 线

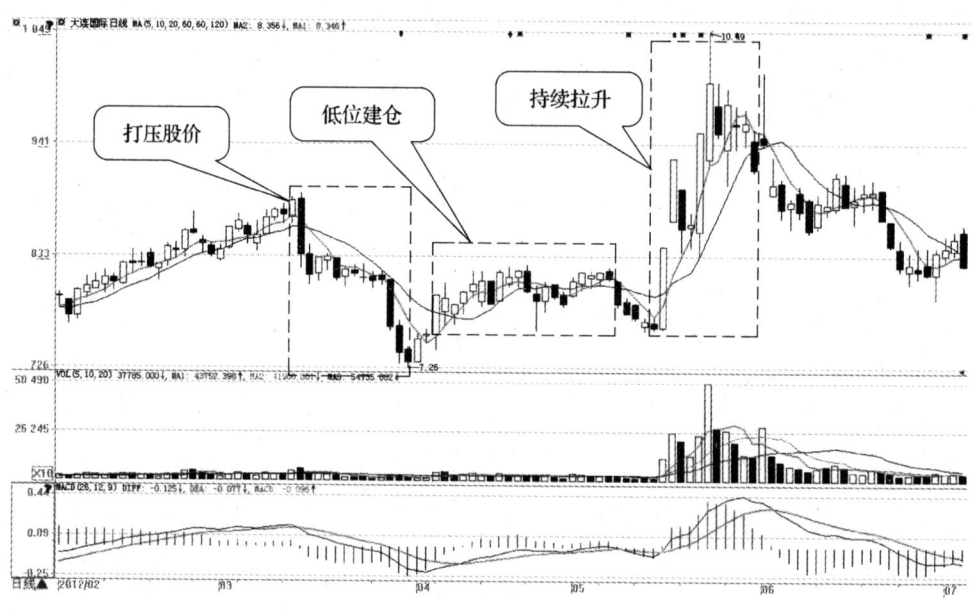

图 7—7 大连国际日 K 线

7.1.4 拉高建仓

当市场或者个股由于突发性利好消息，走势突然转强时，如果需要快速收集筹码，庄家往往会采用拉高建仓的手法。区别于推高建仓，拉高建仓时，股价大幅快速上涨。当短期涨幅达到一定幅度时，很多持股者会担心失去这一段快速的利润而开始卖出，庄家则趁机收集筹码。

拉高建仓有以下三点特征：

1. 发生在低位

连续拉升发生在大盘或者个股的相对低位，或者涨势的初期。

2. 有利好消息支持

个股拉高建仓，往往伴随着突发性的利好或大盘指数的快速反弹。

3. 拉高后高点形成阻力位

拉高建仓的过程中，股价随时面临回调。当后市股价收复拉高建仓的高点位置时，即表明建仓完成，新的拉升开始。

如图7—8所示，2012年2月至3月，欧菲光（002456）的股价随大盘下跌至底部后，连续走出大幅放量上涨的走势。这种走势伴随着大盘的超跌反弹产生，庄家一

图7—8 欧菲光日K线

边大幅拉升股价，一边顺势建仓。此后，该股小幅回调后即放量上涨，收复建仓期产生的高点，表明新的拉升开始。投资者此时可以买入持股。

如图7—9所示，2010年6月至8月，经过前期下跌的中煤能源（601898）股价快速拉升，形成了高位的平台。这种走势伴随着大盘的超跌反弹产生，庄家拉升股价，诱出浮动筹码，完成建仓。2010年10月8日，该股放量上涨，突破前期高点，表明新的拉升开始。投资者此时可以买入持股。

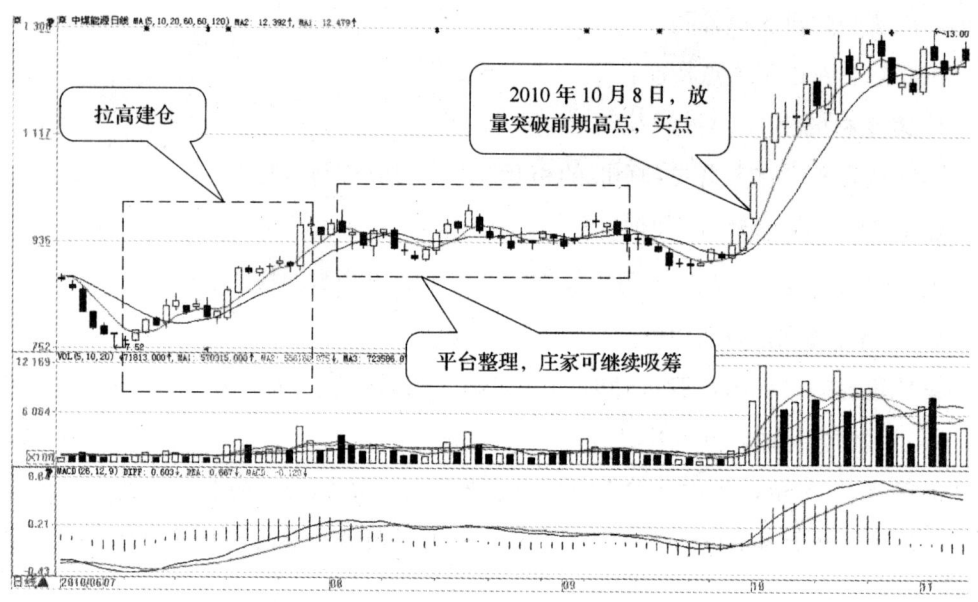

图7—9 中煤能源日K线

7.2 庄家洗盘

7.2.1 打压洗盘

为了能够顺利地把股价拉升至目标价位，庄家通过在一定的时间段内打压股价，让低价买进、意志不坚的投资者抛出股票。庄家这种洗盘方式即为打压洗盘，打压洗盘可以减少其他获利盘的获利幅度，同时，增加个股的换手可以抬高市场平均成本，减轻上档压力，更加有利于后期的拉升和出货。

打压洗盘的手法通常有以下三个特征：

1. 借助大势或者利空消息

打压洗盘一般发生在大盘出现下跌走势，或者市场及个股出现较大的利空消息时。此时庄家打压能取得良好效果。

2. 快和狠

打压洗盘一般持续时间较短，而且往往是连续下跌，但是很快能够企稳回升。另外，为了制造恐慌情绪，打压洗盘常都会跌破重要支撑位。

3. 成交量缩减

随着股价的快速下跌，成交量水平往往不断缩减。成交量萎缩的幅度越大，那么后续上涨的力度也会越大。因为成交量的极度萎缩，说明市场的浮动筹码已经非常少了，拉升的时候自然阻力也会小。

如图7—10所示，2012年3月，伴随着大盘出现的连续下跌，浙江富润（600070）的股价也连续走出阴线。庄家顺势向下打压，股价击穿10日移动平均线。而在下跌过程中，成交量持续萎缩，表明庄家并没有大举出逃。2012年4月5日，该股突然放量上涨，是洗盘结束的信号，买点出现。

如图7—11所示，2012年3月中旬，伴随着大盘的连续下跌，信邦制药（002390）的股价也连续走出阴线。在下跌过程中，成交量持续萎缩，量价配合上表明此次下跌庄家借势洗盘的可能性大。此后，该股再次放量向上，洗盘结束后走出了一波上涨走势。投资者可以在洗盘结束，股价企稳上涨时买入持股。

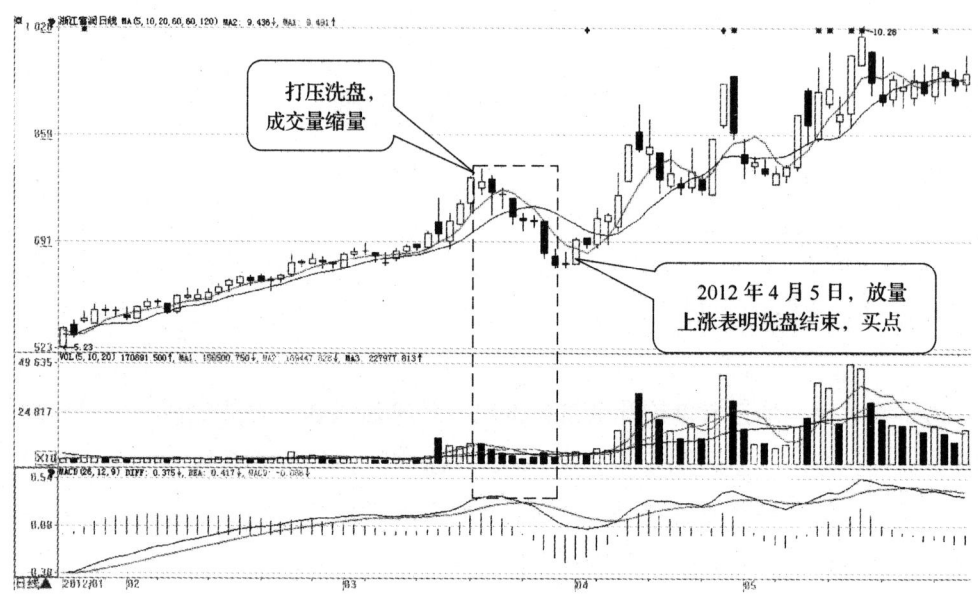

图 7—10 浙江富润日 K 线

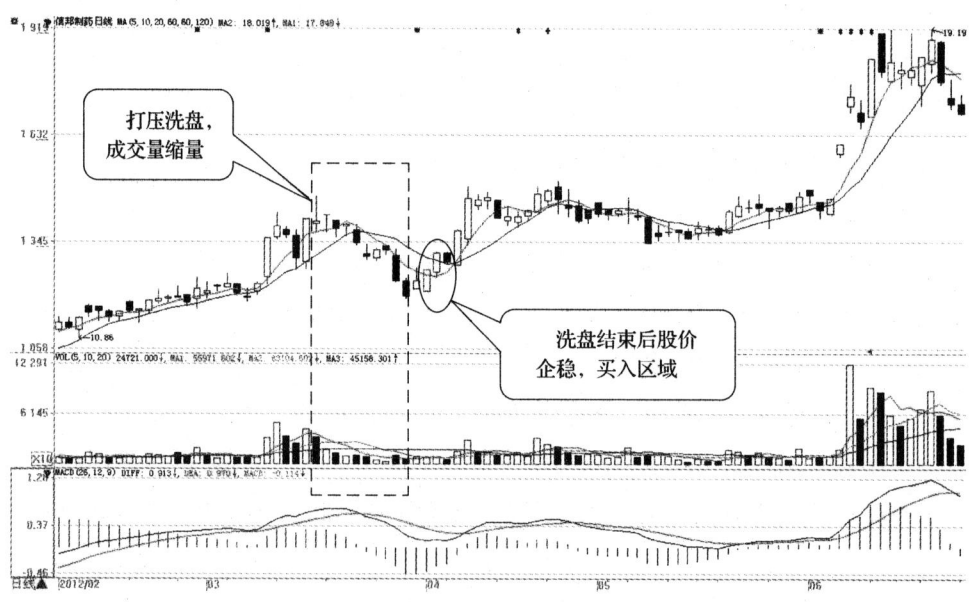

图 7—11 信邦制药日 K 线

7.2.2 震荡洗盘

震荡洗盘是庄家常用的洗盘方式之一。震荡洗盘既可以打压股价进行吸筹,又可以通过长时间的大幅震荡来清洗浮筹,庄家在洗盘过程中可以一举两得。震荡洗盘,一般发生在股价经过较大幅度的拉升后。此时市场中的获利盘较多,庄家通过较长时间的反复震荡,促使股票进行充分换手,可以抬高市场平均成本,为下一步拉升做好准备。

震荡洗盘的过程中,成交量通常呈现逐步递减的走势。在形态上,震荡洗盘有很多表现形式,可以大致分为三角形整理、旗形整理、弧形整理和菱形整理等(股价形态的相关内容,投资者可以参阅第五章中的整理形态部分)。

如图7—12所示,2012年3月至6月,经过前期小幅上涨的海默科技(300084)股价走出了震荡整理走势。在震荡过程中,股价每波高点基本不变,而低点逐渐上升,形成了楔形整理形态。2012年6月26日,该股放量上涨,突破了楔形上边界,表明洗盘结束,上涨趋势形成。投资者可于当日股价形成突破时买入持股。

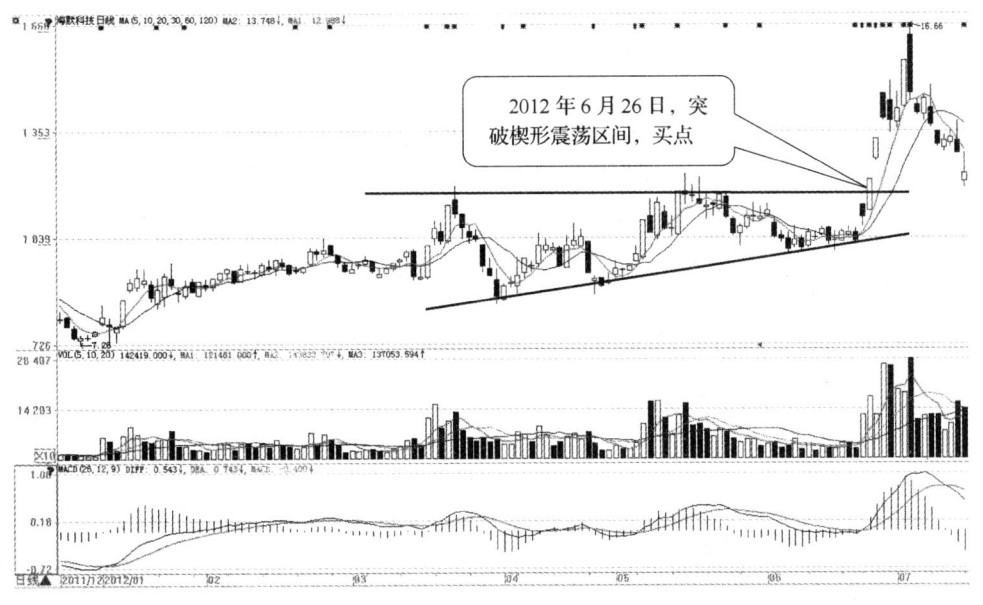

图7—12 海默科技日K线

如图7—13所示,2012年3月,前期持续上涨的佐力药业(300181)股价进入震荡区间。在震荡过程中，股价高点不变，低点逐渐上升，形成了楔形整理形态。2012年6月15日，该股经过前期连续3个交易日走出小阳线蓄势后放量涨停，突破了楔形上边界，表明洗盘结束，股价开始拉升。投资者可于股价形成突破时买入持股。

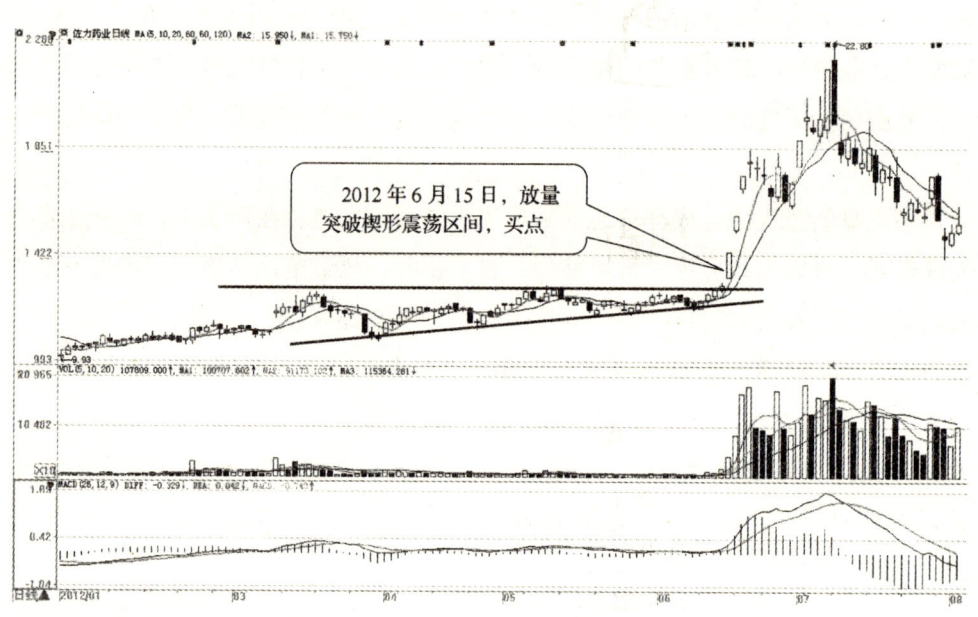

图7—13 佐力药业日K线

如图7—14所示，2010年11月至12月，中船股份（600072）经过前期上涨后进入整理区间。在震荡整理过程中，股价高点、低点逐渐靠近，形成了三角形整理形态。2011年1月5日，股价在快要接近三角形顶点的位置放量上涨，突破了三角形的上边界，表明洗盘结束，股价开始拉升。投资者可于股价形成突破时买入持股。

7.2.3　拉高洗盘

与震荡洗盘不同，拉高洗盘发生在庄家的建仓阶段。在建仓阶段，庄家为掩饰建仓意图，通常缓慢吃进筹码。个股股价走势较为平稳，其表现形式是长期横盘。此时，庄家先将股价拉高，做出要拉升的形态，再将股价打压回原建仓平台。跟风盘见股价拉升失败，纷纷抛出，而一些前期建仓盘也不能忍受这种先拉升、再下跌的打击（虽然股价没有实质变化），抛出筹码。庄家可以借机更快地完成建仓。

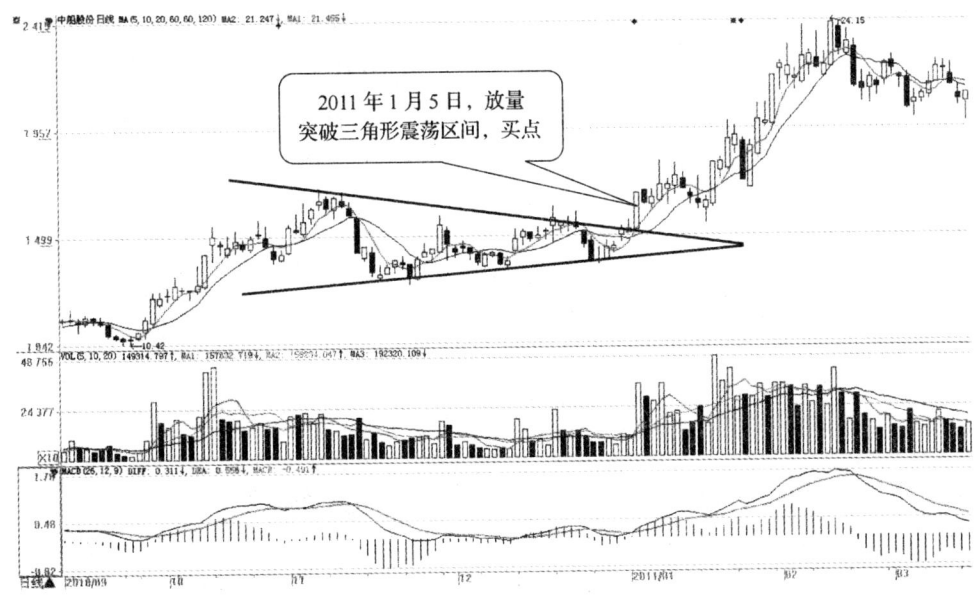

图 7—14　中船股份日 K 线

如图 7—15 所示，2012 年 1 月至 4 月，经过前期上涨的江山股份（600389）股价进入整理区间。在整理过程中，股价多次出现放量上涨的走势。每次上涨均仿佛是股价拉升的开端，而每次小幅上涨后股价即得到回调。高位跟风盘纷纷割肉抛售，耐不住性子的投资者卖出筹码，庄家借此走势加速完成建仓。

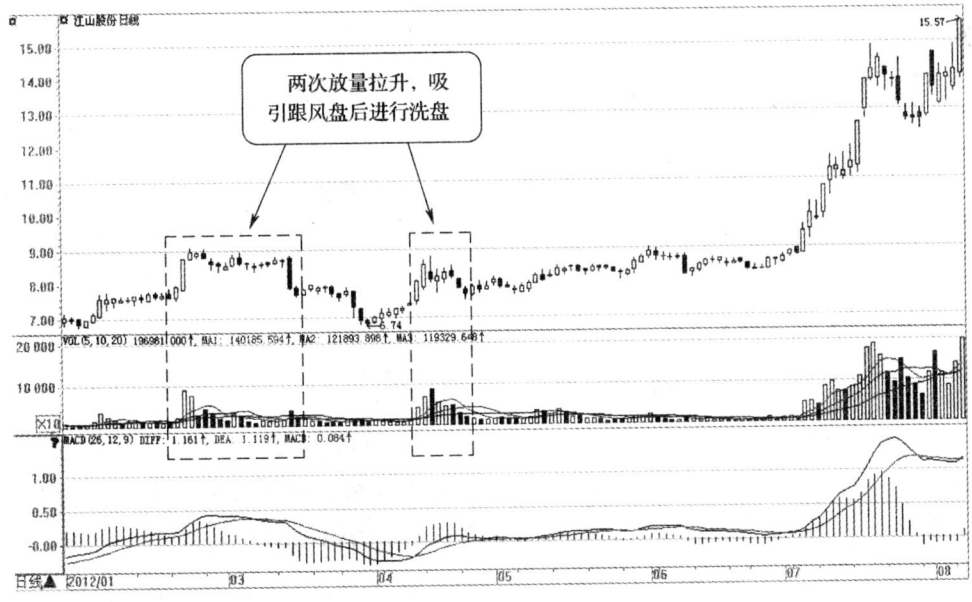

图 7—15　江山股份日 K 线

如图 7—16 所示，2011 年 7 月至 9 月，天舟文化（300148）的股价处于整理走势中，股价上下波动幅度较小。在整理过程中，股价多次放量上涨，其中有两次放量涨停。但这种上涨行情只持续一个交易日。通过放量上涨吸引了较多的高位跟风盘后，庄家再将股价打压，完成洗盘，同时顺势建仓。

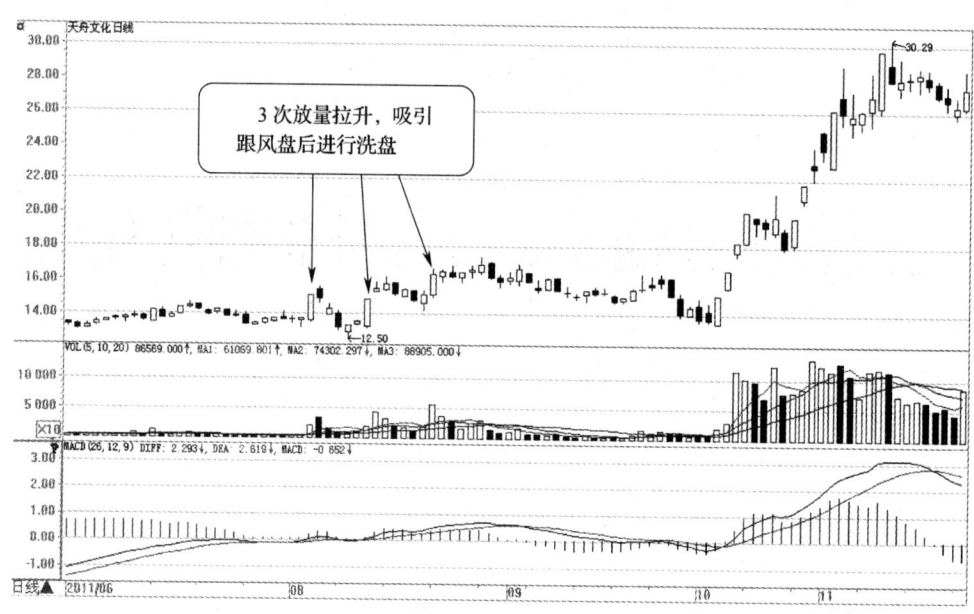

图 7—16　天舟文化日 K 线

7.2.4　边拉升边洗盘

边拉升边洗盘是指庄家在拉升股价的同时，不断地进行小规模的洗盘，庄家通过这种方式，在拉升的同时不断进行大大小小的洗盘动作，促进市场换手，压缩短线筹码的获利空间，以减轻上涨压力。

边拉升边洗盘常出现在大盘处于单边上扬的行情时，庄家无法进行较长时间的洗盘，只能把拉升和洗盘的动作交错进行。这样边拉升，边洗盘，既利用大盘的升势拉升了股价，又可以进行部分程度的洗盘。

如图 7—17 所示，2010 年 7 月至 12 月，华北制药（600812）的股价处于持续上涨的走势中。在上涨的过程中，股价多次进行回调，每次回调均持续几个交易，而回调成交量逐渐缩量，表明看空者逐渐减少。投资者可于回调成交量缩量至较低水平时买入持股。

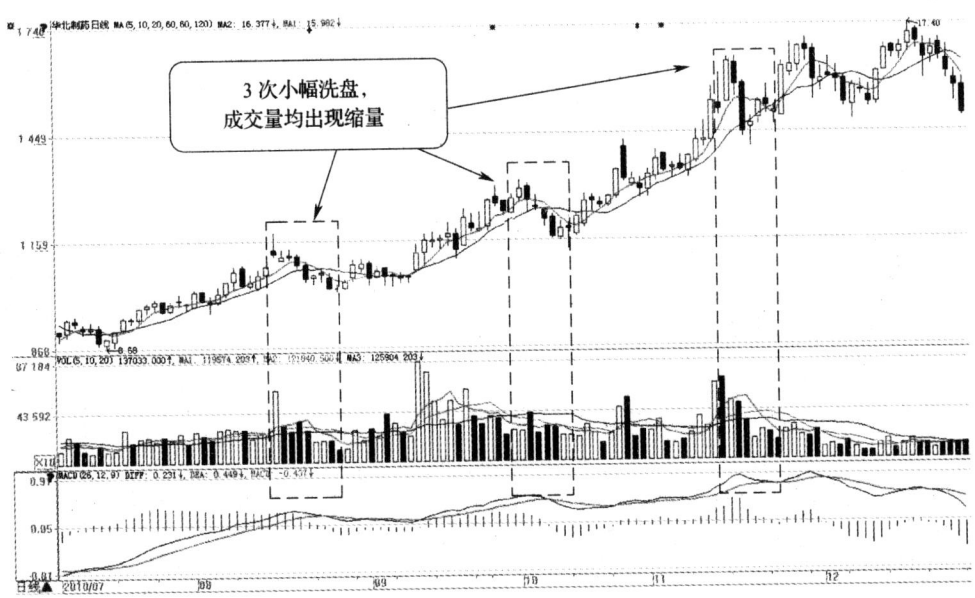

图 7—17 华北制药日 K 线

如图 7—18 所示,2011 年 1 月至 4 月,长征电气(600112)的股价处于持续上涨的走势中。在上涨的过程中,股价连续 4 次出现小幅回调,每次回调只持续两个交易左右,而回调时成交量缩小。投资者可于回调成交量缩量时买入持股。

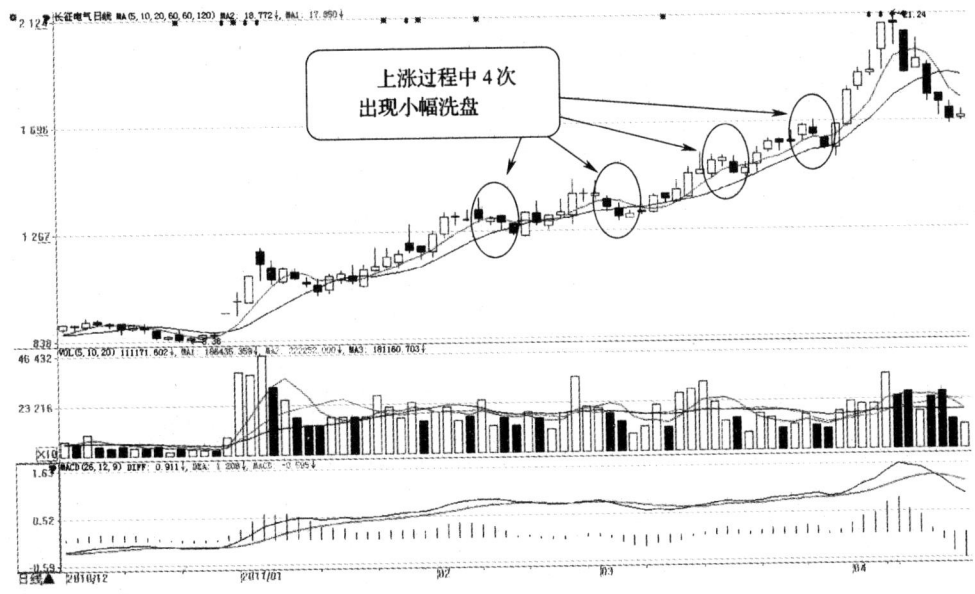

图 7—18 长征电气日 K 线

7.3 庄家拉升

7.3.1 急速拉升

急速拉升，是庄家在短时间内将股价大幅拉升。个股经过充分洗盘后，若有利好题材，或迎来大盘走势上涨，庄家往往会采取急速拉升的方式，将股价快速拉高，达到目标出货区域。

在走势图上，急速拉升的个股较易走出涨停，且股价沿着5日均线连续上涨，在拉升过程中通常不会跌破5日均线。投资者在看到个股开始急速拉升时，即可以尝试短线介入。

如图7—19所示，2011年10月24日，在震荡整理近两个月后，中体产业（600158）的股价放量上涨走出涨停，股价迅速脱离整理区间，表明整理走势结束，股价开始拉升。此时投资者可以及时进行短线买入。

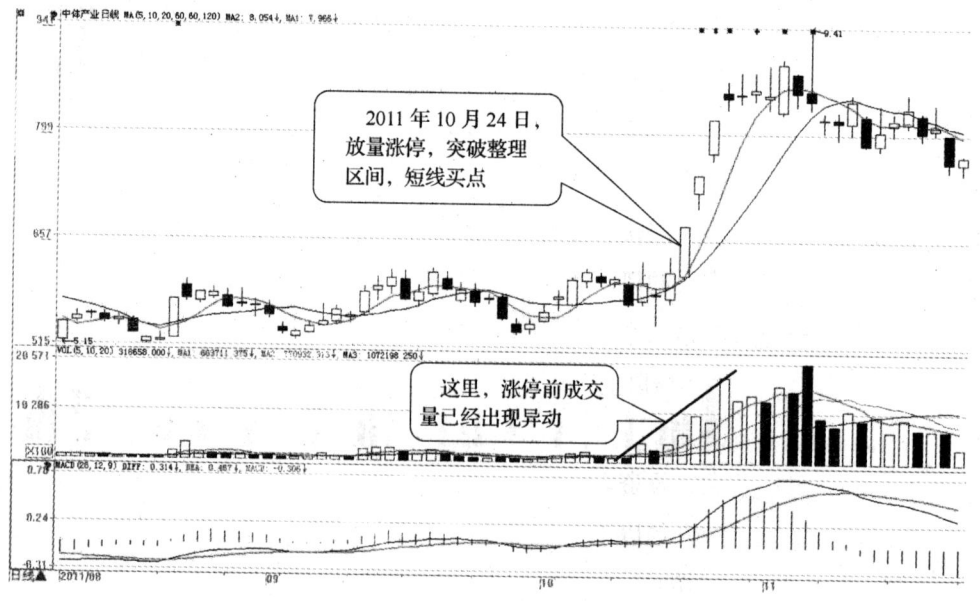

图7—19 中体产业日K线

如图7—20所示，2012年4月23日，经历过横盘整理后，东安动力（600178）的股价放量上涨走出涨停，股价迅速脱离整理区间，表明整理走势结束，庄家开始拉升股价。此时投资者可以及时进行短线建仓。

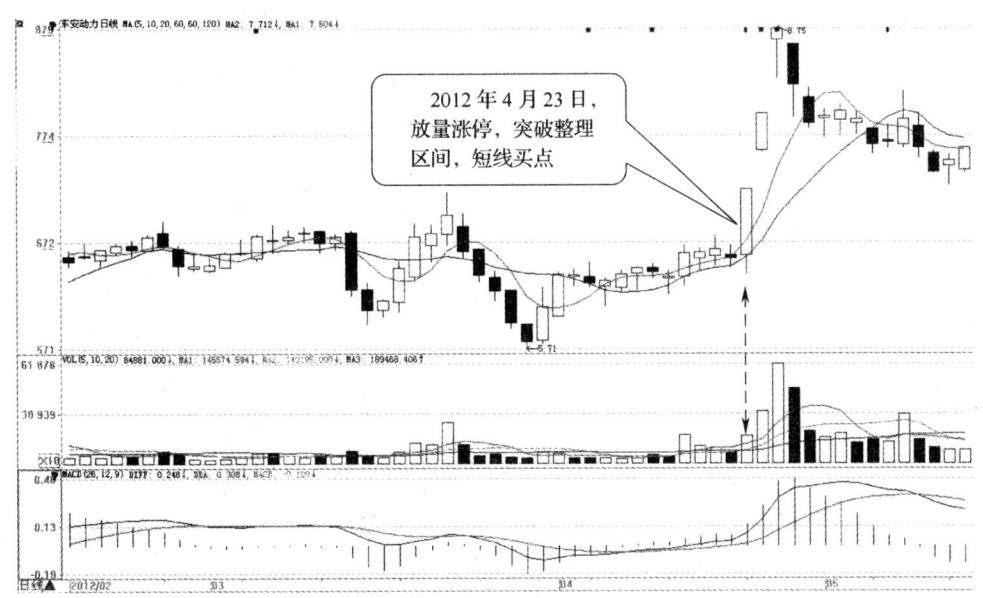

图7—20 东安动力日K线

如图7—21所示，2012年7月16日，经过前期横盘建仓后，开开实业（600272）的股价放量上涨走出涨停，表明整理走势结束，庄家开始拉升股价。在拉升前，股价曾小幅下跌，而成交量较小，是拉升前的一次洗盘。这种先横盘再小幅下跌的走势应引起投资者的注意。

急速拉升的个股短期上涨快、涨幅大，是短线的最佳投资对象。然而盲目投资短期强势上涨的个股亦有较大的风险。当一些庄家诱多的个股好像出现拉升迹象时，投资者纷纷跟风，而股价在第二个交易日甚至当日拉高后即开始大幅下跌。若及时撤出，则投资者短线将损失5%以上；若没有及时撤出，又恰逢股价拉高后急跌，则投资者将面临30%以上的巨亏。

因此，为了保证获利，投资者应提高对急速拉升个股的判断力。投资者提高判断的准确性，应把握急速拉升的以下三个要点：

1. 有利好消息持续支持

急速拉升时，个股应有利好题材配合，或迎来大盘走势持续上涨。

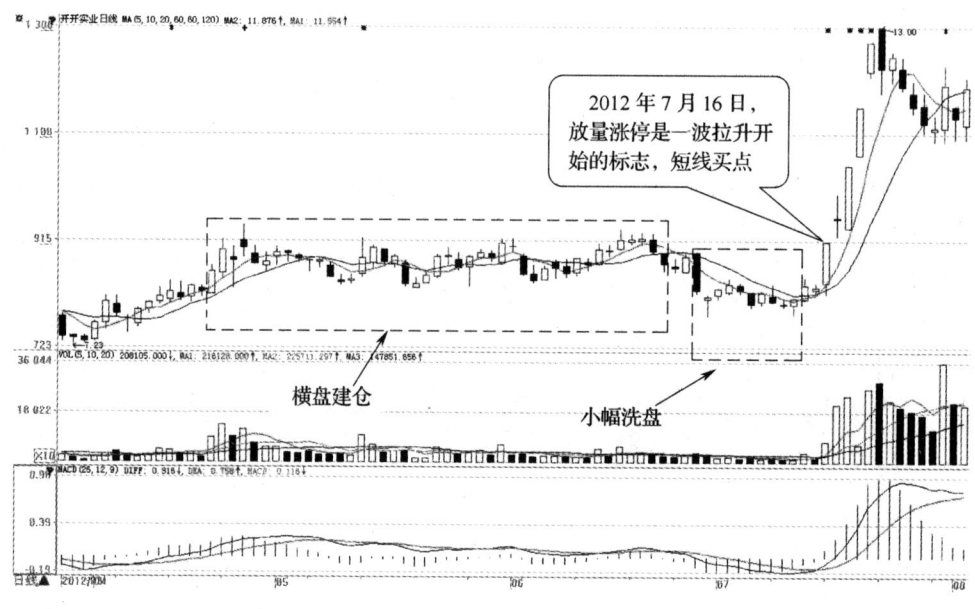

图 7—21 开开实业日 K 线

2. 前期有建仓迹象

前期的 K 线走势上，应具有庄家建仓的形态，如股价出现长期横盘、窄幅震荡等走势。

3. 拉升时成交量持续放大

庄家拉升股价时往往已经准备充分，一旦确定拉升，庄家会动用较大资金持续做多。这些资金用以拉升股价或封涨停板，因此拉升时成交量应持续放大配合。

如图 7—22 所示，2011 年 5 月 12 日，道博股份（600136）的股价早盘高开，开盘后即放量上涨，做出将要拉升的走势。不久，股价即冲高回落，留下较长的上影线，且第二个交易日股价即跳空下跌，弱势显现。出现此形态时，上证指数整体上正处于下跌走势中。因为得不到大盘的支持，这里拉升的成功率较小。

如图 7—23 所示，2012 年 5 月 4 日，广汇能源（600256）的股价放量上涨，出现将要拉升的走势。而此后的交易日中，股价上涨乏力，成交量逐渐回落，走出了横盘走势。此前，该股公布公告，最新一期的业绩出现下降。因为出现利空消息，这里短期持续拉升的成功率较小。

如图 7—24 所示，2012 年 4 月 13 日，海泰发展（600082）的股价放量上涨走出涨停，开始了持续 3 个涨停的强势拉升。这是较理想的急速拉升形态，从该形态中，投资者可以看到：

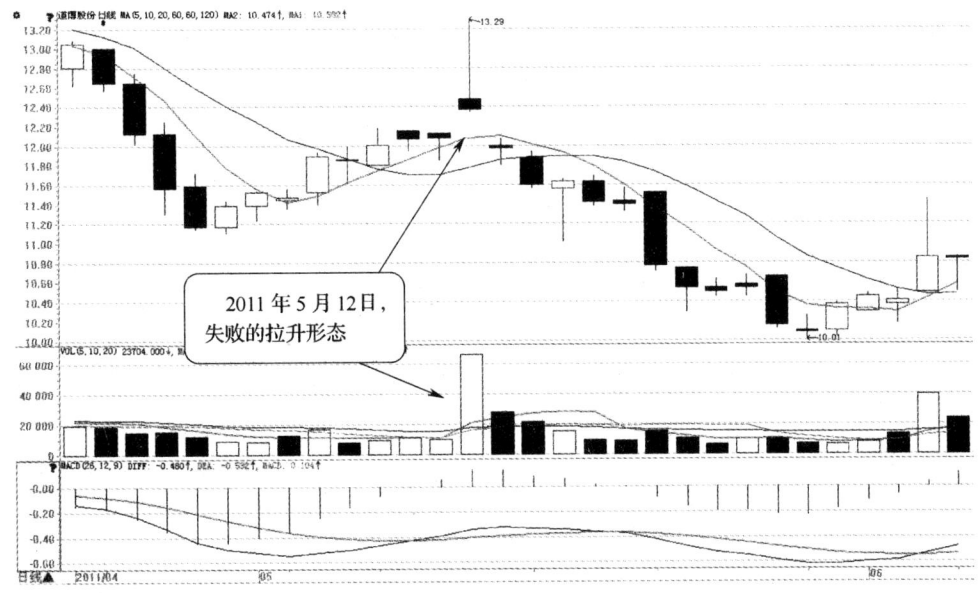

图7—22 道博股份日K线

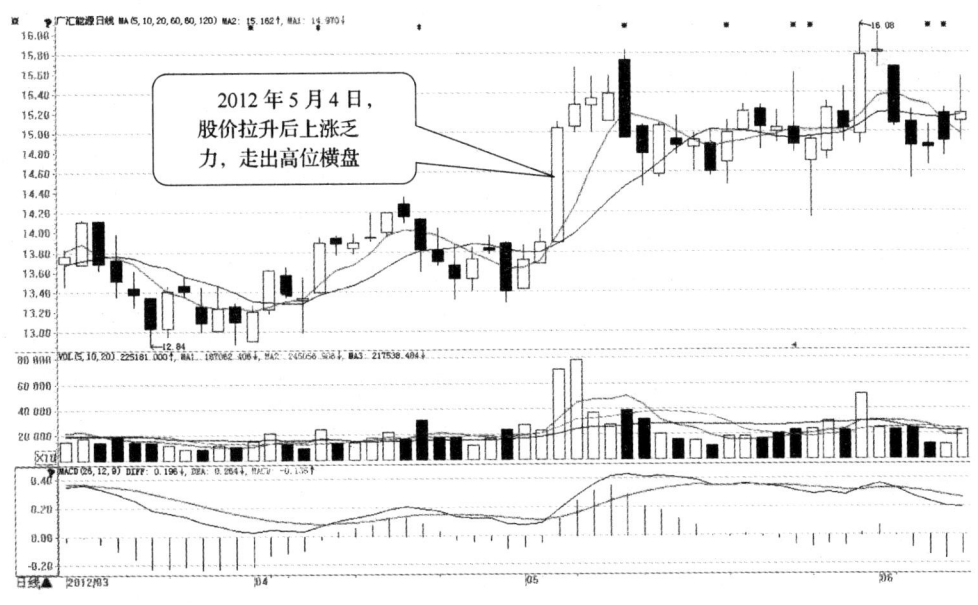

图7—23 广汇能源日K线

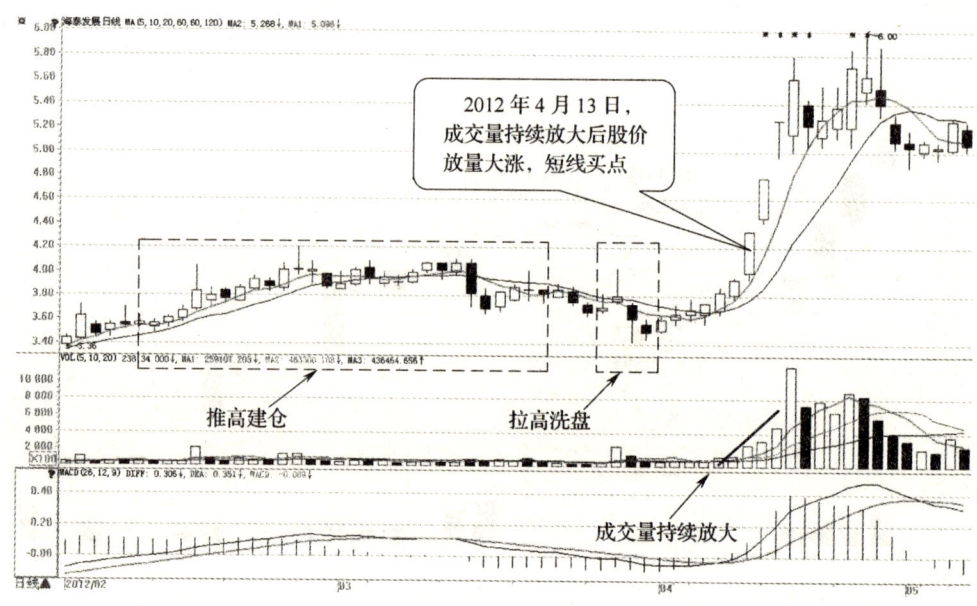

图 7—24 海泰发展日 K 线

1. 前期该股具有建仓与洗盘区间。
2. 拉升前成交量出现持续放大。

这种个股前期庄家准备充分，拉升时亦果断坚决。投资者在投资急速拉升个股前应参考以上要点。

7.3.2 缓慢拉升

在个股的走势图上，小阴小阳线有时会交错出现，其中又以阳线为主。股价沿着某条中短期移动平均线缓慢上行，如 5 日、10 日或者 20 日均线，股价的波动幅度较小。随着股价的逐步上涨，成交量也在缓慢增加。

股价出现这种走势的阶段，一般为庄家的最后增仓阶段，也是推高股价的阶段。此时庄家在低位区已经吸纳足够多的筹码，因此庄家开始一边推升股价，一边适度增仓，可以较为隐蔽地完成拉升。当个股出现这种缓慢拉升的走势时，表明庄家控盘稳健，建仓充分，后期涨幅通常比较可观。

如图 7—25 所示，从 2012 年 1 月开始，金枫酒业（600616）的股价呈现缓步攀升的走势形态，股价沿着 10 日均线上升，成交量保持活跃态势。这种走势持续了 3 个月时间，且在上涨末期股价上涨出现加速。投资者可以在该股连续走出小阳线的上涨初期介入。

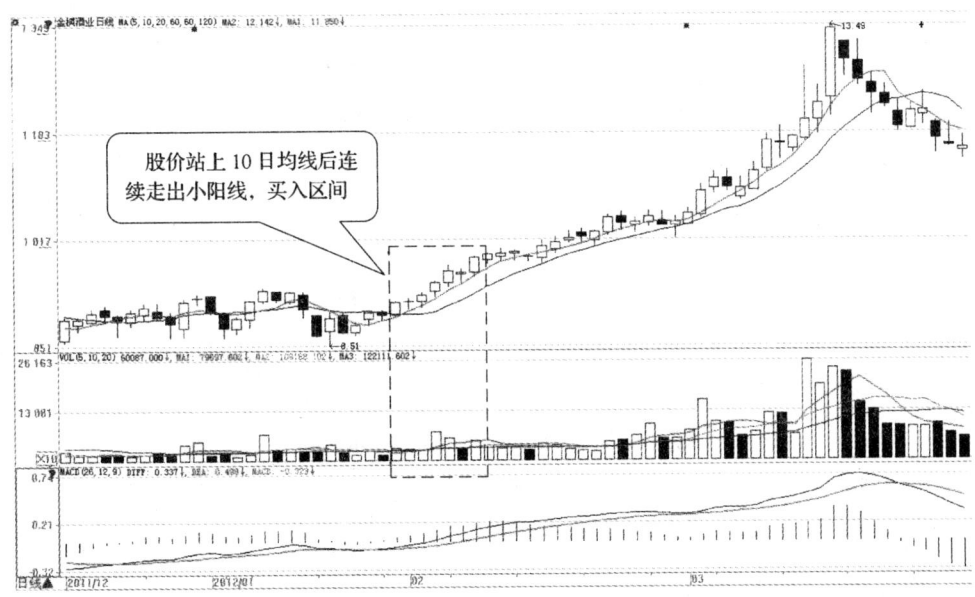

图7—25 金枫酒业日K线

如图7—26所示，2012年5月至7月，经过横盘整理的上海家化（600315）股价开始呈现缓步攀升的走势形态，股价基本上沿着10日均线上升，成交量保持活跃。这种走势持续了3个月时间，且在上涨末期股价上涨出现加速。投资者可以在该股连续走出小阳线的上涨初期介入。

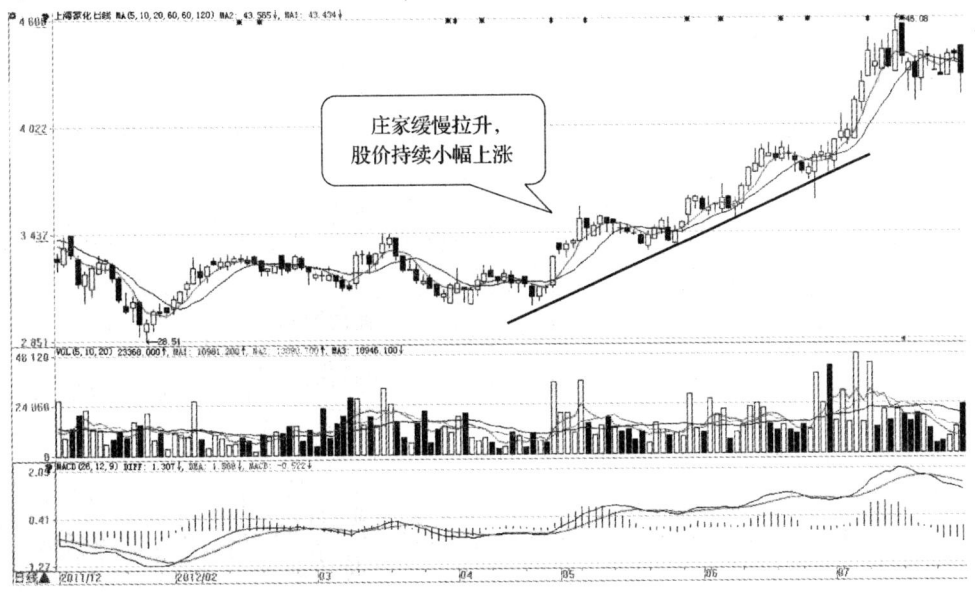

图7—26 上海家化日K线

如图7—27所示,2010年7月至11月,洪都航空（600316）的股价走出了缓步攀升的走势,股价基本上沿着10日均线上升,成交量保持活跃,上涨过程中股价只出现了小幅回调。投资者可以在该股连续走出小阳线的上涨初期介入。

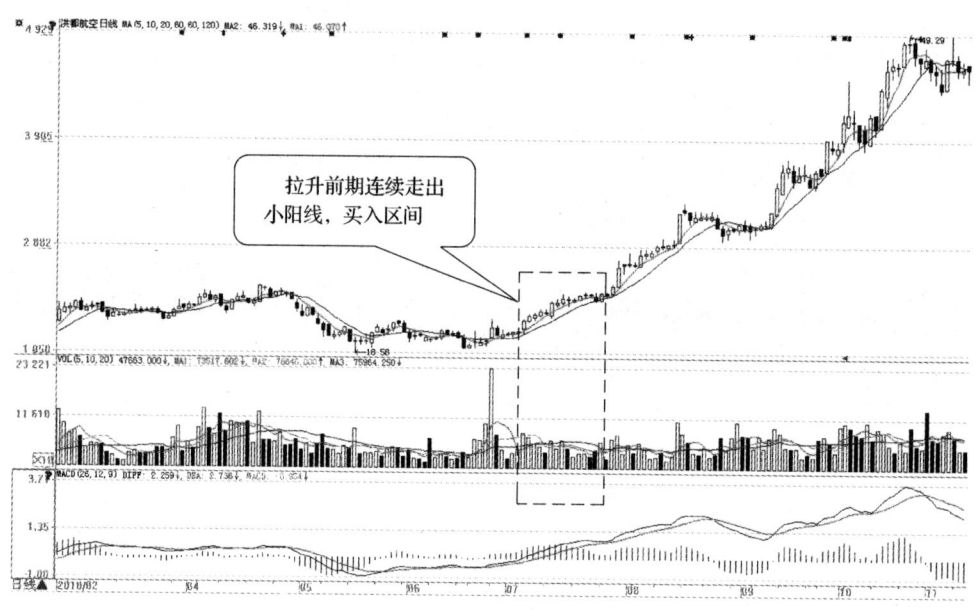

图7—27　洪都航空日K线

7.3.3　波浪式拉升

当运作个股基本面缺乏重大题材,或者担心监管部门的监管力度,又或者资金不够充裕或实力较差时,庄家会采用波浪式拉升手法。

波浪式拉升中,股价震荡上涨,每次上涨的顶点都高于前期高点,每次回调的低点也高于前期低点,通常会形成向上倾斜的通道。庄家一手控制出这种走势,因而可以低吸高抛,在这个上升通道的下轨进行低吸,在上升通道的上轨进行高抛。

对于波浪式拉升的个股,投资者既可以买入后持股待涨,也可以通过分析股价运行通道进行波段操作。

如图7—28所示,2010年10月至2011年5月,巢东股份（600318）的股价走出波浪式拉升走势,每次波动的高点和低点均在不断抬高,股价处于向上倾斜的通道内。可以看到,成交量亦呈现有规律的变化,即股价上涨至通道上边界时放量,股价回调至通道下边界时缩量。投资者可以在该股每次缩量时买入,进行波段操作。

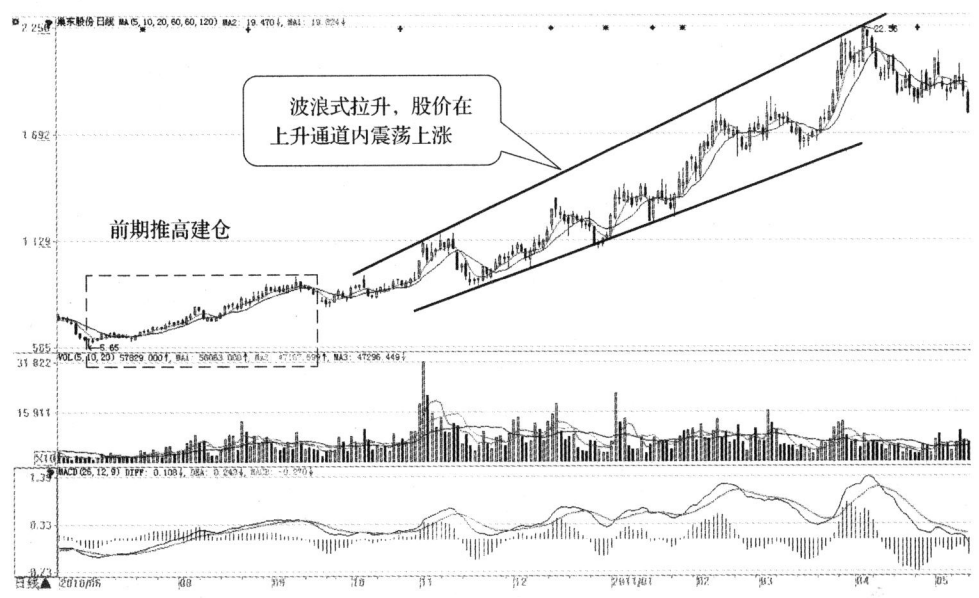

图 7—28 巢东股份日 K 线

如图 7—29 所示，2009 年 10 月至 2010 年 5 月，国栋建设（600321）的股价出现波浪式拉升走势，每次波动的高点和低点均在不断抬高，股价处于向上倾斜的通道内。投资者可以在该股每次回调缩量时买入，进行波段操作。

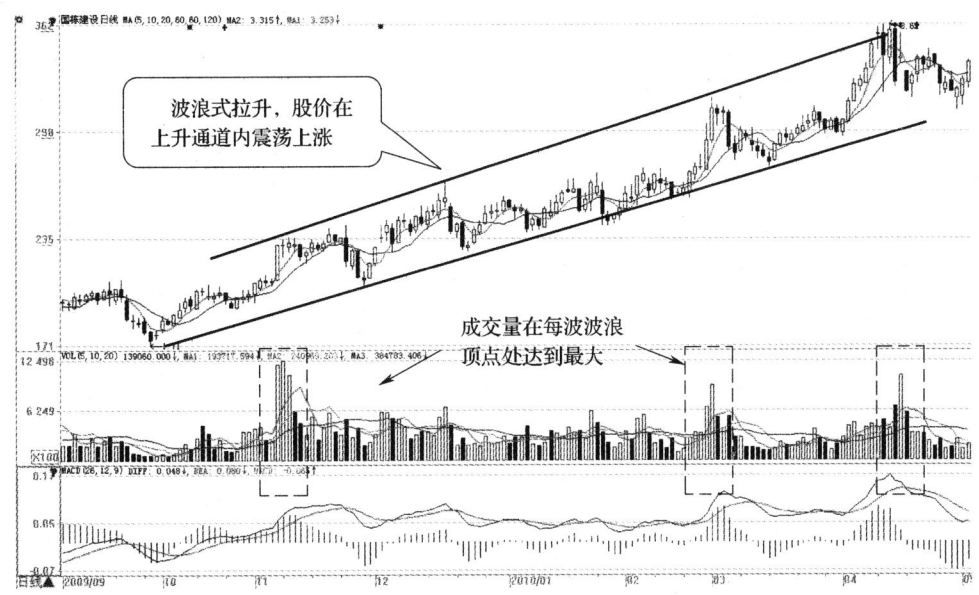

图 7—29 国栋建设日 K 线

如图7—30所示，2009年9月至2010年5月，信雅达（600571）的股价走出波浪式拉升的走势，每次波动的低点不断抬高，股价上涨得到上升趋势线有效支撑。上涨过程中股价曾出现加速上涨趋势，而回调后股价再次回到原上涨轨道中。

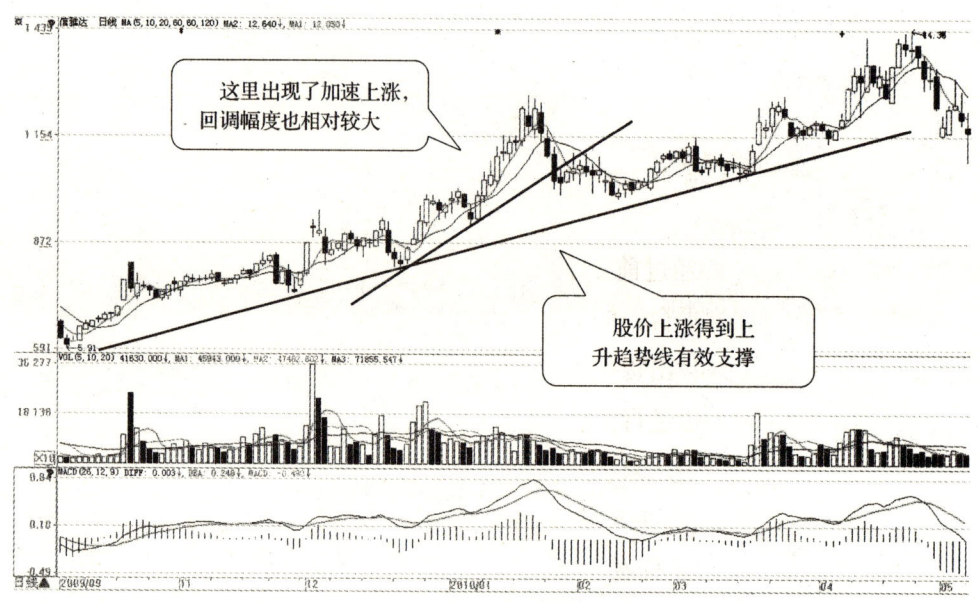

图7—30　信雅达日K线

7.4 庄家出货

7.4.1 横盘出货

横盘出货是指，股价经过前期大幅拉升，到达庄家目标价位后，在庄家的控制下，在高位构筑一个大型平台，股价的波动幅度较小，基本上在平台上进行整理。

庄家采用横盘出货这种出货手法，一般选择大盘指数还没有真正到达顶点时。庄家一边慢慢卖出筹码，一边进行护盘，总体来说，卖出远远大于买入。当个股选择向下跌破横盘区间时，即表明庄家出货基本完成，开始将剩余筹码大量抛出。

如图7—31所示，2012年5月至7月，冠昊生物（300238）的股价经过一波拉升后持续进行横盘整理。股价在横盘区间内波动幅度极小。2012年7月9日，该股突然放量下跌，股价跌破横盘区间，表明庄家出货进入尾声，持股的投资者应及时卖出。

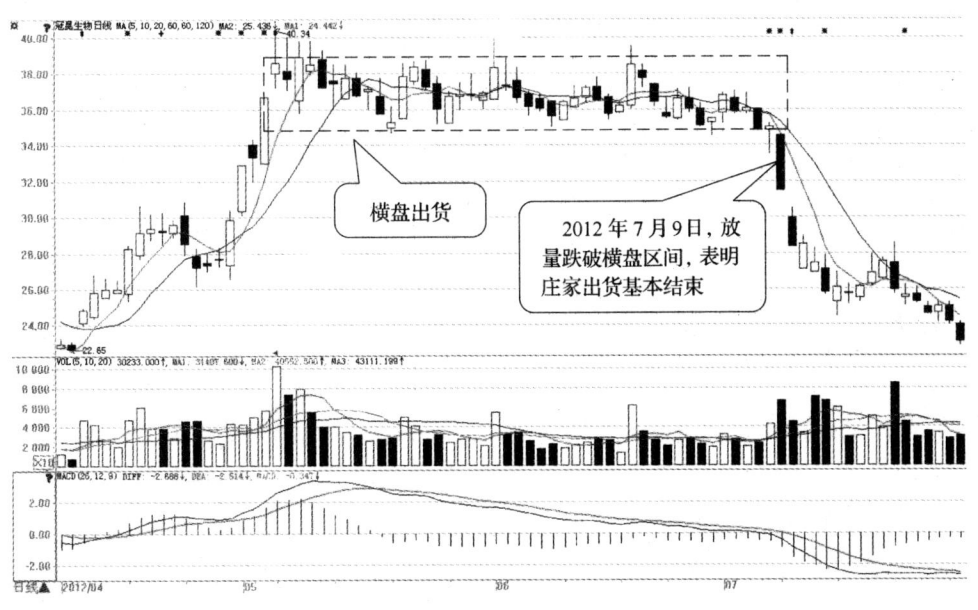

图7—31 冠昊生物日K线

如图 7—32 所示，2011 年 4 月至 9 月，中航电子（600372）的股价在近半年的时间里持续进行横盘整理。进入横盘区间后，股价波动幅度变小。2011 年 8 月 30 日，该股突然放量下跌，股价跌破横盘区间，表明庄家出货阶段进入尾声，下跌走势确立。

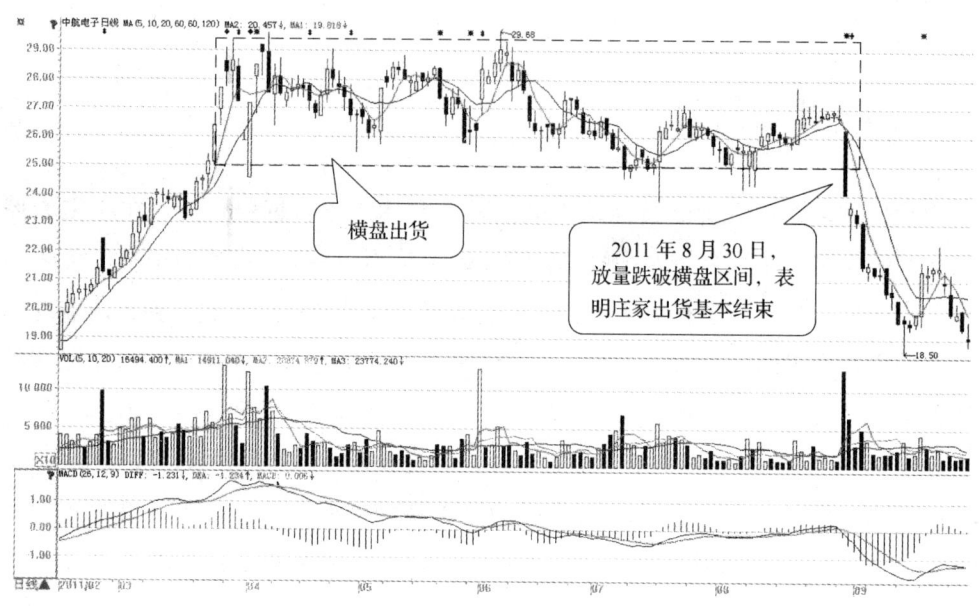

图 7—32　中航电子日 K 线

如图 7—33 所示，2010 年 3 月至 5 月，经过前期拉升的科华生物（002022）的股价持续进行横盘整理。进入横盘区间后，股价波动幅度较小。2010 年 4 月 29 日，该股放量下跌，股价跌破横盘区间，表明股价已进入下跌走势中。此后该股随大盘持续走弱。

7.4.2　拉高出货

拉高出货是指股价有了一定的涨幅后，庄家再度大幅度拉高股价，吸引市场买盘入场，同时借机出货。拉高出货与个股的拉升阶段有时没有明确的分界点，而拉高出货与上涨阶段的拉升的不同之处在于：

1. 短期涨幅巨大

拉高出货阶段，个股往往会走出加速上涨的行情。

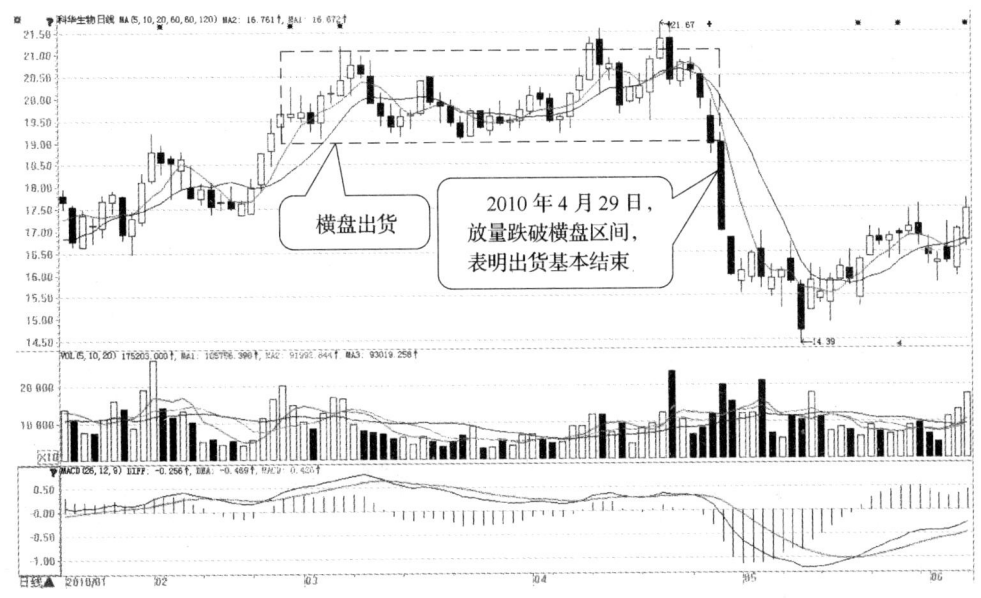

图 7—33 科华生物日 K 线

2. 成交量出现巨量

在拉升阶段，配合股价上涨，成交量出现有规律的放大；而在拉高出货阶段，单日个股强势上涨时，成交量往往会出现巨量，甚至创出历史新高。

3. 大势火爆

当市场内的投资者普遍看好后市之时，一旦庄家大幅拉升股价，会吸引许多追涨买盘。此时是庄家拉高出货的绝佳时机。

如图 7—34 所示，2012 年 3 月 12 日，姚记扑克（002605）的股价再次跳空放量上涨，成交量出现巨量，创出了此波上涨的新高。此后，该股放量下跌，是对庄家拉高出货的确认。出货结束后，该股随大盘持续走弱。

如图 7—35 所示，2012 年 6 月 7 日，前一个交易日走出放量涨停的云天化（600096）股价再次跳空高开，成交量出现巨量，同时股价下跌。这种高位放量的形态是庄家出货的信号。出货结束后，该股持续走弱。

如图 7—36 所示，2012 年 6 月 6 日，连续两个交易日加速上涨走出涨停的金飞达（002239）成交量高于前一个交易日 4 倍，出现巨量。虽然当日股价封在涨停板上，但这种成交量具有庄家拉高出货的迹象。此后两个交易日，该股再次放出巨量，且重心逐渐下移，走势转弱，此形态是对庄家拉高出货的确认。

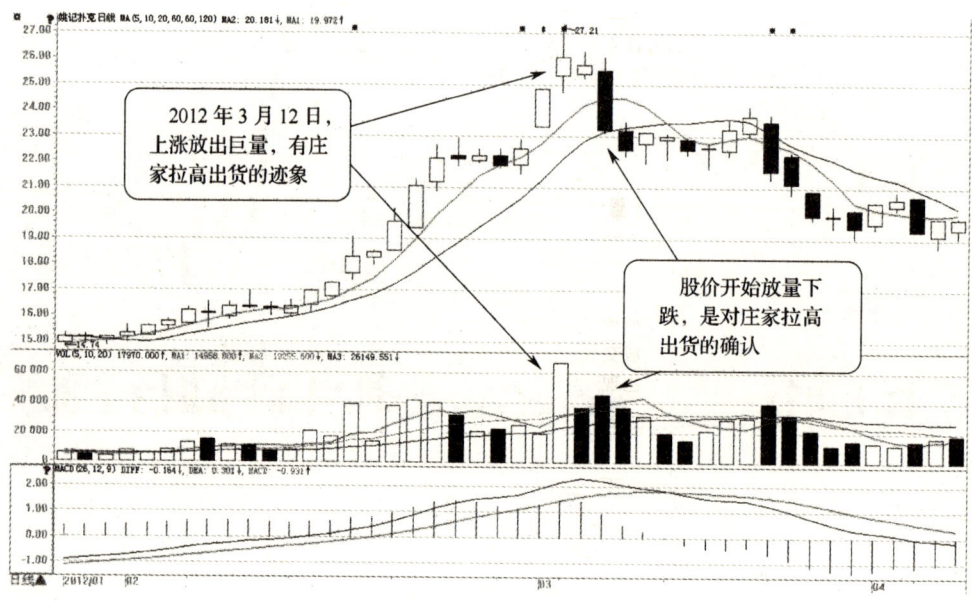

图 7—34　姚记扑克日 K 线

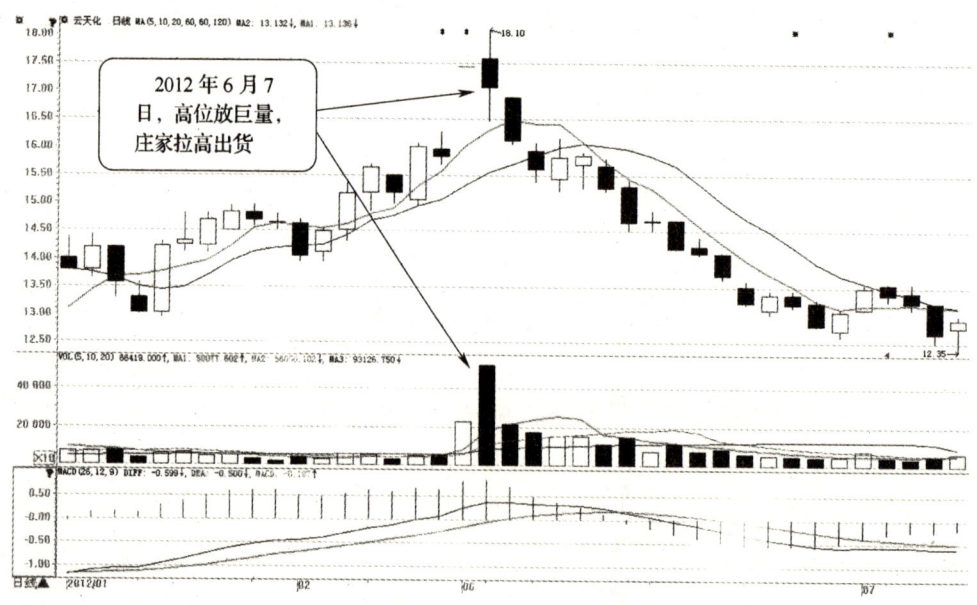

图 7—35　云天化日 K 线

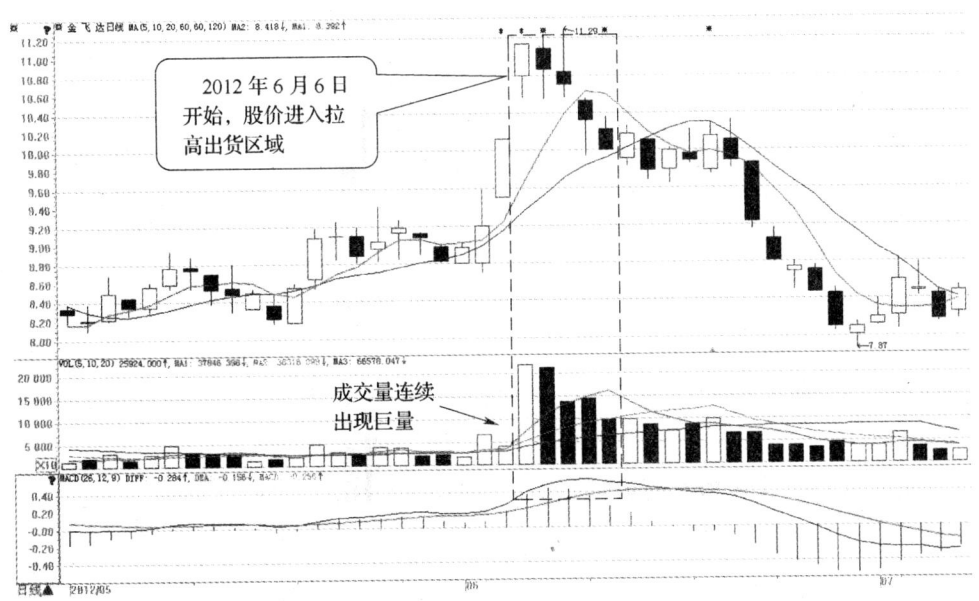

图 7—36 金飞达日 K 线

7.4.3 震荡出货

震荡出货是指，股价经过大幅拉升，到达庄家目标价位后，在庄家的控制下构筑出大型的震荡区域。在震荡区域内，股价上涨时庄家顺势出货，而股价下跌至某个价位时庄家则开始护盘，再次拉升股价。在这个过程中，庄家完成高卖低买、卖远远多于买的出货行为。

如图 7—37 所示，2010 年 9 月至 12 月，经过前期上涨的太极集团（600129）股价进入震荡区间，每波震荡的高点和低点基本相同。该股前期涨幅已经较大，庄家在此震荡区间内高抛低吸，进行出货。此后，该股重心逐渐下移，跌破震荡整理区间，股价逐渐走弱。

如图 7—38 所示，2009 年 12 月至 2010 年 5 月，经过前期拉升，龙净环保（600388）的股价进入高位震荡区间，每波震荡的高点和低点基本相同。2010 年 5 月，该股再次拉升，刚刚突破整理区间即开始放量下跌，表明庄家在此震荡区间内是在进行出货。此后，该股跌破震荡整理区间，股价逐渐走弱。

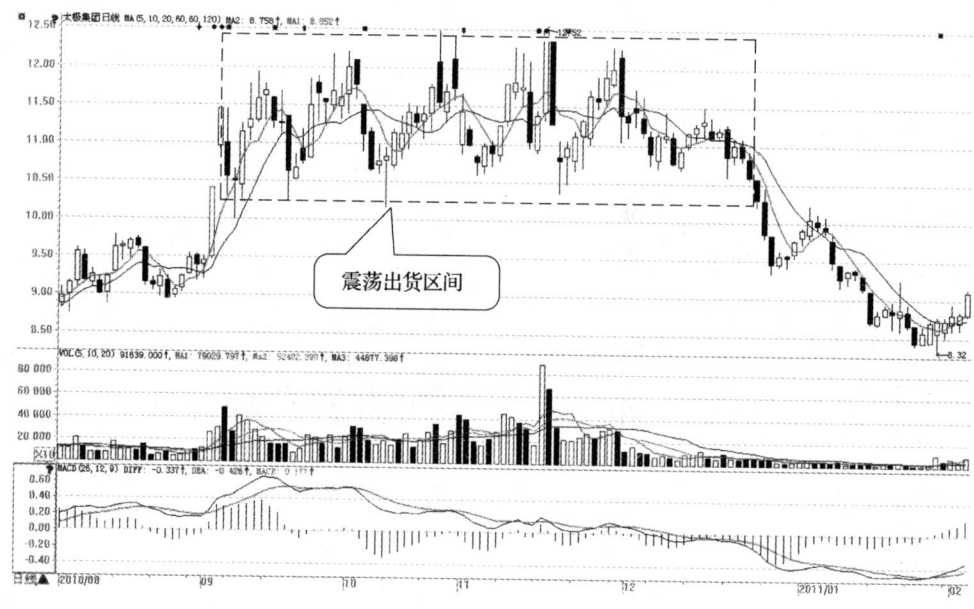

图 7—37 太极集团日 K 线

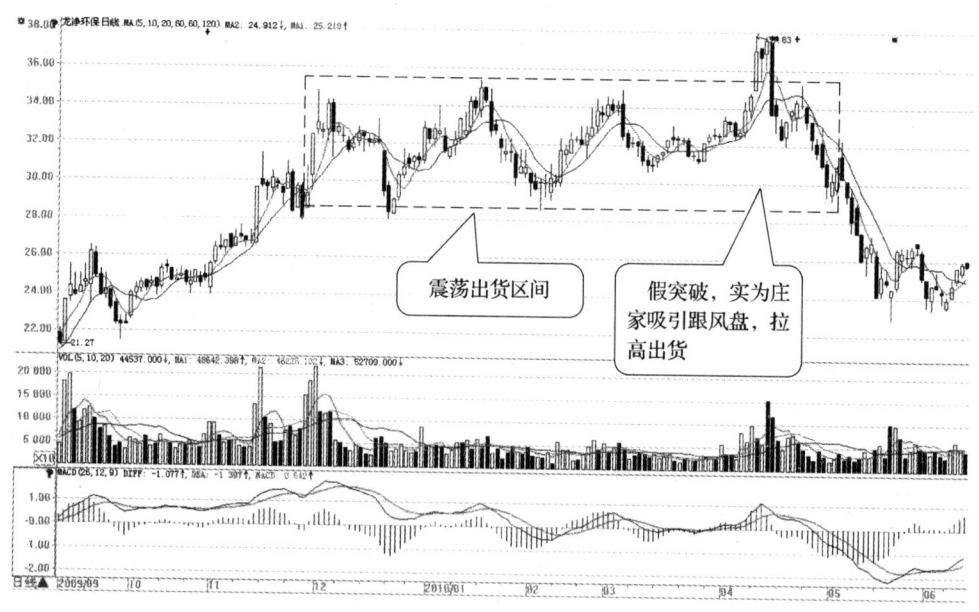

图 7—38 龙净环保日 K 线

震荡出货与震荡洗盘在K线形态上很相似，股价均在一个价格区间震荡整理，而其结果截然相反。庄家洗盘后股价展开新的拉升，出货后股价则持续走弱，若不能加以区分，则持股投资者的收益会受到较大影响。区别于震荡洗盘，震荡出货的特点在于以下三点：

1. 股价相对位置高

震荡洗盘常发生在股价上涨30%以下的区间。当股价与前期相比已经有50%以上的涨幅时，则震荡出货的可能性增大。

2. 成交量不规则

震荡洗盘的过程中，成交量通常呈有规律的变化，上涨放量，回调缩量；震荡出货的过程中，成交量变化不规则，有时突然有巨量出现，震荡低点亦可能出现巨量。

3. 振幅较大

震荡洗盘的过程中，庄家不愿将股价打压到过低价位，送给投资者便宜的筹码，不能让股价走势太弱，因此股价震荡区间较小；震荡出货时，庄家做出较大振幅，更利于高抛低吸做差价。

如图7—39所示，2010年11月至2011年1月，经过前期小幅拉升，华仪电气（600290）的股价进入震荡区间。可以看到，该股每波震荡的高点和低点基本相同，成交量亦呈有规律的变化。此后，该股突破震荡整理区间，股价继续得到拉升。

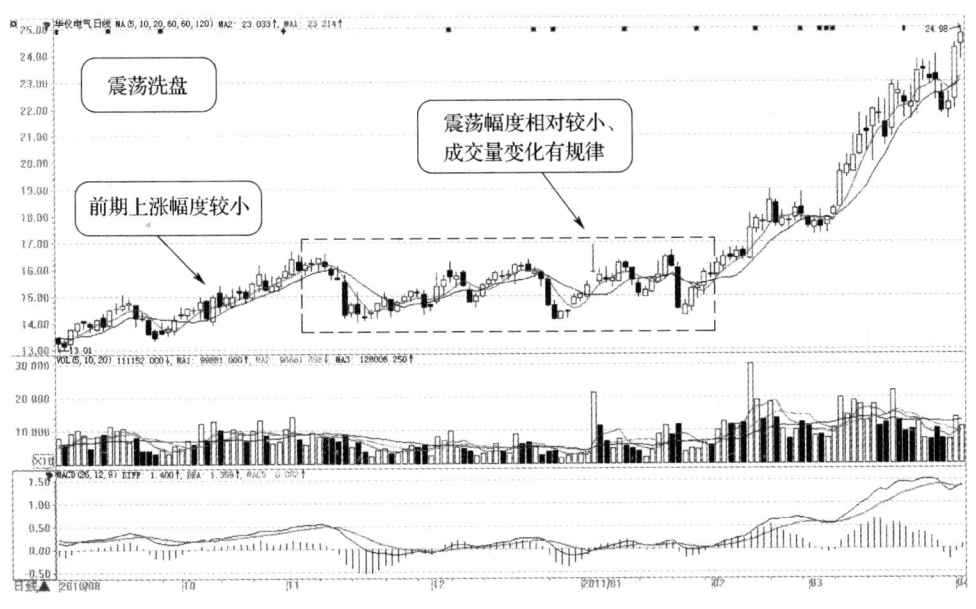

图7—39 华仪电气日K线

如图7—40所示，2010年9月至12月，经过前期拉升的国药一致（000028）股价进入震荡区间。可以看到，该股在震荡区间内成交量与股价相关度低，呈不规则变化，且振幅较大，前期涨幅也达到50％以上。庄家震荡出货的迹象显现。此后，该股跌破震荡整理区间，股价持续走弱。

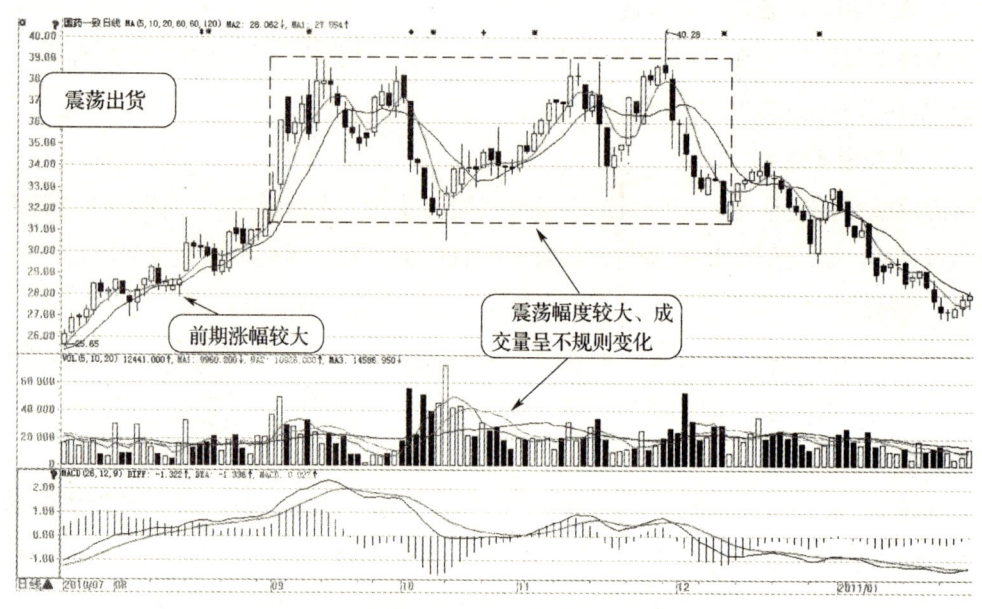

图7—40　国药一致日K线

7.4.4　打压出货

在不得已的情况下，庄家采用打压股价的方式出货。走势上，打压出货的个股持续下跌，有时股价甚至出现加速下跌，且成交量保持较大。庄家不惜股价下跌，不计损失，希望尽快将持有的筹码出清。通常来说，有两类股票会出现打压出货的走势：

1. 前期涨幅较大的冷门股

冷门股是指成交清淡的一类个股。该类股票受到投资者的关注较低，每日成交量较小，换手率通常不足1％。庄家将该类股票大幅拉升后，高位难以找到买家接手，在难以出货的情况下，庄家有时会采用打压出货的方式出清筹码。

2. 上市公司的经营出现较大问题

上市公司的经营出现较大问题时，重大利空信息一旦公布，将引起个股股价的雪崩。庄家为了先于投资者出逃，会采用打压出货的方式卖出筹码。

如图7—41所示，2004年，中粮屯河（600737，当时的名称是新疆屯河）的资金链出现问题。该股股价在2004年年初即持续小幅下跌，并在下跌末期出现了加速下跌走势，股价连续走出跌停。2004年4月21日，该股打开跌停板后被拉高，盘中放出天量。投资者纷纷入场抄底，想分一杯羹。而庄家则完成了出货。庄家出货后，股价持续走弱。

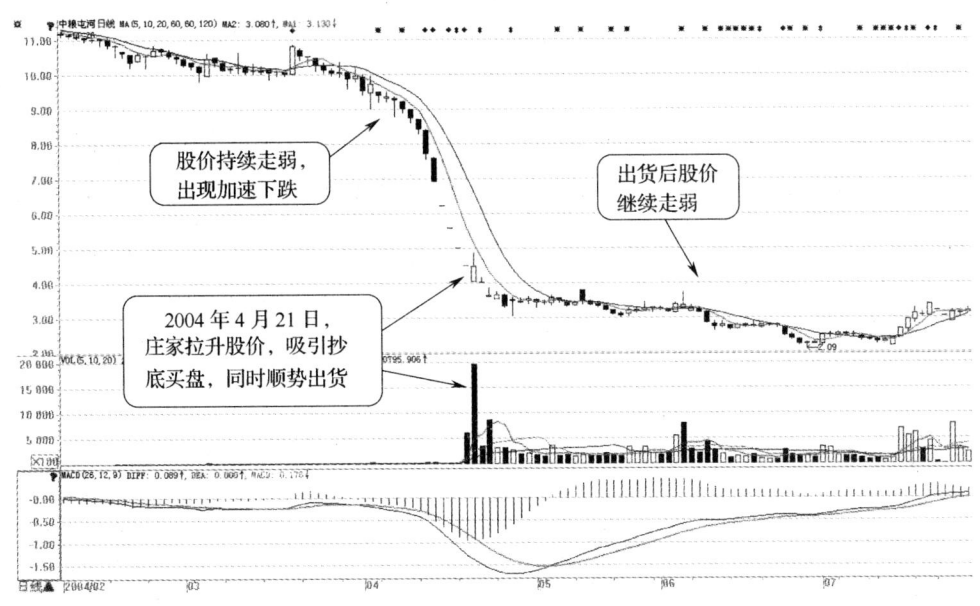

图7—41　中粮屯河日K线

如图7—42所示，从2011年8月起，大立科技（002214）的股价持续小幅下跌，并在下跌末期小幅反弹后加速下跌，股价连续跌停。2012年3月2日，该股打开跌停板后被拉高，盘中放出天量。庄家大肆出货，将筹码抛售给入场抄底的投资者。庄家出货后，股价持续走弱。

如图7—43所示。2011年8月4日，经过前期大幅拉升后，彩虹精化（002256）的股价急速下跌，开始连续走出跌停。8月9日，该股打开跌停板后小幅走高，盘中放出天量。庄家利用投资者的抄底心理，打压股价后将筹码抛售给抢反弹的投资者。庄家出货后，股价持续走弱。

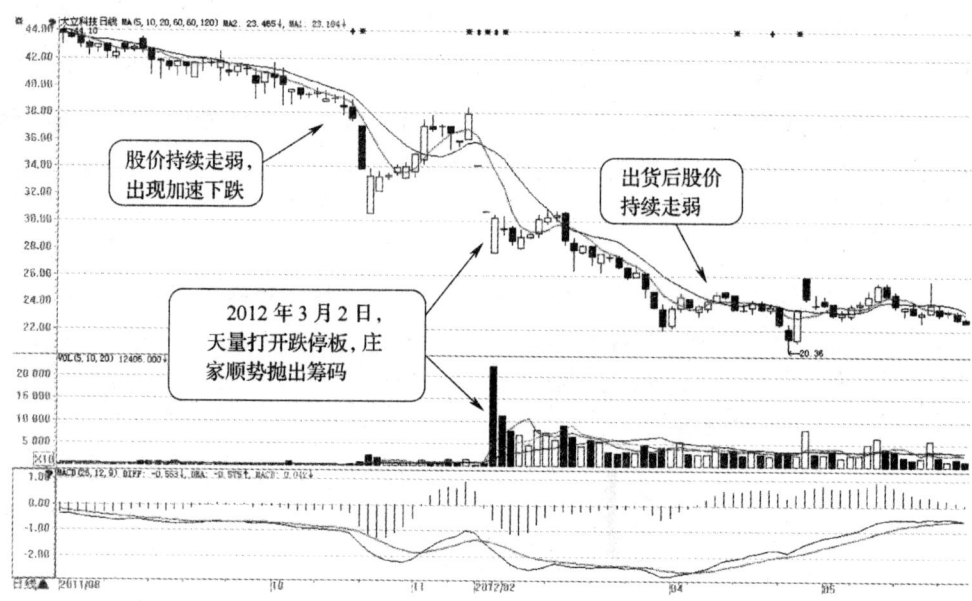

图7—42 大立科技日K线

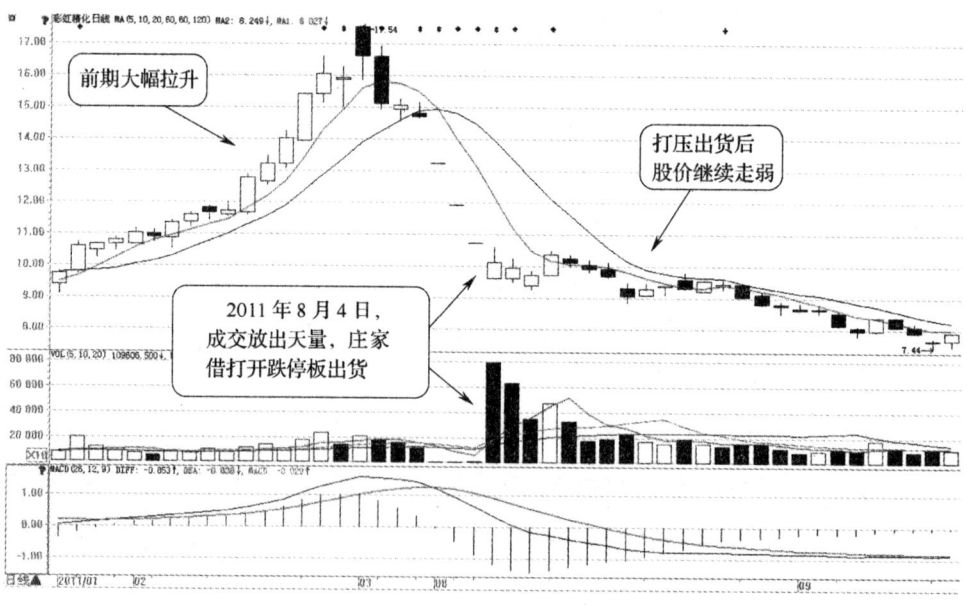

图7—43 彩虹精化日K线

第8章

选股实战案例

8.1 海泰发展（600082）
——在庄家拉升时买入

如图8—1所示，2012年4月13日，海泰发展（600082）在前期整理后股价放量上涨，突破了前期阻力位走出涨停。那么，此时是否构表明庄家开始持续拉升股价，是否构成买入时机呢？

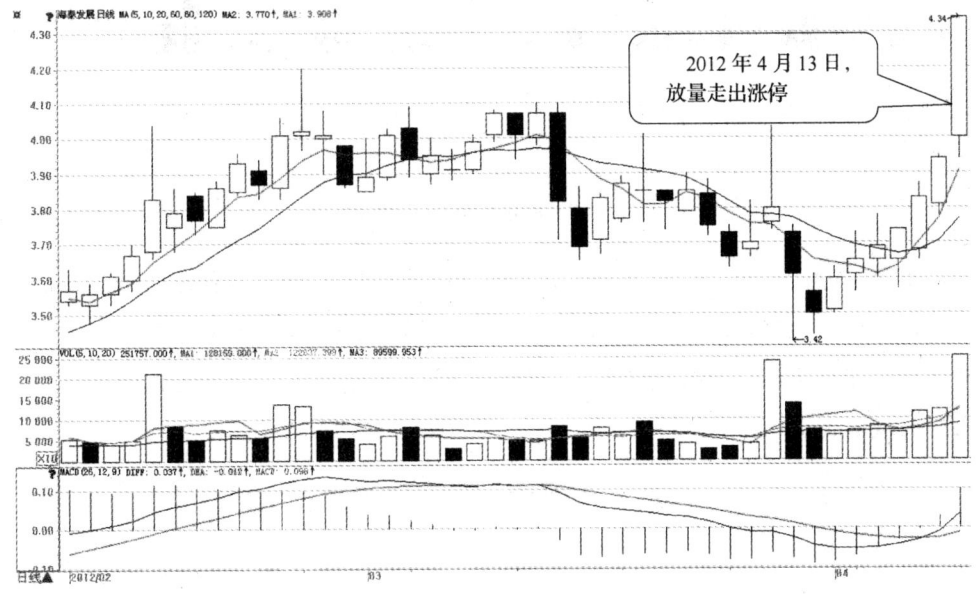

图8—1 海泰发展日K线—1

从庄家运作股价的角度看，投资者可以从以下三个细节对该股前期走势进行分析（见图8—2）：

1. 股价先持续升高，再进行小幅回调。这符合庄家推高建仓后进行洗盘的节奏。

2. 在涨停前，股价曾有一次放量上冲，失败后股价连续小幅下跌。这可以看做是拉升前的拉高洗盘。

3. 从K线图上，可以看到在放量涨停前，股价连续走出阳线，重心逐渐上移。这是拉升前的一种铺垫。

经过分析，庄家建仓、洗盘的要素均存在。出于谨慎的考虑，投资者还需看一下该股放量涨停当日的分时走势图。

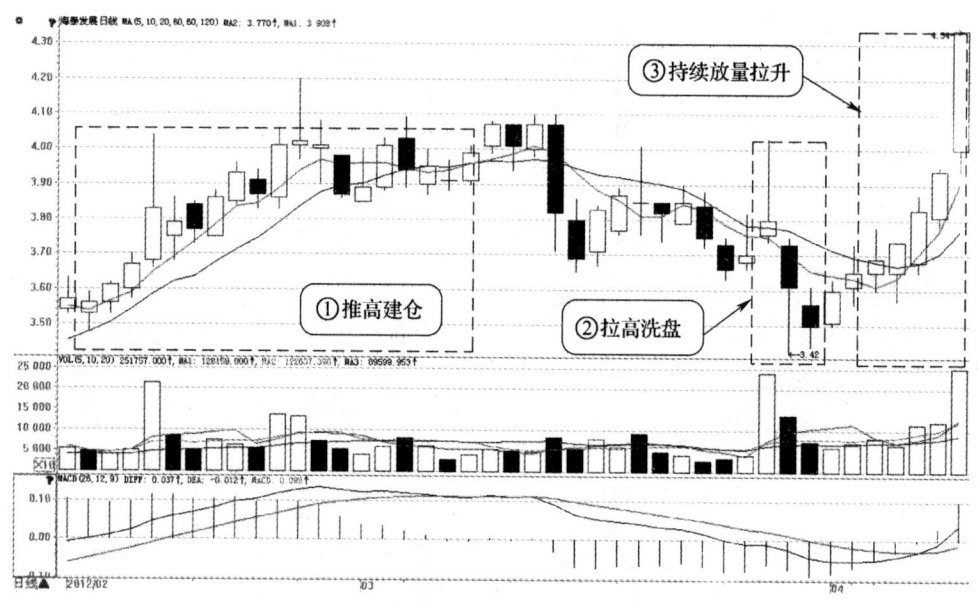

图8—2 海泰发展日K线—2

如图8—3所示，在2012年4月13日的分时走势图中，海泰发展（600082）的股价小幅高开开盘后，经历了一次持续的放量拉升至涨停价，并保持至收盘。该股股价开盘后上穿均价线，此后始终保持在均价线之上，走势较强。该股股价在短期内稳步上涨的概率大。

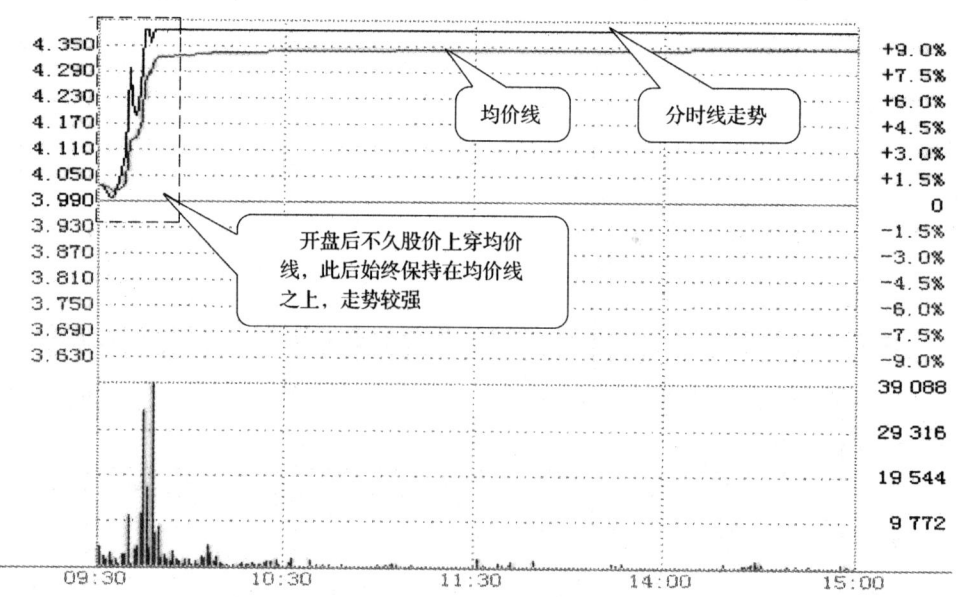

图8—3 海泰发展分时走势

结合此前对 K 线走势图的分析，2012 年 4 月 13 日该股放量上涨，表明庄家开始拉升股价，投资者可以在早盘放量上涨时及时跟进。

如图 8—4 所示，2012 年 1 月至 5 月，海泰发展（600082）的股价在经过前期整理后走出一波强势上涨走势。2012 年 4 月 13 日，股价经过前期建仓与洗盘，开始放量上涨，并连续走出 3 个涨停板。经过对 K 线图和分时图的综合分析后，投资者可以在当日早盘及时买入，进行短线操作。

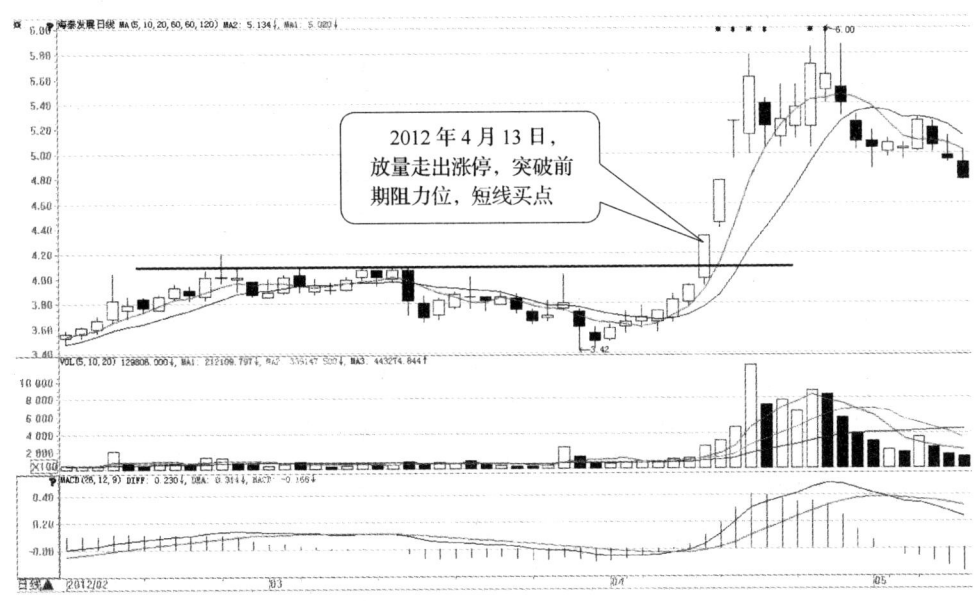

图 8—4　海泰发展日 K 线—3

在本例中，该股走势分为两部分，即先窄幅波动，再强力拉升。这是典型的由庄家操作出来的股价走势。庄家前期让股价在一定幅度内长期震荡整理，既可以高抛低吸，完成建仓，又可以洗去低位的新股民筹码。此后庄家再放量拉升，阻力较小。

投资者若在股价放量向上时买入，则可避开庄家的洗盘，在股价快速拉升时获利。实际操作中，投资者若想买入此类强力拉升的股票，需要对目标股进行筛选。在时机的把握上，此类强势上涨的股票需要满足三个条件。

1. 前期长时间横盘

具有强力拉升走势的个股，前期走势很平淡，股价往往在一个价格区间窄幅震荡，且成交量较低。庄家在此阶段充分建仓，并可适当洗盘。

2. 拉升时成交量快速放大

庄家拉升股价一步到位，短期内迅速到达目标价。此时个股成交量产生异动，持续、快速放大。

3. 拉升时股价突破阻力位

股价放量上涨时，突破前期重要的阻力位。阻力位可以是前期高点连线、前期股价相对高点、前期筹码密集区等。

如图8—5所示，2012年8月6日，中顺洁柔（002511）在前期整理后股价放量上涨，突破了前期阻力位。投资者可以从以下细节对该股前期走势进行分析，对庄家是否开始持续拉升股价进行初步判断。

1. 股价经过前期下跌后走势放缓。

2. 股价进入震荡区间，股价波动加大。这可以看做是拉升前的震荡洗盘。

3. 8月6日股价上涨时成交量放量，量价形成配合。

经过分析，该股存在庄家在股价下跌后建仓、再进行震荡洗盘的可能性。投资者还需对该股放量上涨当日的分时走势图进行分析。

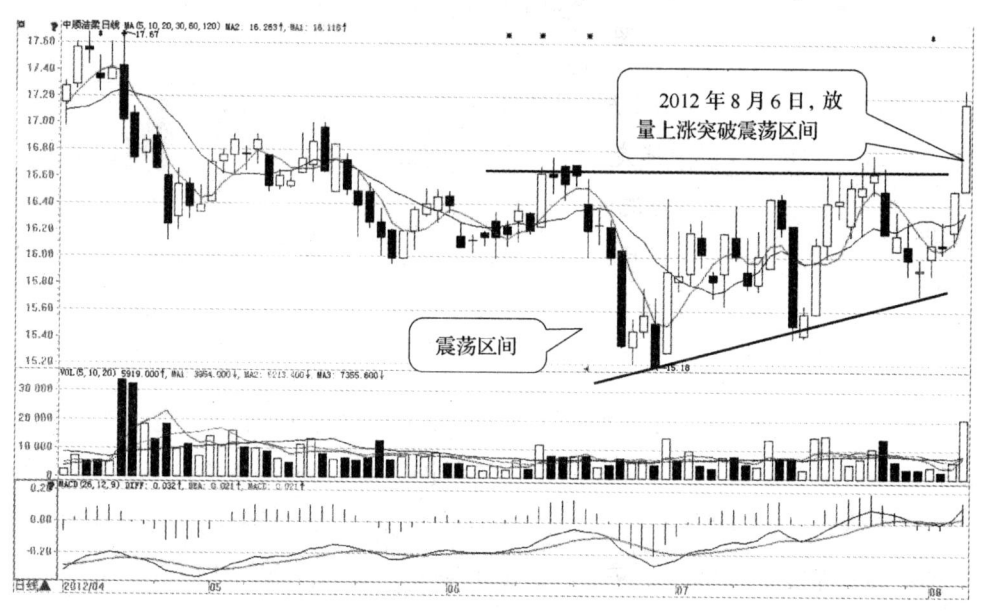

图8—5　中顺洁柔日K线—1

如图8—6所示，在2012年8月6日的分时走势图中，中顺洁柔（002511）的股价小幅开盘后持续上涨，并在大部分的交易时间内保持在均价线之上，走势较强。该股股价在短期内稳步上涨的概率大。

结合此前对K线走势图的分析，2012年8月6日该股放量上涨，表明庄家开始拉升股价，投资者可以在当日买入持股。

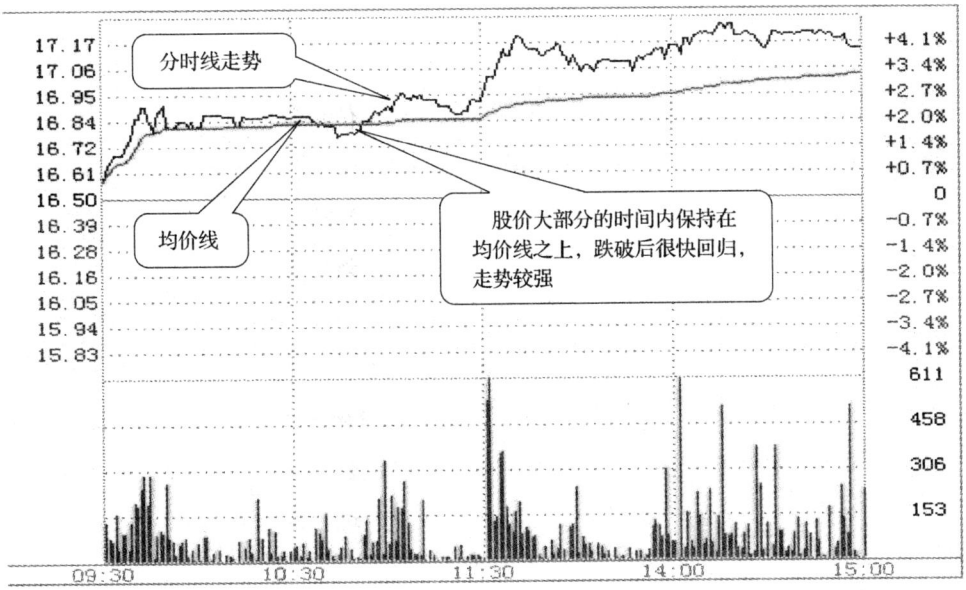

图8—6 中顺洁柔分时走势

如图8—7所示,2012年4月至8月,中顺洁柔(002511)的股价在经过前期的长期整理后走出一波强势上涨走势,证明了投资者此前对于拉升的判断。2012年8月6日,股价经过前期建仓与洗盘,开始放量上涨,突破了前期阻力位,表明庄家开始拉升股价。投资者可以在当日买入,进行短线操作。

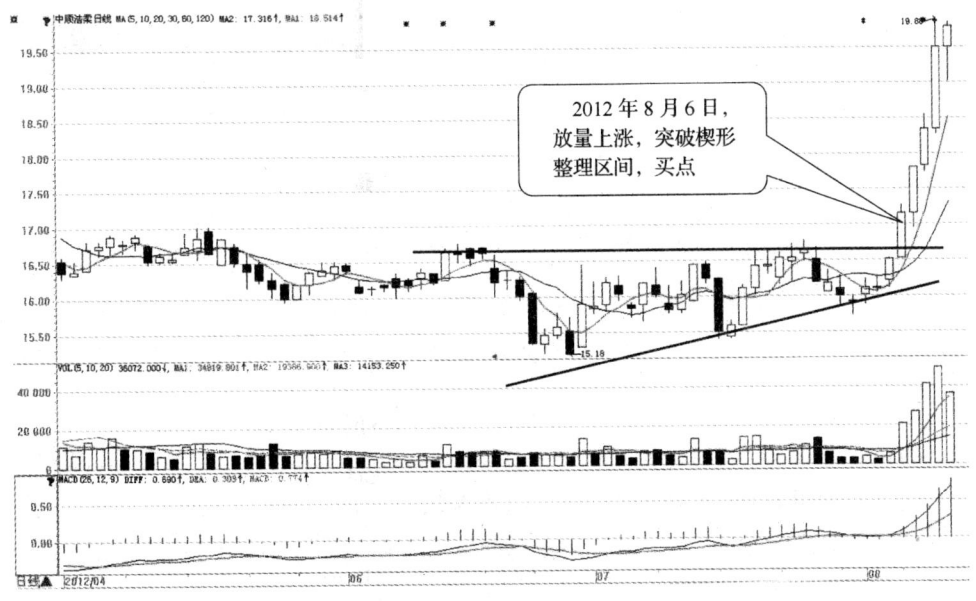

图8—7 中顺洁柔日K线—2

8.2 神开股份（002278）
——底部超卖后买入

如图8—8所示，2011年12月，前期持续下跌的神开股份（002278）RSI指标跌入20元以下，进入超卖区。2011年12月30日，股价上涨，RSI指标再次上升脱离了超卖区，后市看涨。为了更准确地把握股价超卖后的反弹，投资者可以分析更多的技术指标。

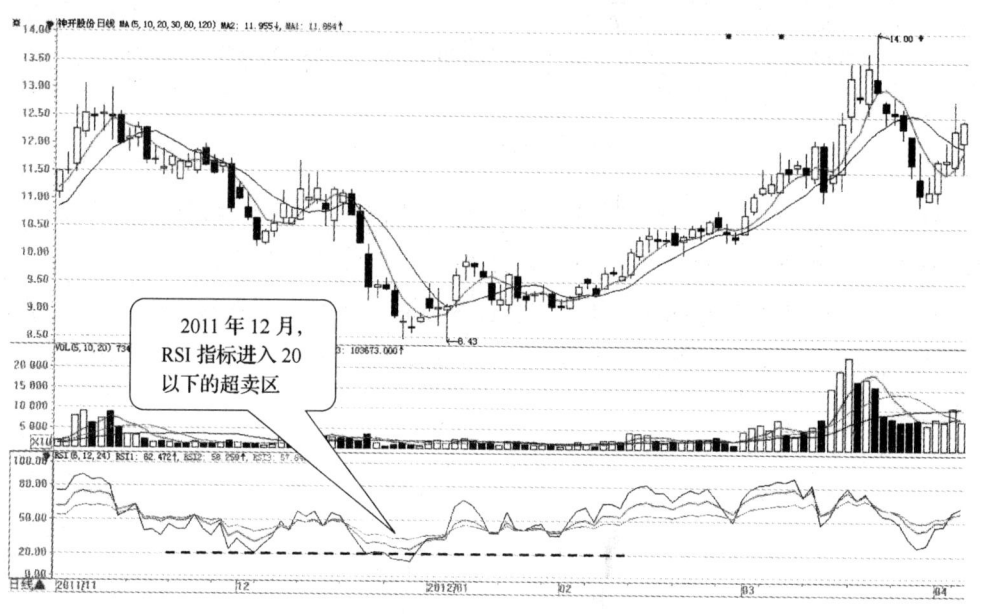

图8—8 神开股份日K线—1

如图8—9所示，2011年12月末，神开股份（002278）的W&R指标中，6日W&R线在高位形成三重顶形态。W&R指标顶部形态的出现，是股价触底反弹的信号之一，该指标也发出了买入信号。

如图8—10所示，2012年1月9日，神开股份（002278）的MACD指标出现低位黄金交叉。此后，DIFF线回调均受到DEA线的支撑。

可以看到，该股持续下跌后，RSI指标、W&R指标和MACD指标均出现股价触底反弹的信号。2012年2月7日，该股均线再次形成金叉，而股价逐渐企稳，形成超跌后的买点。此时投资者可以积极买入。

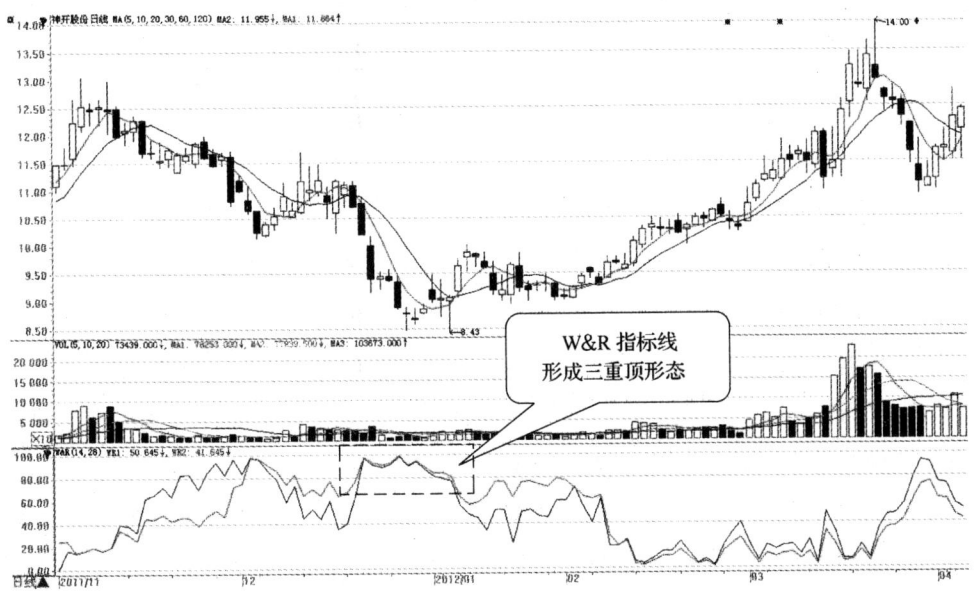

图 8—9 神开股份日 K 线—2

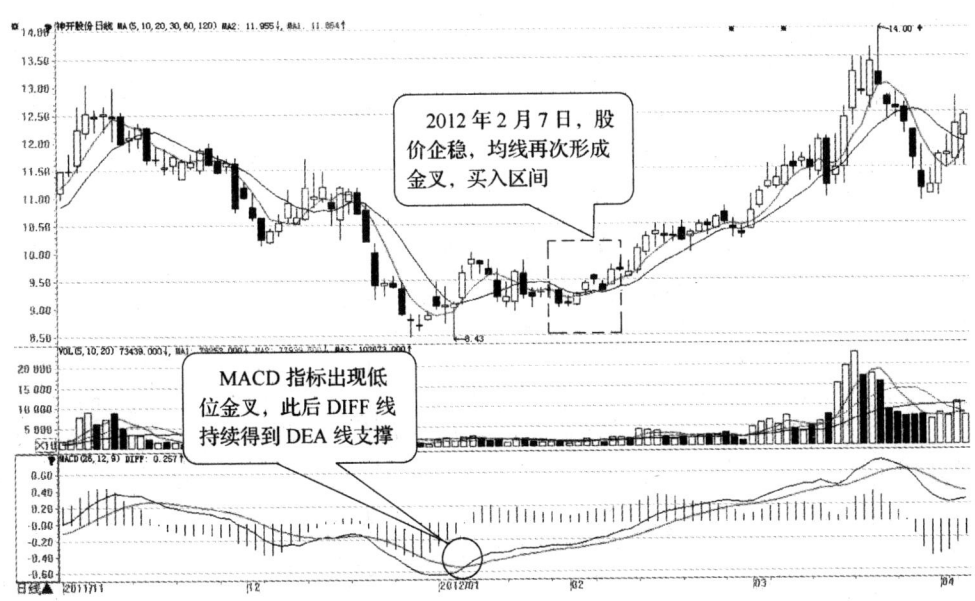

图 8—10 神开股份日 K 线—3

当个股股价持续下跌后,股价走至阶段性低点,并逐渐企稳回升,再度走出一波涨势。这种走势里具有反弹的操作空间,投资者在底部买入股票,即可以获得此类个股反弹产生的收益。实战中,用技术指标判断个股底部反弹,投资者需要注意以下两个要点:

1. 个股进入超卖区间

个股股价持续下跌超卖后,表明空方力量在逐渐被释放掉,卖盘逐渐减少,股价的回升一触即发。

2. 股价在底部企稳

当技术指标超卖发出买入信号时,有时股价小幅反弹后会再度下跌创新低,形成技术指标背离的形态。因此,投资者需在股价企稳后买入。每日振幅减小、股价站上均线、稳步上涨等,都是股价企稳的体现。

如图8—11所示,2012年1月,泸州老窖(000568)的股价下跌,RSI指标进入20元以下的超卖区。RSI指标超卖后,股价并未停止下跌,创下新低,而6日RSI线却没有创下新低,形成了RSI与股价的底背离,表明股价即将出现一波较大的上涨走势。

为了准确把握超跌后的反弹,投资者还需进一步对技术指标进行分析。

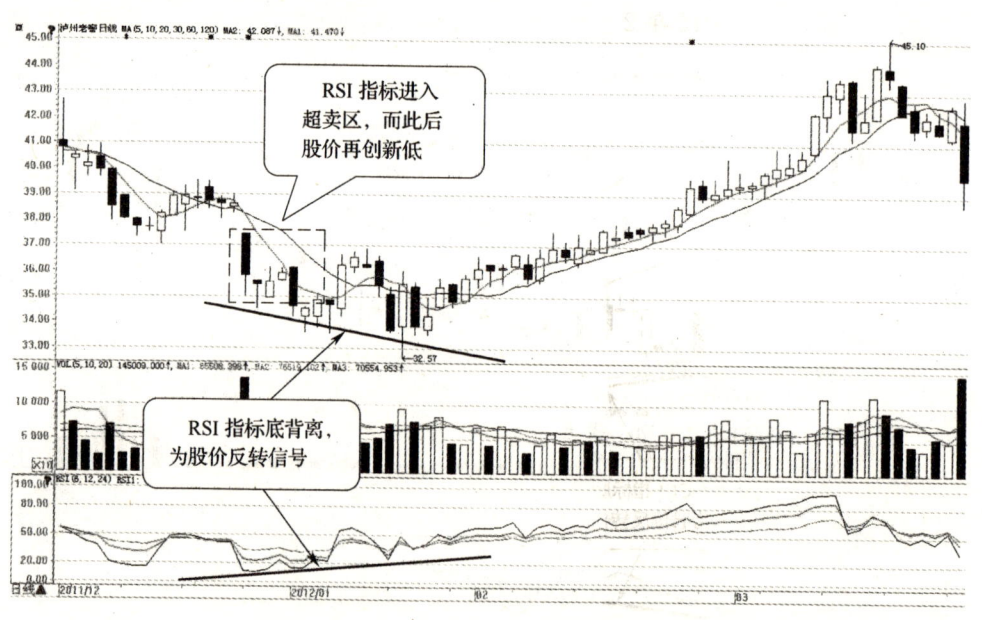

图8—11 泸州老窖日K线—1

如图8—12所示,2012年1月,泸州老窖(000568)的股价创出新低,而该股

MACD 指标中的 DIFF 线却没有创出新低,形成了 DIFF 线与股价的底背离。MACD 指标也出现底背离形态,加强了股价触底反弹的预期。

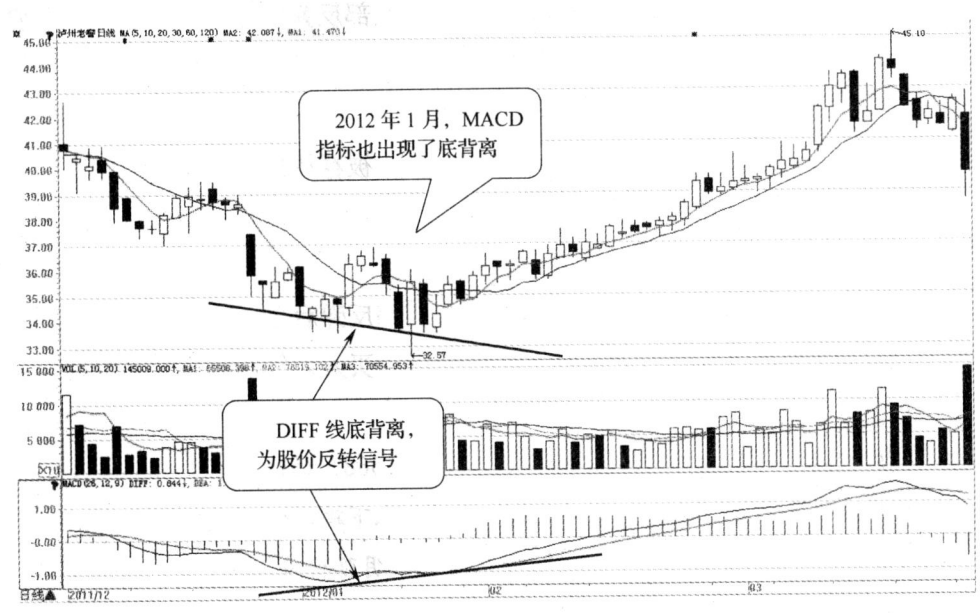

图 8—12　泸州老窖日 K 线—2

如图 8—13 所示,2012 年 2 月 2 日,经过前期调整的泸州老窖(000568)股价放

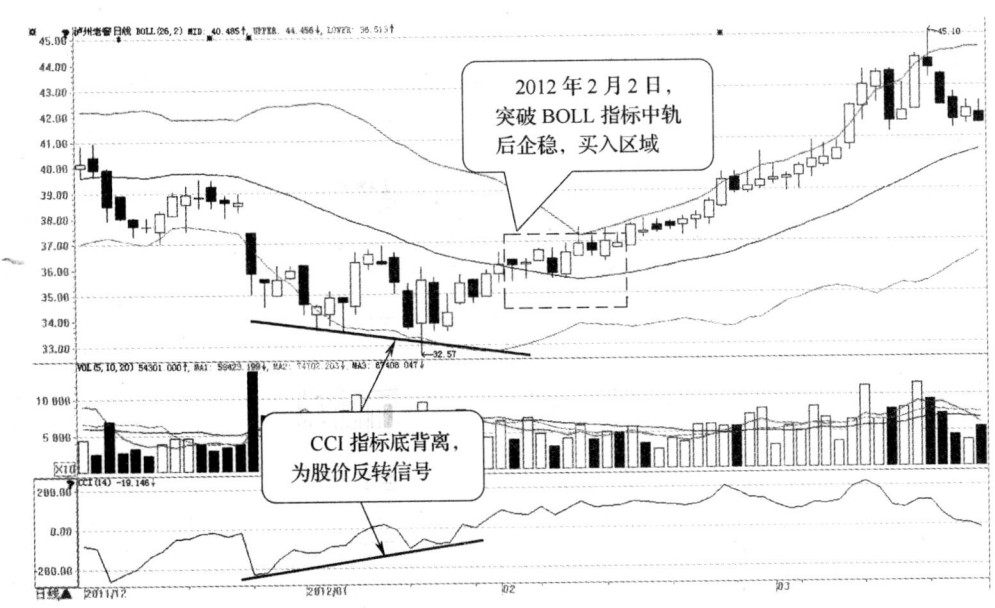

图 8—13　泸州老窖日 K 线—3

量上涨，走出锤头线，并且于收盘站上了BOLL指标中轨。此后，股价企稳，保持在中轨之上，表明股价短期内上涨动能加强。

可以看到，该股CCI指标在前期股价下跌时也出现了底背离，是股价反转的信号。综合分析来看，多个技术指标出现背离形态，发出较强的买入信号。投资者可以在2月2日后，在股价突破BOLL指标中轨并逐渐企稳的区域内买入股票。

8.3 探路者（300005）
——加速上涨时买入

有一些长线牛股，自上市以来，公司经营良好，产品不断得到市场的认可，每年净利润保持稳定快速增长。此类上市公司的股价整体上持续上升，往往在两、三年的时间里翻倍甚至数倍增长。

投资者前期买入此类个股，长线持有，可以获得不小的收益，自不必说。而此类个股的上涨过程往往可以分为上涨—整理—上涨的步骤进行。因此，此类个股也同样蕴藏着中短线投资机会。投资者可以分以下两点把握股价持续上涨阶段的机会：

1. 整理形态的突破

当个股上涨到一定阶段，遭遇大盘走弱时将面临调整，股价会在高位展开横盘或震荡整理。整理形态得到突破时，往往表明整理结束，股价将继续上涨。

2. 底部逐渐升高

底部逐渐升高，是股价整理结束、开始拉升的直接标志。在整理行情末期，股价走势一浪高于一浪，表明新的上涨之势形成。

如图8—14所示，2009年11月至2012年8月，探路者（300005）自上市以来股价持续上升，从6元涨至20元以上（复权后，即不考虑分红和配股的股价），涨幅超过300%，走出了长牛股走势。

该股长期上涨的过程中也具有中短线投资机会，为了看得更加清晰，下面分A、B两部分来分析股价加速上涨时的买卖时机。

如图8—15所示的A部分，2009年11月至2011年1月，探路者（300005）上市后股价先进入了整理区间，此后股价形成突破，持续上升。可以看到，在整理过程中，股价高点和低点逐渐靠拢，形成收敛三角形整理形态。2010年8月9日，股价突破三角形上边界，打破整理形态，预示着一轮上涨的到来。

如图8—16所示，仍是A部分，投资者再从另一个角度确认买入时机。通过做出股价走势的趋势线，可以看到，该股前期底部基本持平。2010年9月后，股价小幅回调后再次上涨，形成了新的上升趋势线，且运行角度升高，表明股价上涨出现加速的趋势。投资者可以在2010年9月底部升高确认后买入，而在股价跌破上升趋势线时卖出。

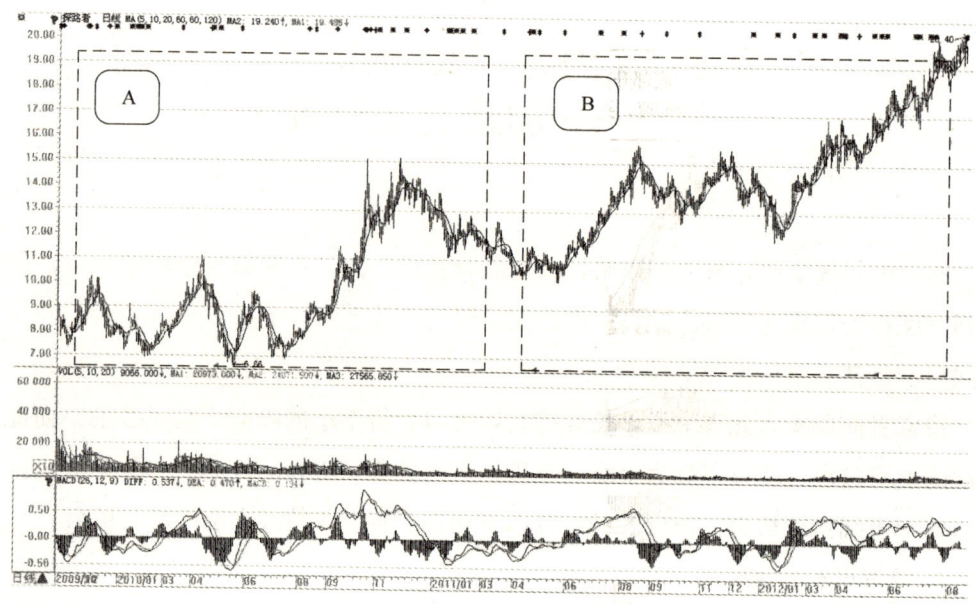

图 8—14　探路者日 K 线—1

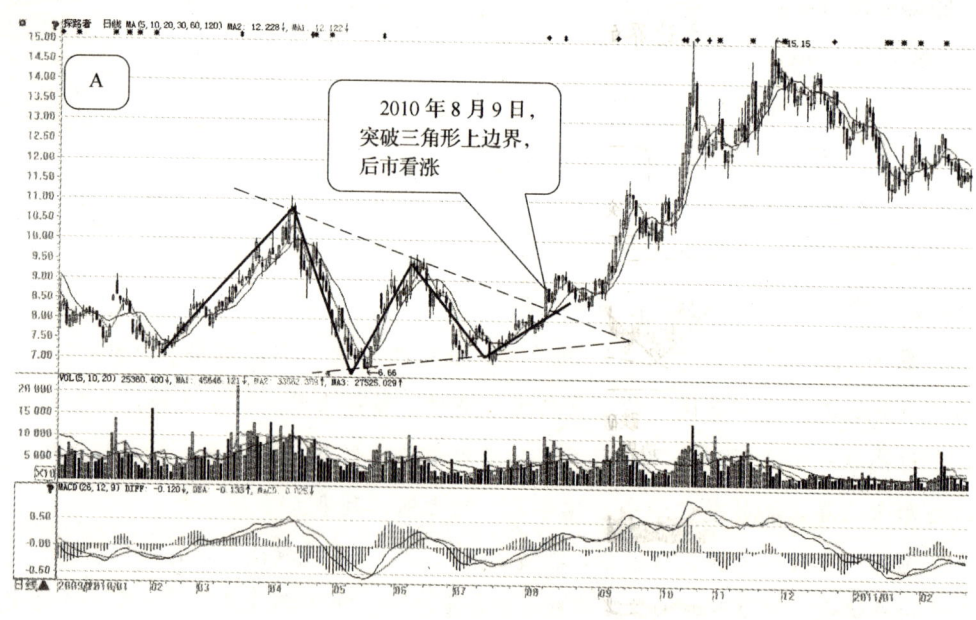

图 8—15　探路者日 K 线—2

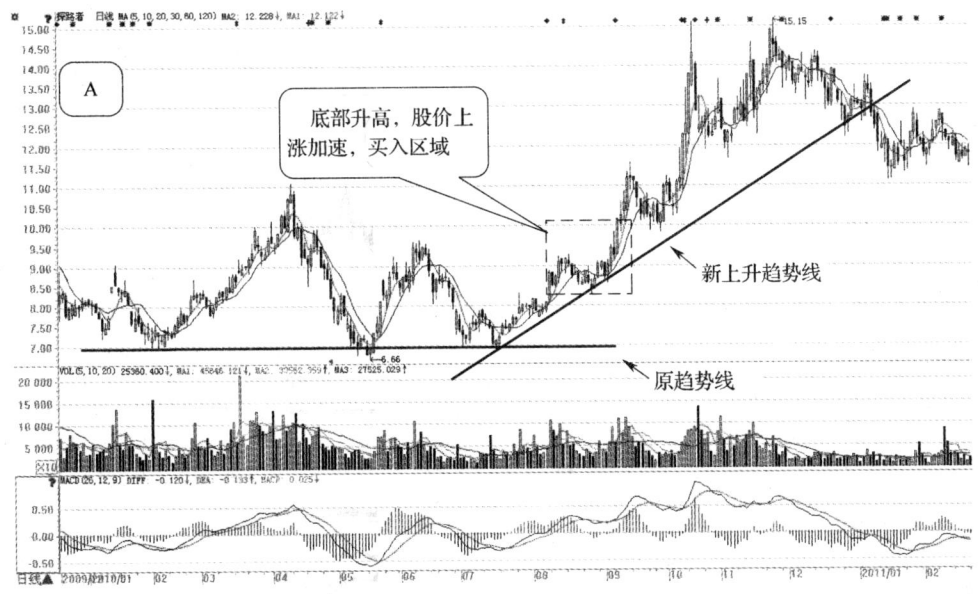

图 8—16 探路者日 K 线—3

如图 8—17 所示的 B 部分，2011 年 5 月至 2012 年 8 月，经过前期大幅上涨的探路者（300005）股价进入整理区间，走势形成收敛三角形整理形态。2012 年 1 月 4 日，股价跌破三角形下边界，不久后再次上涨。2012 年 3 月 9 日，股价突破三角形上边界，且回调得到三角形上边界的支撑，预示着一轮上涨的到来。

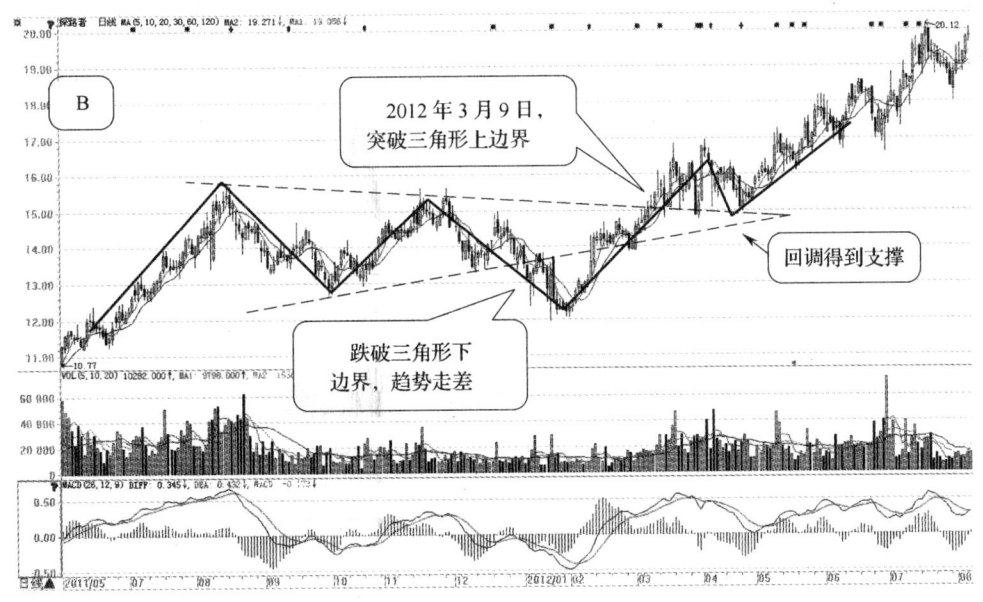

图 8—17 探路者日 K 线—4

如图8—18所示，仍是B部分。通过做出股价走势的趋势线，投资者可以清楚地看到，在整理阶段，股价重心逐渐降低。而新的拉升开始后，股价走势一浪高于一浪，表明股价上涨出现加速的趋势。投资者可以在2012年5月，底部升高确认后进行买入。

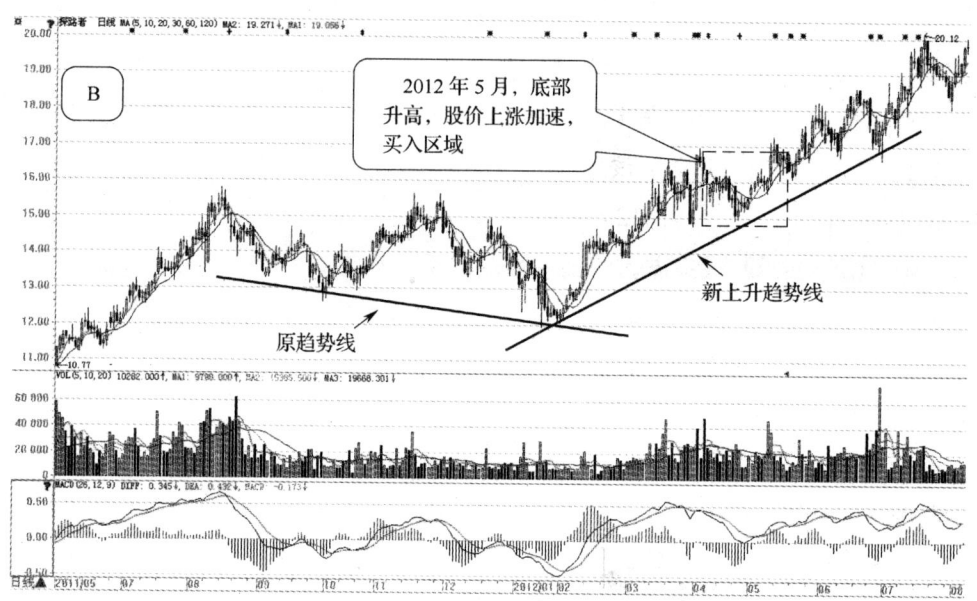

图8—18 探路者日K线—5

8.4 东江环保（002672）——回调结束时买入

如图8—19所示，2012年4月至7月，中小板新股东江环保（002672）上市后股价持续上升。在上涨过程中，该股出现了小幅的回调，而回调过程中成交量逐渐减小，形成了缩量回调走势。2012年5月28日，该股K线形成变形的上升三法形态，表明回调结束，形成短线买点。

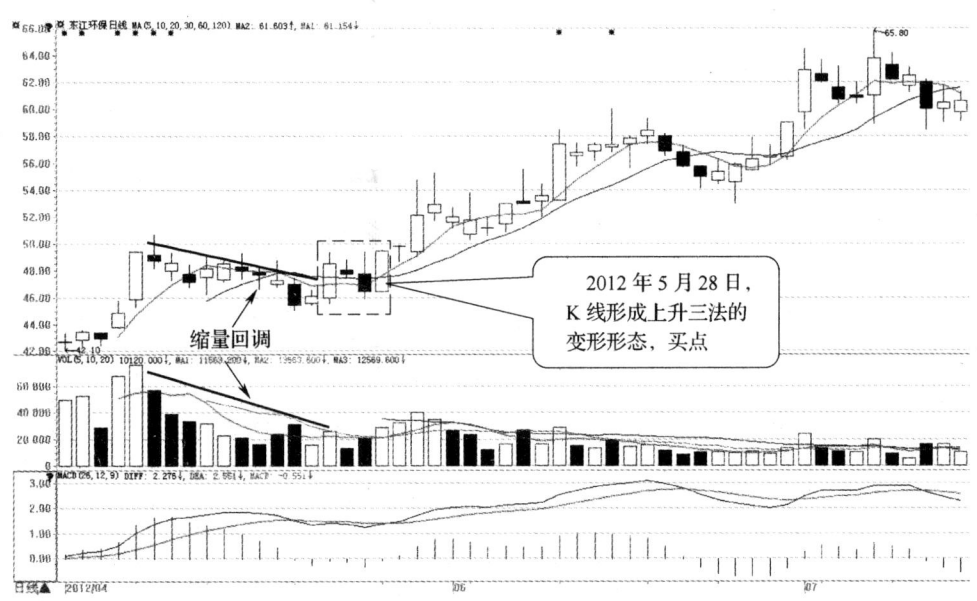

图8—19 东江环保日K线

与急速拉升不同，本类个股在上涨过程中每日涨幅小而均匀，成交量温和放大，因其持续时间长，涨幅往往也比较大。该类个股在上涨过程中走出的缩量回调，是投资者可以介入的时机。这种具有缩量回调买点的个股，走势上需要满足三个条件：

1. 个股股价持续、小幅上涨

个股股价持续、小幅上涨，其成交量总在上涨时放大，而在回调时缩小。股价整体上在一个约为30°的上升通道内运行。

2. 股价出现持续的缩量回调

当个股出现回调时，成交量持续缩量。在K线走势图中，投资者可以清晰地作出个股回调时成交量的下降趋势线。

3. 缩量回调后技术指标出现买点

回调末期,个股得到股价上升趋势线的支撑,而技术指标上出现买入信号。此时是较好的买入时机。

如图8—20所示,2012年1月至7月,华润三九(000999)的股价持续上升。可以看到,该股上涨温和,每日涨幅较小而上涨持续时间较长。在上涨过程中,该股出现了回调,回调的过程中成交量逐渐减小。2012年4月9日,在回调末期,该股RSI指标出现金叉,形成短线买点。

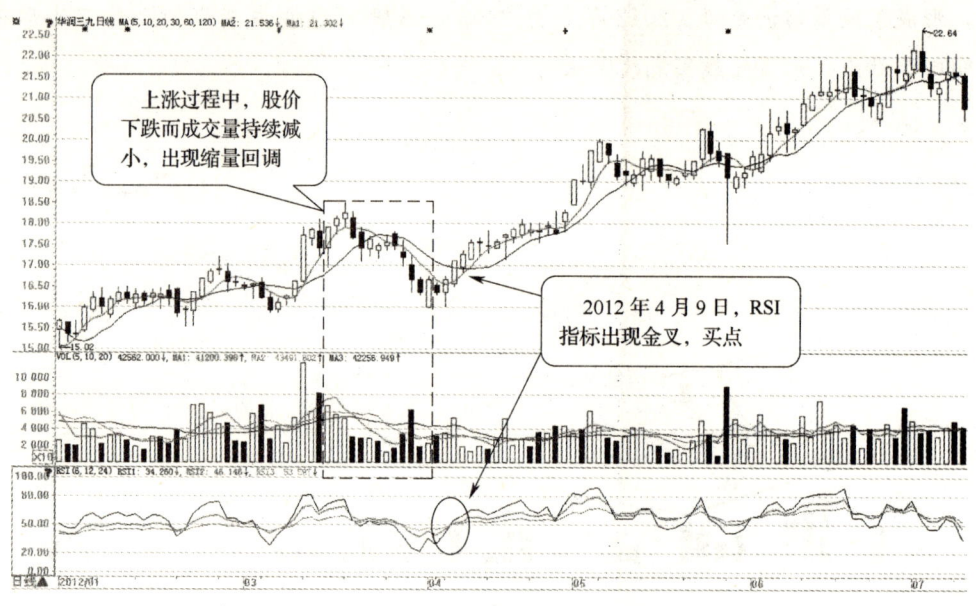

图8—20 华润三九日K线